U0094381

哲学的惊奇

从发问开始的哲学史

Das philosophische Staunen

Einblicke in die Geschichte des Denkens

Jeanne Hersch

［瑞士］让娜·海尔施 著 刘心舟 译

上海人民出版社

目录

前言　哲学的惊奇

这本书不是一部传统的哲学史。我更多的是想要从西方两千多年的历史中选出一些例子，看看人们是如何、因哪些东西而"惊奇"。哲学就从这种惊奇中诞生。人们是如何"被惊到"，是什么令他们惊奇，他们如何表达自己的惊奇？

我在此无法进行连续的或完整的描述。我有意识地给出一种选择、一些线索：这里没有边防哨所，而只有一些思想的交汇点和对一些核心问题的提示，一旦人们不用平庸的答案去掩盖这些问题，它们就会一再浮现。

惊奇的能力属于人身上本质的东西。这本书试图重新唤起惊奇。读者会在其他人的惊奇中重新发现或重新认识自己的惊奇："对，就是这样。"——"我怎么就从未对此感到惊奇？"

惊奇属于人所具有的创造性的东西。这一创造的过程会在读者身上激发出哲学。我们也希望，为读者提供一些最低限度的工具，使读者能够表达他的惊奇，或者能够阅读一些相关文本，这些文本和那些让他们"被惊到"的东西有关。

但是，20 世纪的人还能够"惊奇"，还能够"觉得惊奇"吗？我们生活在一个充满科学的时代。我们相信，自己几乎知道了一切东西。然而，总还是会有感到惊奇的人。惊奇属于人类。与伟大的学者们生活在同一个时代，这并不会让人摆脱无知。在物理学家中有一些人依然能够感到惊奇，他们并不是什么"半吊子"或"四分之一"的物理学家，而是相当伟大的学者。他们的作品中充满了形而上学的和哲学的惊奇。他们有能力像孩子一样使自己保持惊奇。"像孩子一样……"——按《圣经》说法——我们必须让自己这样，如此才能理解事情到底是怎样的。我们必须摆脱成年人的傲慢，这种傲慢让人们站在今天的科学高度和伟大成就之上，居高临下地对待一切过去。

我想要先谈一谈早期古典时代的人的惊奇。他们在公元前 6 世纪左右，在希腊、小亚细亚和西西里岛，被惊奇到了。我并不想马上说："这是些什么愚蠢的问题和愚蠢的答案哟。我们今天根本不感兴趣了。"

我并不想泛泛地谈哲学，而是想要跟随某些哲学家，了解他们惊奇的方式，以便克服对哲学的陌生感。其实，我们每个人都有自己的某种哲学经验：当我们面临一个真正的抉择，我们便会以哲学的方式扪心自问。五岁左右的孩子也会提出哲学问题，十六七岁的青少年也是如此。

因此再重提一次：让我们警惕对过去思想家们的傲慢。

事实上，他们彻底的惊奇在他们那个时代是全新的。提出这些不同寻常的问题，正是对人的创造力和独创性的证明。这些都是非常伟大的思想。让我们不要忘记这一点。从一开始，哲学家便是这样的人：他们能够感到了不起的"惊奇"，他们能够超越日常生活中那些不言而喻的东西，提出根本的问题。

米利都学派：泰勒斯（约公元前 600 年）

在古时候，并不存在职业的哲学家，哲学家同时也是学者、数学家、几何学家、天文学家。他们对日食和月食、数字和计算、几何图形等都感兴趣。这就是为什么关于圆周角度的几何学定理是由最古老的哲学学派，即小亚细亚的米利都学派提出的，这个学派始于泰勒斯。

于是，我们就有了一些伟大的、对那个时代的知识来说普遍的精神。这种精神的第一个惊奇是关于变化的。我们生活在一个一切都被卷入变化之中的世界。我们的面前有一块木柴，我们看到它上面燃起一束火焰，之后很快，我们就看不到火焰了，只剩一堆灰烬。然后刮来一阵风，将灰吹走。于是灰烬也消失。我们所看到的这一切，我们所使用的一切，还有生命体，还有人，甚至我们自己：一切都在变化，一切都在消逝。

第一个被提出的问题便是："那么，什么东西是在一切变化中都保持存在的？"第一个哲学的回答是：实体

（Substanz），它在一切变化和流逝中都保持存在。因为必定存在某种东西，它是始终存在的；不然的话，很长一段时间过后，就什么也没有了。

因此，存在着变化，存在着不断的流逝，但在流逝中依然有某种持续的东西。变化是由某种基本的存在所承载的，这种存在改变自身，却依然让自己保持存在。米利都学派的第一个问题就是："这个在变化中保持存在的实体，究竟是什么？"

读者能否想象，当这样的问题第一次被提出时，它所具有的惊人的彻底性？我们确实可能就是生活在一些变动的事物之中，但对于实际生活来说，总还有某种相对而言的、对我们来说却已然足够的稳定性：如果我们把一个面包放在桌上，那么我们过一会儿还能在桌上找到这个面包—— 这就能让我们满意。而这正是米利都学派的人所追问的。他们所看到的并不是，当他们需要面包时面包还在那里，而是在讨论变化、消逝并且同时，它还在那里：存在的东西总是在那里。然后他们问：在一切消逝之下，什么才是基础性的东西、作为承载者的东西？

米利都学派为这个最初的问题给出了种种不同的答案。例如，泰勒斯教导说：水是所有事物的基础实体，并且它将自己转化为一切。

另一个人则说：它是气。第三个人说：它是火。第四个又说：它是无限的、无尽的东西（aperiron）。

但没有人说：它是土。为什么承载一切的土从未被人称为原初的实体呢？也许是它太重、太实，不符合一切事物的变化。当然，当米利都的哲学家们说它是水、气、火，以及无限的东西时，也并不意味着它就该被理解为"物质意义的"水、气、火——也就是说，它们不一定被理解为元素。我们不该将早期哲学家尚未提出过的难题强加给他们。比方说，"物质"和"非物质"之间的区别，就还没有被他们视为根本的。他们所寻找的是更为流动的、微妙的元素，即使"气"轻易地变成"无限"的东西。但从根本上说，无限的东西依然是物质的，它只是某种格外精细、微妙之物。

现在，傲慢的现代人可能会说："水，那无非是 H_2O。这没什么意义。"

但这不是没有意义；重要的是问题，是所提出的难题，这比答案重要得多。并且在答案中，有趣之处也是它所指出的方向，这个答案指向某种流动的、液态的东西，这种东西能够将自己转化为一切事物，却不会消失。

因此，作为物质象征的土，并没有被视为原初的实体，没有被视为持续存在的东西。尽管它是流动的东西的对立面，但它并不是存在的持续性的合适象征。这一点很有趣，并且这也是米利都学派的特点所在，也就是说，这个学派并不是在稳定的、实在的方面寻找持存性，而是在流动的方面寻找。

爱奥尼亚学派与爱利亚学派：赫拉克利特（约公元前 550—前 480 年）与巴门尼德（约公元前 500 年）

在这段时间，人们还提出了其他问题——例如关于时间的问题，它在流逝。这个问题并非被直接提出，而是与宇宙的周期循环有关，这可能是一种东方的思想。通过假设一些在流逝中持存的、稳定的东西，早期的哲学家也掌握了关于宇宙的周期循环和永恒轮回的思想。他们称之为"大年"（Große Jahr），即一切变迁所历经的大周期；并且，由于实体是恒定的，从整体上讲没有任何东西会丢失，所以一切又会重新开始，虽说并非每个思想家都明确地表达这一点。因此，"永恒轮回"的观念很早就产生了。（这里需要提及卡尔·雅斯贝尔斯，他对这个话题有很深的讨论。他认为，人类的三个彼此独立的轴心中伟大的思想都是在同一个伟大的时代诞生的：大概是公元前 8 世纪到前 3 世纪左右。雅斯贝尔斯认为，中国、印度和希腊是人类的基础思想集中爆发之处。他称之为人类的轴心时代。）

现在我们转向一个学派，它大致就是这段时间中诞生的，即爱奥尼亚学派。我们还要看看与它有关的爱利亚学派。我们将它们放在一起讨论，因为这两个学派都重提了米利都学派的难题，只不过是以不同的方式。这里迈出了新的一步、不同寻常的一步，这一步在今天的精神中仍能找到一种回响。爱奥尼亚学派的伟大哲学家是赫拉克利特（Heraklit）。爱利亚学派的伟大哲学家则是巴门尼德（Parmenides）。

人们可以说，赫拉克利特和巴门尼德在哲学史中就好像是两名先驱，人们始终在他们的帮助下，一再地试图表达一些很基础的东西。这一点贯穿于西方思想的整个变迁历程，就好像他们提供了一种不会消失的思考范式。

即使在今天，也有一些思想家，他们的内心是所谓"爱利亚式的"，另一些的内心则是"赫拉克利特式的"。例如，17 世纪的斯宾诺莎就明显是一个爱利亚式的哲学家，黑格尔则相反，他是一个爱奥尼亚式的、赫拉克利特式的哲学家。

这两个学派都提出了变化与持续的难题、短暂和永恒的难题，同时也提出了一和多的难题。一和多的难题是什么意思呢？事实上，这与永恒和短暂的难题有关，因为短暂的东西属于多重的、多数的世界。而当人们想要思考一些持续的东西时，人们同时就是在思考单一的东西。对于我们整个西方的传统来说（包括犹太传统），事情是这样的：如果人们想要说，什么东西存在着，什么东西是不变的和不会流逝的，那么人们就是在讨论永恒之物或单一之物。单一的和永恒的东西是不变的。一和多之间的关系、可变的和不可变的东西之间的关系，就是两个彼此非常接近的难题。它们分别是由爱奥尼亚学派和爱利亚学派提出的。

顺便插一句，如果我们运用知性去建立起数学等式，那么等式的特征是什么？特征在于它的两边是相等的，我们便在两边之间放上等号。在逻辑中，陈述的两边即主词和谓词也必须互相配合。我们的知性是由一种同一的模式统治的，这就是所谓的同一性原则。如果两个人争论，都想要胜过对方，他就会试着指出对方是自相矛盾的，而他自己并不矛盾。谁自相矛盾，谁就违反了同一性原则，也就是非矛盾原则。

相反，在经验中我们始终遇到变化。变化始终与同一性原则相对立。这令人烦恼。在某种意义上，人可以分为两种，也就是说，一种人总是有理由反对经验中发生的事情；另一种则相反，他们完全服从经验所发生的事，因为他们跟自己说，是知性搞错了。

一方面是对知性的同一性的要求，另一方面是对日常的惊人体验的要求（在其中我们只能遇到变化），如果缺少了这种深刻的根本对立，那么根本就不会有哲学。

在这两个学派中，以赫拉克利特为代表的爱奥尼亚风格和以巴门尼德为代表的爱利亚风格之间，这种对立已然结晶成形。赫拉克利特——他大概生活在公元前 500 年左右——接过了米利都学派的问题：在变化中，什么是保持不变的？他的回答是：变化本身。

变化本身就是事物的存在。关于赫拉克利特我们只掌握了很少一些神秘的片段。他在古代就已被称为"黑暗的赫拉克利特"。他强调矛盾并且解释说：一切存在着的东西，都是由于种种对立才存在。某物若要存在，那么将对立的东西统一起来，就是必要的。例如，我们想一想"小"。我们找不到任何物体可以体现小的概念。就连一根大头针的针尖——与其他小到要用显微镜才能看到的东西相比的话——都有一定的大，它是"小"与"大"的混合。一旦某个东西是在我们手头的，而不仅仅是在被思考的，那么它就是小与大之间的一种混合。一旦我们转向现实，我们就体会到对立面的结合，这就得出结论说这些东西是存在的；而以逻辑式思考的人却会在指出某处的某个矛盾后，立刻接着说这种矛盾的东西是不可能存在的。一种是从对立中出发追随现实；另一种则将现实排除在外，因为现实充满着矛盾。

（我们之后会看到，比如在 18 世纪，莱布尼茨认为共可能性（compossibilité）是实存的条件。他认为共可能性就是指不矛盾的。）

但赫拉克利特却说："一切事物的条件都是对立。"他以一种更为神话的、形象的方式说："斗争是万物之父。"这并不意味着为战争辩护，而是想说：争执是万物之父；它是对立面之间的张力，这种张力创造了现实。

（几百年后，我们在新的时代又看到了它在哲学中的踪迹，它建立在对立面的斗争之上，即辩证法，一种是黑格尔的，一种是马克思的。）

赫拉克利特则完全是在形而上学的意义上思考这种张力的，就其"自然的彼岸"的意义而言。这里涉及的是起源问题：自然和物理的现实性归功于在自身的彼岸、在其对立面的彼岸发生的斗争。这就是一种斗争、一种生成。正是一种持续的运动、变化本身，承载着不断变化的事物。赫拉克利特强调对变化的体验："一切飞逝……""人绝不会两次踏入同一条河流。"这是为什么呢？因为当人再次踏入时，水已经流走；这是另一条河流、另一脉水。永恒的流淌。

尽管如此，在赫拉克利特那里也存在一种斗争中的秩序和力量平衡原则。战斗和运动并不完全由他们自己决定（因为他们有时在一段时间以后才会如此。）

在他那里有一种主导的元素——火。这仍旧不是指一种物质的火，不是我们称之为燃烧现象的那种东西，而是一种对他来说相当于逻各斯（Logos）的东西。逻各斯是一个希腊词。它的意思是"理性""逻辑""语言""法则"。通过逻各斯，某种力量的平衡可以统治一切。于是逻各斯便保证了，在对立面的斗争中绝不会有一方最终压倒另一方，因为那样的话就不会再有任何事物。因此，斗争是被一种力量平

　　　　　　　　哲学的惊奇：从发问开始的哲学史

衡的法则支配的，这就使得事物周期性地回到火之中，也就是说回到逻各斯中——这里再次出现了"大年"的思想。

让我们记住一点：赫拉克利特强调多样性、对立性、变化、斗争、流变。只存在一种实体，即变化本身；但也存在一种支配性的原则，即逻各斯。

巴门尼德与赫拉克利特生活在同一时期，他是爱利亚学派的创始人，也是赫拉克利特的伟大对手。

赫拉克利特首先是从他眼前的世界出发，从变化的、感官的世界出发，简单说来，就是从自然界出发；巴门尼德则将他的思想建立在对逻辑的要求的基础上。巴门尼德格外强调同一性原则；并且他将这种原则建立在存在自身中。他说，"存在 * 存在着"，但我不能说，"非存在存在"！为什么呢？因为这是一个矛盾。因为这意味着我的话自相矛盾。

我不能说：非存在存在；因此，我根本就不该说出非存在这个词，因为那样的话我就在语言中赋予它某种存在，这就已经是一个矛盾、一种对语言的误用。如果我们直接贯彻这一思想："非存在是不能被提及的"，那么它就有了一种力量，这种力量恰恰与我们在赫拉克利特那里找到的东西相对立。我们不能放弃这种思想及其力量，因为这种思想在哲

---

* 这里的原文 Sein 具有双重含义：（1）存在，（2）是。作者首先讨论了第一种含义，在后文中还会讨论第二种含义。——译者注

学的层面是正确的。

（这种想法在整个哲学史中都一直存在。我们也能在20世纪柏格森的"创造进化论"中找到一番关于可能性和不可能性、关于非存在的长篇讨论。）

我们能认为这是一种纯粹逻辑上的抽象吗？当然这几乎不是我们今天对"抽象"的用法了。古代人以逻辑的方式思考存在本身。对巴门尼德来说，非存在的不可能性是存在自身的一种要求。我们所必须讨论的，毋宁是一种存在论上的要求。

存在论（Ontologie）是什么意思呢？这个词是希腊语，指的是关于存在的知识。当我们讨论存在论时，是在处理形而上学的一个部分，它所涉及的不是人类的存在、生命的存在、行星系的存在、逻辑关系的存在等，而是指存在之为存在。

对巴门尼德来说，存在不是抽象的概念，不是那种在一个逻辑命题中将主词和谓词连接起来的"是"。存在是一个含义丰富的名词，人们会说，它非常神秘，在存在论的意义上言简意赅。但巴门尼德也生活在其时代的日常世界中，并且他看到了——就像赫拉克利特一样——，这个世界是如何变化的。但他区分了不同的意义层面。他在知识之间做出了区分，这意味着，一方面是关于存在的真正知识，另一方面是我们关于自己生活于其中的外部世界的知识。他将后者称为Doxa，也就是"意见"。我们今天还能在"正统"

　　　　　　　哲学的惊奇：从发问开始的哲学史

（orthodox）、"异端"（heterodox）等词中看到这个词根。对于希腊哲学家来说，意见并不是现实的真理，不是真正的知识，但它也不是谬误。它是一种向真理的接近；为了生活、为了彼此交流或管理城邦，人们在实践的层面满足于意见。如果一个人坚持最为严格的知识，希腊人就认为，其实人是不能真正达到这种层面的；但人也不能简单地将另一面，即将表象和现象变成真理。因此他们引入一个中间层面，称之为"意见"。

我们经验种种世界的变化，而对这些变化的认识，都被巴门尼德称为意见。因此，当涉及对存在本身的认识时，他是个非常严谨的思想家，因为关于这些东西，人们只能说："存在存在。"引入非存在是一种谬误，并且，像赫拉克利特所做的那样，从存在过渡到非存在和从非存在过渡到存在也是一种谬误。赫拉克利特就是这样做的，因为在他看来矛盾对立创造了变化，这才是真正的现实性。而对巴门尼德来说，在认识的层面这是不可设想的。非存在对人来说在逻辑上是不可设想的，因此对人来说，不可避免地要居于意见的层面和经验的层面，过经验的生活。

但在巴门尼德那里，逻辑的真理无论如何都明显优先于经验的真理，理性明显优先于经验。

人们要如何在其充盈中设想存在呢？巴门尼德认为它是一种不能被创造、不会改变的东西。如果那是一个完整的、统一的存在，那么什么东西能够在存在中变化呢？变化预设了活动的空间、一个空的东西、一个别的东西。但在存在中并不存在别的东西。我们打包一个箱子，如果我们必须将它完全装满，那么箱子里的任何部分都不会移动。那么，如果存在是满的，其中就不会有任何东西变化：它是完全不可变的（静止的）、永恒的，并非被创造的；它作为圆满的东西有其整体性。希腊人将这种整体性设想为圆。

在这里我们必须作出区分：我们现代人在比较"有限"和"无限"的概念、"有界限"和"无界限"的概念时，似乎"无限"或"无界限"的概念要高于"有限"或"有界限"的概念。我们举个例子：人是有限的，神是无限的。然而希腊人并不这样想。对他们来说，有形的东西才是更高级的。无界限的东西没有形，在希腊人看来它就是某种不完备的东西，它是不足以存在的。这对我们来说似乎很奇怪。但我们也会在黑格尔那里找到两个概念："好的无限"和"坏的无限"。在他那里，"好的无限"被描述为一个圆球或一个圆环，"坏的无限"则被描述为一条没有起点和终点的直线。

巴门尼德谈论一个圆时，他是指一种图形；我们不能把它想象为地球或者一个星体；就好像我们之前看到的，"水"或"火"不能被想象为单纯的物质元素。

圆是完善的、自足的存在。之后的哲学家会说："它作为自身的原因"，"通过自身、持守自身、居于自身"等等。这就是说：它是那些存在着并且自足的东西。这才是巴门尼德关于存在和整体的圆满性的基本思想。在巴门尼德的存在中，有某种深刻的神性。这种神性没有拟人化，它绝非任何一种人格化的神的理念，也绝非某个作为创造者的上帝。

但这种对存在的理解贯穿了我们的整个西方思想。它是一位神，超越了任何想象、任何对神的人格化，它的本质就是超越的。但这恰恰并非因为它通向无限，而是因为它具有圆满的充盈，我们无法想象这种圆满的充盈。

在赫拉克利特那里，我们只有在非圆满性的帮助下才能思考圆满。而在巴门尼德这里，圆满本身就能被思考。人们将这种思想称为一元论（monisme）（在希腊语中 monos 的意思是一。相反，笛卡尔则将存在归结为两个不可还原的因素：广延和思想，即一种二元论）。

作为结语，我们引用一句话："这样说和这样想是有必要的：只有存在存在，相反，不存在就是不存在，我叫你铭记于心。"

芝诺（约公元前 490—前 430 年）与原子论者

爱利亚的芝诺是巴门尼德的著名学生。他发展了诡辩（Sophisme）或者说悖论。希腊语 sophos 的意思是"智者"，诡辩是一种思维关系，它看起来像真的，但明显是假的。里面有一种假象的元素。芝诺想要借助这种思维关系来论证他老师的观点。

这一点很清楚：巴门尼德对我们说，只有存在是存在的；生成的东西、流变的东西以及类似的东西都仅仅属于意见的领域，它不是真理，而这一点与我们日常生活的经验是矛盾的。芝诺想要向我们指出，尽管我们的现实的日常经验中，变化无处不在，但其实我们并不能思考运动和变化。

他通过各种诡辩来证明这一点。以下说法尤其妙：有一位弓箭手，他用弓射出一支箭。这支箭在空中经过了一条特定的轨迹。芝诺就说道：这支箭是静止的。在某一特定的瞬间，它处在轨迹中的 A 点。过一会儿它处在 B 点。在这之间，也就是在两点之间，它处于一个 A′ 点，而在 A 与 A′

之间，又有一个 A″ 点；这意味着，您可以在每一个很短的时间段中，这支箭就存在于空间中的某一个点上。

为了澄清这一点，让我们跳回当下。如果我们有一台照相机，并且想要拍下这支箭，那么我们可以在每一瞬间拍摄，在每一瞬间它就都处在相机所对准的空间中的某一点。于是芝诺就说：无论两个位置之间的空间有多么小，在其中都还可以插入一个中间位置，而箭就停留其中。那么，箭是什么时候从一个位置移动到另一个位置的？既然它任何时候都存在在某处，那么它是什么时候移动的？

事实上，芝诺的这一说法触及了运动这一难题的核心。

二十五个世纪之后，柏格森指出，我们总是要在"不可运动性"的帮助下才能思考运动。我们辨认运动，是因为我们自己在运动；我们动动手和脚，移动我们自己。我们由内部得知运动是什么，但当我们去思考运动、测量运动，我们得到的总是固定的静止点。爱利亚的芝诺也向我们指出，从根本上讲，我们并没有思考运动。当然我们能够看到箭飞过，但我们并不能思考它的运动，因为我们的思想是指向不可变的、统一的和永恒的东西；然而，我们生活在一个瞬息万变的世界中并为之操劳。

当然，在古代人们就已经尝试着将这两种思维方式，即赫拉克利特的和巴门尼德的结合到一起。因为人们既不会满足于其中一种，也不会满足于另一种。没有人能简单地说，好，我就是自相矛盾，但这没关系。也没人能心安理得地说：思想是合逻辑的，存在也是，因此我所经验的变化只是幻觉。

有一个学派，我们可以说，它是上面两派思想家的综合：原子论学派。"综合"在何处呢？从哲学的意义上看，这个学派并不特别深刻。但它提出了一种假设，这个假设在后来的科学中有了一种出乎意料的命运。

这个学派试图设想出一种现实性，他们的做法是，一方面引入巴门尼德的那种持续的不可摧毁性、没有非存在的密度，另一方面引入变化，引入一种物体向着另一种物体的变形，就像赫拉克利特所教导的那样。

在原子论者看来，人们不再设想"存在"这个词的宏大的形而上学意义，而是试图想象一种存在事物的最小统一体、一种很小的不可分割的单一本质，它不会变化且不可再分，以至于非存在无法进入其中；这种很小的统一体是完全密实和坚不可摧的；可以说它描绘了存在的缩影，即巴门尼德的那种宏大的形而上学存在的缩影——由此便能与无与伦比的东西相提并论。

因为这种统一体既不能分割也不会瓦解，因为它们是不可变的和永恒的，人们就将它们称为"原子"（atome）。在希腊语中，它表示"不可分""不可切割"。这个学派的名称就由此而来。原子拥有存在的密不可分性和不可瓦解性，这就构成了一种永恒的基础；但原子又以非常不同的和短暂的方式互相结合与联系，由此我们就拥有了不断变化着的世

哲学的惊奇：从发问开始的哲学史

界，就像我们在经验中所认识到的那样。

在某个层面上看，这是一种富有魅力的理论，但很明显，这种物质性的微小的原子——从哲学上讲——绝不能代替巴门尼德所说的那种超验性的统一体。

原子论者将我们迄今为止所讨论的形而上学难题从哲学地基移到了自然地基、物理地基上。当然，原子理论为发生在我们眼前的自然现象提供了一种解释，并且为一与多的问题、存在的持存性与存在者的流变性的问题提供了一种答案。并且，这一理论成为了整个自然主义传统的出发点。自然主义传统中假设了原子的存在，在原子中没有任何非存在（无），但这些原子存在于一种虚空中。这种围绕在它四周的虚空是原子在其中运动的媒介，它们根据机械式的法则互相联系，通过偶然性，形成时而可持续、时而不可持续的联结。原子论式的解释尝试将偶然性和必然性带入视野。它们偶然地结合成不同的微小组合，稳定或不稳定；而必然性则以简单的机械碰撞的形式支配这个过程，这种碰撞不是任何人所安排的或意愿的，但原子就是这般撞击，一再地彼此相遇又彼此排斥，并且组成了或多或少可以持续一阵的本质。

原子论对自然现象寻求机械论式的解释。这是后来整个自然科学的倾向。在科学的层面上它比超验的或目的论式的解释更为简单，并且它使得实验、重复和验证成为可能。

无论如何，当代关于原子的讨论显示出这种理论的本质是成问题的。海森堡以及其他人所提出的伟大问题是："原子，这究竟是什么？"海森堡也说："也许我们有一天会理解原子是什么，但此后我们还会理解'理解'的意思是什么。"

这引导着我们在科学与哲学的相遇中走得更远。

苏格拉底（公元前 470—前 399 年）

苏格拉底来自一个身份卑微的家庭。人们经常将他与柏拉图相比较。柏拉图英俊如神明，苏格拉底则笨拙丑陋。他也不是一名好的演讲者。他从来没有写过任何东西——这在我们的整个思想中是绝无仅有的，然而几百年来，再没有第二个人像这位哲学家这样影响深远。为什么他从不写作？也许，因为他并不相信一种真理，哪怕是一瞬间，可以与说出这个真理的人相分离。

对他来说，"真理"并不像一些事物那样存在，它是哲学式的。什么是哲学真理呢？

一个哲学真理并不只是符合一个客观事实的论述，它不是独立的和非个人的；而是这样一种论述：通过这种论述，自由的人接受了一个真理，并且是主动自觉地接受，他通过践行这种真理而占据了它，并使它成为真理。也就是说，在苏格拉底那里，所谓理论的真理永远都是一种实践的真理，它取决于掌握真理的人——由此也就取决于真理是如何影响这个从自身中挖掘出真理的人。在今天，人们将它称为一种生存意义上的真理。

苏格拉底首先寻求的是，去打磨并增强人们对真理的理解。该怎样做到这一点呢？对话的伙伴应当自己去发现他所信以为真的，还远远不够，还不是真正的真理。

"我知道我什么都不知道"——这是苏格拉底的名言。女祭司皮提亚（Pythia）回答提问者说，苏格拉底是雅典最聪明的人。苏格拉底这句话并非假作谦虚。这话的意思是：我如此这般地打磨增强对真理的理解，也就是说，我对真实东西的主张并不满足于表面的真理，尽管我有时或会认为它是真正的真理。我所主张的是对真理的更高的要求，而不是真理本身。

现在，我们立刻看到了他与之前哲学家的根本区别：探索的动力不再是对世界的解释或者对存在本身的理解，目的现在指向了进行探索的人本身。意识在追问它自己，更好的说法是："自我的"意识。我们可以将它理解为一个器官，在它的帮助下，我意识到自己是一个事物。我追问自己，追问关于我自己的知识、关于我自己的思想，并且发现哪怕我成了一个相当够格的思考者，我的知识在很大程度上也是一种无知。也就是说，我们在苏格拉底那里看到的是一个创造性的知识的教导者和对无知的发现，他在学生身上创造出现实的、真正的自我意识。

苏格拉底是一名助产士的儿子。他说他自己的工作和他的母亲一样：助产术，即分娩的艺术。他所帮助分娩的是精神，他并非从外部教导什么，而是在其他人身上解放出、引导出对真的理解，人们已然在自身中拥有这些。只需要将它分娩出来。

他的信心植根于对自我的意识和自身的勇气。苏格拉底被判处死刑，"因为他败坏青年"。但其中的根本原因其实在于，他向所有人提出了以下问题：关于权力的本质、权力的正当性、权威、宗教、对神明的看法、关于德性、关于什么是善的和正义的、什么是恶的、非正义的。他的问题包罗万象，往往触及政治。于是他被视为危险人物。

他被捕了并且被判处死刑。他的学生想要帮助他逃脱，而苏格拉底拒绝了。这并非因为他自认有罪。他认为对他的判罚是不正义的。他确信，他的行为是有益的，并且国家应当为此奖励他。但他对学生们的回答是：对他的判罚是根据法律做出的。正是通过法律，城邦或者说国家才存在。他自己的存在都依赖于城邦。由于城邦和法律，他才存在着；而如果他逃跑了，他就自己否认了他所教导的一切。因此苏格拉底不愿逃跑。

记住这个故事对我们大有好处。在今天，对法律和正义的理解，以及对国家的理解经常被情绪化的愤怒所遮盖，后者显得比正义和法律更深刻和崇高。

而苏格拉底不这么想。他不想逃亡，尽管他知道这判罚是不正义的，但他遵守城邦的法律。他在别处说：法律是我

苏格拉底（公元前470—前399年）

的父亲和母亲。

苏格拉底提出的根本问题是：人该怎样生活，才是在正当地生活？人应当怎样生活，才是依据善而生活？我们看到，这个问题与之前的思想家的核心关注点有明显的不同。苏格拉底是第一个对此感到惊奇的人：人有义务找到一种方式将自己的生活和行动引向善。

他提出了以下思考：当一个人做某事时，他之所以这么做，是因为他想要达成某种他视为善的东西。让我们假设一种最坏的情况，一个罪犯，他也想获取一些对自己来说善的东西。只有不必负责任的精神错乱的人才是例外。一个健康的人总是为自己设定一个在他眼中看来善的目标。因此苏格拉底说："当一个人行动时，他总是以某种善的东西为目标……"

那么，恶的东西又是从何而来？"恶是由于"，苏格拉底说，"人们搞错了何为善。"他将一种错误的善当成了真正的善，将一种较低的善当成了更高的善，或者他为了一种较低的善牺牲了一种更高的善。他在善的方面搞错了。恶来自无知。在人们身上发展出对善的理解，这对苏格拉底来说是核心问题。由此也就产生了他的助产术、他的助产士的技艺。

在这里我们触及了一切哲学的一个中心主题，即以下问题：如果人们说，一个人仅仅是出于无知而做坏事，那么就

　　　　　　　　哲学的惊奇：从发问开始的哲学史

可以得出结论说，这只是因为他没有获得足够的信息。但事情并不是这样。毋宁说，人必须发生内在的变化，才能发现真正的善。因此如果人们说，人只是出于无知才做恶，那么这个无知不是可以通过外部学习来弥补的客观的无知。无知是一种更深的东西。它是一种深刻的内在无能，即无法认识真正的善。认识真正的善，这同时也是一种道德行为。

人必须真正地"想要"这样做。而这就是我们所触及的哲学上的核心。因为人们越是追踪西方哲学的发展，就越是会将这一点视为它的核心：理论的真理从来就不仅仅是理论的，并且一种学说所能给出的实践层面的道德领域，也从来就不是一种单纯的道德说教。在哲学中，理论与实践，实践与理论是不可分割的。

因此，这就是为什么柏拉图将哲学与对灵魂净化的练习、宗教的以及数学的练习结合起来。为了进行认识，人们必须真诚，必须改变自己的内在。为了认识真正的善，首先需要具有认识的能力，而这本身就是一种道德行为。

但我们一定不要相信苏格拉底认为人可以将一本道德教科书吃下去，然后他就能够行善了。并非如此。毋宁是，要去唤醒和练习对真的深刻理解。人们很少想到，对真的理解本身，就是与道德相关的。科学的根基在于道德，包括我们现代的科学也是如此。科学家对他们的假设进行如此多的严格验证，这正是因为，他们在道德层面有某种责任，在涉及真的时候，需要严格的准确性。

苏格拉底（公元前470—前399年）

我们看到：哲学的位置是在理论与实践、认识与行动的衔接处。认识是一种行动，行动也是一种认识。人们不能将这两者分开。在苏格拉底的生活中以及在当下，人类身上的这种关联第一次被呈现给我们。人们时不时听到，作为理论的东西与行动的东西的统一体的实践（praxis），只有在马克思主义之后才被发现。但事实上，所有的哲学都发生在这一衔接点上。

按照苏格拉底的说法，不正义是出于无知。因此我们必须找到真实的东西，并且在自身中发展出对真的理解，也就是说，必须创造我们自己。因此，苏格拉底的著名法则就是："认识你自己"。"认识你自己"，这与精神分析的观念、内省、内观，都毫无关系。

认识自己，这意味着在自身中发现真实意义的最基础的根基，但同时也发现这种根基的缺失。去发现无知，去发现幻觉的倾向、自欺的倾向，这也是根植于自身的。这一切都包含在"认识你自己"中。

这不仅仅指"照镜子"或"反思"，而是要让自己去行动。再次重申——这是苏格拉底的影响的核心部分——将理论与实践结合起来。

他提问，他说话，他倾听。他通常这样做：他提出一个问题"告诉我，你认为美是什么？"或者"善是什么？"或者"你认为正义是什么？"

另一个人就回答这个问题。苏格拉底的方法首先是接受回答。

"啊，你这么说，好！我们就从这里出发，看看这会把我们引向哪里。如果是这样的话，那么事情就会是……"

——"是的，"另一个人说，"确实！"

——"如果是像你所说的这样的话，那么还会导致……"

——"是的，确实……"

然后对话就这样一点一点地进行，并取得一定的结论。然后人们回到第一句话："但等一下……我们之前说过……。由此难道不是也得出……？"

——"是的，肯定……"

——"难道由此不也得出……"

于是，第一个回答又引起另一条线索，它又将人引向别处。直到苏格拉底最后说："但是，我们之前已经说过，结论是这样的。而我们现在又说，结论是那样的……我们要怎样将这两种说法放到一起？"

这就是尴尬、困惑的时刻，体验到无知。人们将这个过程称为苏格拉底的反讽。反讽之处就在于，我们追随别人的思路，努力推进事情，直到别人发现我们和自己并不统一，直到我们不再知道自己究竟想要什么。我们以为自己知道，但现在我们必须看清楚，我们其实并不知道。于是，我们就被抛回至开端处。

苏格拉底的反讽，对无知的发现，被带回自身，重新开始。柏拉图的有些对话按照这种模式处理数学问题，例如《泰阿泰德》。人们在一番努力探索之后，在对话的终点处，又从头开始。

但我们在这里还能发现更多的东西，会把苏格拉底和前苏格拉底的思想家联系起来。例如，同一性原则（这个我们之前已经知道了）。但这里涉及的不是对象和它自身的同一性或者逻辑上的联系，而是思想者与他本人的一致。"你和你自己一致吗？看，你相信是这样的，但你自己会发现：你并不一致。我们必须继续探究。"

苏格拉底并不相信存在一种绝对的真理，或者说并不相信当某种真理离开了思考者之后，它的意义还能够持续。因此他说："知识就是整个灵魂的行动。"或者也可以说：当某个东西与我用嘴所说的东西一致时，它是无知、非真，因为只有当它与整个灵魂的最深层次要求一致时，它才是知识和真理。

我们很难说清，在柏拉图所描述的苏格拉底的对话中，有多大比例是苏格拉底的想法、多大比例是柏拉图的想法。也许我们将柏拉图的一部分思想归给苏格拉底了，也许相反我们又将苏格拉底的一部分想法归给柏拉图了；但无论如何，这都是哲学史上最为美丽的画面之一：在垂死的苏格拉底的脚边，是年轻的柏拉图。

柏拉图在《斐多》中讲述了苏格拉底与他的学生的最后

　　　　　　　哲学的惊奇：从发问开始的哲学史

一次对话。苏格拉底提出了一系列对于灵魂不死的证明。为什么要这么多的证明？因为它们中的任何一个都不够。如果人们可以客观地证明灵魂的不死，那才是足够了。但这样一种证明又违背了灵魂的本性。没有任何一种证明是足够的，人们最多只能说，真正的证明就是苏格拉底死亡的方式。这种证明是最后才做出的。苏格拉底接过了毒酒杯，感谢了递给他毒药的狱卒，友好地，毫不迟疑，他一饮而尽。寒冷从他的双脚径直上升，他躺下，继续跟他的学生说话。

他的最后一句话是："我们必须向阿斯克勒庇俄斯献祭一只公鸡……"阿斯克勒庇俄斯是医术之神。因此这句话意味着，苏格拉底将死亡视为一种治愈。他的灵魂现在获得了自由。

这种关于灵魂身处它的自由之中、它的自我责任之中、它的独立性之中的观念，我们之后还会在柏拉图那里一再地看到。柏拉图当时就坐在苏格拉底的脚旁；随后他离开了雅典。他不想再见到这座城，不想再忍受它的当局。过了很长一段时间，他才重返雅典建立他的学园——阿卡德米（Akademie）。

柏拉图（公元前 427—前 347 年）

柏拉图是苏格拉底的学生。他目睹苏格拉底死去。他离开了雅典，走了很远，最后到达西西里。在那里他与狄翁（Dion）成了朋友，狄翁属于僭主狄奥尼索斯一世（Tyrannen Dionysios I）家族。（僭主的意思是自立为王，而不是今天含义上的暴君。*）柏拉图希望教育年轻的王子狄翁成为他梦想中的哲学王。

我们在哲学史中一再地看到这种梦想。哲学家们并不想自己进行统治，但对城邦的关怀是他们中的许多人的关注中心。

人应当如何组织他们的公共生活？

哲学的基本问题之一是这样的："人怎样才能按照善的方式生活？"当然，人并不是独自生活的。在哲学思想中，

---

* Tyrann 一词在古希腊的含义是，通过非法方式上台的统治者，它与统治的方式是否暴虐专制无关。在今天的意思则是"暴君、专制统治者"，是对统治方式的描述，而不涉及上台过程是否合法。——译者注

关于城邦、关于国家秩序的问题是一个更为敏感与核心的点——并非在今天才如此。

在哲学中存在一种教育的基本倾向，因此哲学家们都梦想着教育出一位哲学王子、一位哲学王，他应当在其人格中同时具备智慧和权力。

在狄翁那里，这件事没能成功。最后事情以分歧告终，首先是与僭主狄奥尼索斯之间的分歧。柏拉图必须走了。他遭遇了海难，又被当作奴隶出售……有各种各样的故事、各种各样的传说。但在柏拉图这样的人身上，传说最终也会变得如现实的东西一样现实，因为它影响了之后的世界。最后他被人赎身，回到雅典。当时他四十岁了。他在雅典建立了一所著名的哲学学校，阿卡德米学园。从此他就在那里教学。他进行了数次旅行，也活了很久，见证了与他相知甚深的狄翁去世。他非常爱狄翁。柏拉图享年八十岁。他的盛名使得其作品受到了精心的保存。

柏拉图来自一个贵族家庭，照理说他可以担任一个很高的职务。因此在柏拉图身上，对城邦的关怀伴随着对于失落的权力的某种忧愁的渴望。由此，政治关怀在他身上也扮演着一个非常重要的角色。

他投入格外的精力，以格外的清晰和深度，讨论了伦理要求与政治要求这两方面的对抗所产生的难题，在政治中，事关成功和权力。并且在其中依然可以看到，他也讨论了"真正的善"是什么。

我们首先必须理解：在柏拉图那里，哲学思想的锻炼同时也是一种对人本身的精神塑造方面的锻炼。思考的过程本就塑造灵魂。柏拉图就毕达哥拉斯派谈了很多。在毕达哥拉斯派那里，数学方面的努力与净化灵魂方面的努力总是携手并进。对他们来说，数学的证明过程就是一种净化灵魂的行动。今天的人们对这种联系思考得远远不够。许多人抱怨今天的学习程序，按照这种程序人必须掌握许许多多材料；然而按照这种程序，伦理方面的意识、对精神性的理解以及对真正的自由的理解，都是不会被发展起来的。但只有在糟糕老师身上，这种观点才是对的，在好老师那里则并非如此。这里正是涉及对柏拉图的理解：人们想要以正确的方式思考、放弃之前的观点，因为人们认识到，这些观点是错的或者是不完备的，或者只有一部分是正确的，这样一种尝试就使得人放低了自己，并且准备好了去把握别人的思想。通过这种锻炼，人就净化了灵魂，因为它总是将真实的东西置于自己的立场之前。从这一点上说，试验与实验也可以对灵魂产生深刻的教育意义。去检验某一理论，可以在相应的情况下对这种理论说：不。若实验说了不，研究者会听从。更重要的是：他所寻求的实验，恰恰使得被检验的理论受到最为严格的考验。因为他所追求的是真理，这对他来说比理论的成功更为重要。

真理优先于自己的立场：柏拉图的整个哲学远非一种教条，在上述意义上，它是一种锻炼。

理念

通过任何一种假定的知识、任何一种占有，从而使得对真和善的理解更为敏锐，这一点就是柏拉图思想的中心。他的思想的心脏，就是关于理念的学说。柏拉图是谈论理念的哲学家。那么理念是什么？

我们可以说，柏拉图再次接过了米利都学派的难题：在变动的与流逝的东西中，有什么是持存的？事物流逝，一切通过感官呈现的东西都会流逝。那么在这些流逝的东西中，有哪些是保持不变的？保持不变的就是理念。理念是什么呢？理念就是真正的现实性，是世界上事物的存在的源泉。

理念的"真实"与具体事物的真实含义不同。在柏拉图那里，理念是存在与价值的结合。它们是事物的存在的源泉，也是善的存在的源泉。存在同时就是有价值的。存在就是一种价值。存在，就是值得存在。

在这里，我们就站在了一切现代虚无主义的直接对立面，虚无主义有一种倾向，它认为非存在的东西比存在的东西更纯粹也更好，因为存在的东西总是带着残酷。而在柏拉图那里，存在的东西才是具有价值的，因为它的存在要归功于它分有了理念的一部分。

从世界万物的层面看来，一切不仅仅是短暂的，而且是互相依赖和相对的（或多或少如此）。但事物赖以存在的那些理念，则是永恒的、纯粹的、绝对的。

一个例子：我们面前有两片枫叶，并且我们说它们是相同的。我们这么说的意思是，它们彼此非常相似。但是事实上，根本就不存在两片完全相同的枫叶。它们只是接近于相同。那么，我又怎么知道它们只是几乎相同呢？既然我在世界中找不到任何事物是绝对相同的。我们甚至不能用几何仪器画出两个绝对相同的三角形。但我们能够思考绝对相同的三角形，并且这种思考正是我们在几何学中所做的。当我们说，经验中的事物，例如这两片枫叶，是几乎相同而非绝对相同，那么我们在此就指向了一种并非来自经验的知识。因为如果我们只拥有经验，那么我们根本就不会知道任何可称之为"几乎"和"大致"的东西。只有当我们将这些概念与"完全"或"绝对"的概念加以比较，我们才会理解"几乎"或"大致"。

　　但"绝对"不是经验给予的。因此，我们经历这一实验的整个方式，都包含着一种并不属于这个实验的层面，在这个层面，实验无法给予我们任何概念。也就是说，我们拥有一种关于相同性的理念。并且这种关于相同性的理念是纯粹的相同性，这种相同性具有绝对的完备性，而不只是大致相同。并且，只有在这种具有绝对完备性的关于相同性的理念的基础上，我们才能谈论经验中的事物之间大致的、接近的相同性。

　　理念是绝对。但在此我们难道不是完成了一次跳跃？我们必须知道，在柏拉图那里存在一系列的理念。我们选择了

　　　　　　哲学的惊奇：从发问开始的哲学史

相同性这一理念。此外还会存在正义的理念、美的理念、大的理念、小的理念，等等。

那么，在大的理念与一个大的对象之间有怎样的区别呢？比如一头象是大的，如果跟一只老鼠比的话。而与喜马拉雅山比的话，它又是小的。在通过我们的感官所经验到的事物中，我们所拥有的总是一种混合，而非处于纯粹状态、也非理念的绝对状态。柏拉图会说：象同时分有了大的理念和小的理念。大的理念是绝对的。这并不意味着绝对的大，而是指处于绝对状态下的大的理念，其中并不混杂任何的小。

柏拉图想说明，在我们的思想中（无论我们承认与否）存在一个层面，这个层面并不是来自经验的，但我们与经验的关系却依赖这个层面。多亏了这个理念的层面，绝对的东西才被引入，由此我们才能借助于绝对性，从而对事物的相对性进行认识。这样一个绝对的层面就存在于真理中；而相对的东西则属于混合的、相似的层面。

我们对于理念的认识从何而来呢？就我们所知，苏格拉底谈到了一种天生的理念。柏拉图则谈论回忆。

柏拉图问：既然我们在感觉经验中不会遇到任何绝对的东西，那么我们是从哪里得到理念的？如果说它就是天生的，这种想法还不够明确。我们必须接受，我们在出生之前就已经见过了理念。

灵魂在出生的时候，丧失了对理念的清晰回忆，但保留了某种乡愁，这就使得灵魂总会去参照理念，总是追寻理念。从苏格拉底的助产术中，柏拉图得出了一种重新回忆的过程。教育就是试图唤醒对于出生之前所观看到的理念的回忆，并使这种回忆产生效果。

"出生之前"这个表述在今天的人看来可能有点奇怪。它的意思是"在时间之前"。这里就有一种逻辑上的矛盾。"之前"这个词只在时间之中才具有意义。我们人类是如此沉浸于时间之中，以至于我们不可能摆脱它。当我们听说"灵魂在出生之前就见过了理念"，那么这里的"之前"就会刺激我们去打破时间性的藩篱。去尝试感知一些位于时间的彼岸的东西——即使我们没有能力想象它。这意味着，去撞击我们思想的界限，去撞击我们所能理解的东西的界限；去尝试感知——至少是以消极的形式——我们所不能思考的东西。在这一意义上，基督教时代，人们所经历的那些著名的宗教层面的改变，可以追溯到柏拉图。

无论如何，柏拉图是一位迫使我们冲击思想边界的哲学家。在我们惯常的思想中，即以感性的方式感知事物的层面，我们无法理解他。

他呼吁人的基本自由，也即，去超越自己。这是苏格拉底的"我知道我什么都不知道"的一种更新的形式。也就是说："我知道我已经忘记了。"于是我必须尝试去回忆——去回忆起理念，若没有理念，就不可能有任何认识。

　　　哲学的惊奇：从发问开始的哲学史

在柏拉图看来，在以感性的方式把握事物的层面，只存在意见，它们或多或少是模糊的；经验中的现实性本身就属于不确定的领域。真正的认识只存在于理念层面。人就位于感性上可把握的事物和理念之间。人是一种介于中间的存在。人不能放弃理念，因为它——无论是好是坏——属于他的本质，但人也不能无视感性事物，因为人——无论是好是坏——是通过这些事物才能眺望理念。

柏拉图想要将我们引向一个理性思想不再够得到的地方，他引入了一个神话以使突破这堵墙变得更容易些。

洞穴

洞穴的神话，洞穴比喻是这个神话中最为美丽的东西。柏拉图想象了一个深深的洞穴，一些囚徒被绑在它的底部。他们的脸对着洞穴的背景，而他们的背后则有一条陡峭的路，人们可以在其中移动和搬运物体。在这条路的上面，则燃着一堆巨大的火，火的上面才是洞穴的入口，外面则是阳光照耀。

囚徒不能转动头，他们只能看着洞穴的背景。他们在上面看到一些影子，这是那条陡峭的路上一个接一个地经过的人所投下的。并且，由于囚徒无法感知到其他东西，他们就认为这些阴影才是现实，并将他们的全部注意力都投入其中。他们中的一些人非常擅长从这些影子中看出某种规律性；有时他们还能预言，什么时候这个或那个影子会回来。

现在，有一个囚犯被松绑了。他费力地站起来，转身看到了身后的人、物和火。他忍着痛苦走向洞穴的出口，他付出巨大的努力，终于离开了洞穴。在外面他是如此的眩晕，以至于完全什么都看不到。他必须先去适应这种新的情况，柏拉图说，他就先看外面事物的影子，或者水中的倒影。慢慢地他习惯了，于是就有一瞬间，他能够直视太阳了。

现在他发现了一个如此非同寻常、令人惊叹的世界，他实在无法独享它。他一定要跟他的伙伴说：他们留在那里，被绑住，被影子欺骗，这是愚蠢的。于是他回到了洞穴。

但他在那里什么都看不到了，因为那里实在太黑了。他不再适应阴影的世界，显得比其他所有人都更笨拙，并且被别人嘲笑。

这个隐喻是什么意思呢？在柏拉图看来，洞穴深处的阴影就是可以通过感官把握的事物，我们在日常生活中习惯了他们，并且我们认为这就是完全的现实，因为我们完全不知道其他的。我们也从未意识到，如果那堆我们所注意不到的火不在后面燃烧的话，我们连这些可感知的事物都感知不到。这火象征着思想的力量，有了它的帮助，我们才把握到感官事物。这火就是今天的人们称为自然科学的东西。只是柏拉图不用这个词而已。但他指的就是对于现象的规律的知识。科学使我们得以预测，使我们能够理解感官世界。

事物和本质显然比它们的影子更是第一位的，且具有更为清晰的现实性。它们在柏拉图的思想中对应于知性概念；

　　　　　　　　　　哲学的惊奇：从发问开始的哲学史

尤其是数学概念，它们具有更多的现实性，并且规定了事物的结构，通过这些概念我们得以解释和理解可感知的世界。

洞穴之外的世界则是理念世界，但囚犯一开始并不能看见这个理念的壮丽世界。为什么不能呢？因为他必须首先具有这种观看的能力。任何一种哲学的、理智的探寻都是在锻炼一种能力，去认识这种一开始无法认识的东西。人们必须锻炼他的精神，将它净化，直到能够看到理念。

柏拉图的洞穴隐喻中的太阳就是关于种种理念的理念，是至高的善，是关于善的理念本身。

理念在自身中结合了存在与价值；一切价值的源泉就是最高的善的理念。如果其他理念是具有价值的，那么正是因为善的理念，因为善就是最高的价值。若没有了这种最高的善，那么平等也没有价值，正义也没有价值。只有通过最高的善、从最高的善之中，价值本身才照耀其他一切理念。

那些见过了最高的善的人，是无法独占这种经验的。这一点恰恰就是人类的状况（conditio humana）：人不能走出它自身，飞入一个不再属于人的彼岸，他必须回到此处和此刻，并且，他只有接受自己的限制，他才能够眺望彼岸的东西。

灵魂

对柏拉图来说，灵魂是不死的。他在《斐多》一书中描述了苏格拉底之死，他将苏格拉底关于不死性的"证据"宣之于口。首先，由于灵魂回忆起了出生之前的某种状态，因此就可以猜测，在死亡时灵魂也就是不会死的。那么灵魂是不是一个理念呢？柏拉图说，不是，灵魂并不是理念，但它也不是可感知的对象。灵魂类似于理念，因为它是简单的、与其他事物相混合，它处在自身之外并且是永恒的。但它并不是理念。这是为什么呢？因为理念是永恒的、简单的，因此是不变的。

相反，灵魂具有一段历史。如果灵魂没有历史，那么人就不会是自由的，于是善也就会没有意义。那样就只会有理念的静态世界，并且人也就会是一个理念，任何意志自由都会丧失。那样的话也就不会有善和恶。灵魂不能选择善，也不能选择堕落。在柏拉图看来，灵魂不会选择死亡，就连恶习也无法杀死它。并且灵魂自行运动，它是自由的，这意味着，它就是它对自身所作的决断，并且在这意义上，它是不可摧毁的。

这并不是严格意义上的证明。关于灵魂的不死性的独特证明，就是苏格拉底死亡的方式，他通过他的死亡证明了一种处于时间彼岸的存在。

作为拯救和治愈的死亡，使我们接近基督教的和东方的思想。但在柏拉图那里，这并不是一种来自彼岸的神奇启示，而是人本身的劳作，人并不追求摆脱身体的牢笼。它是另一种形式的活动，是人通过理性的犁头所做的劳作。犁头就是理性，它所耕耘的是精神、灵魂。在西方思想中，人类生存的基本状况，即 conditio humana，大部分情况下都是被接受的。见过了理念的囚徒又回到洞穴。在西方哲学中发生着一种在理念和感性经验之间的往复摆荡。这是柏拉图式的辩证法。这对于整个西方的发展来说是基础性的。

爱若斯（Éros）

《会饮》这部对话整篇都致力于讨论爱的本质。朋友聚到一起宴饮，并且轮流比赛发表一段致敬爱若斯的讲话。这些沉思构成一条绝妙攀升的序列。最后讲话的是苏格拉底，但他不是用自己的名义说话，而是转述一位女性的话，这位女性此后在欧洲的精神史中一再被提起，尤其是在荷尔德林的诗中：她就是第俄提玛（Diotima）。她关于爱的说法是最为崇高的。

在《会饮》的开始和结束之间，爱若斯的意义发生了一次颠倒。并不是说，感官的爱被压回到了一种较低的水平，而是说，这种颠倒渗透了感官之爱且使它焕发光芒。

作为开端，爱首先是欲望，但它比我们所理解的罗曼蒂克的或浪漫传奇式的爱的概念更为宽泛。一开始，欲望就是追逐一些人所并不拥有的东西，因此人才欲望它。最后，爱成了哲学本身。

在这里要理解一些决定性的东西。在柏拉图那里，作为欲望、作为渴望的爱若斯是"丰盈"和"贫乏"之子。它的贫乏属于它的本质，因为人所渴望的东西，显然是他并不拥有的。但它的丰盈也在于此，也就是说，它有能力将它所不具有的东西，作为一种渴望而置入自身之内加以承担。因此爱若斯是一种中间状态。同样，爱若斯也是知道和无知之间的一种中间状态。它渴望着对真理的知识，因为它并不拥有这种知识；但若缺乏对它所欲求知道的东西的某种特定的前理解，那么这种对知识的渴望又是不可能存在的。

只有作为一种"中间状态"，爱才是存在的，并且，作为中间状态的爱就是哲学。我们已经知道：哲学（philosophie）是一个充满欲望的词，它的意思是"对智慧的爱"。哲学对智慧知道得够清楚，足以渴望它；但又知道得不够清楚，不足以占有它。我们在这里深刻地看到，"贫乏"或者说缺乏，是人类身上的一种不可或缺的功能。只有通过与不可达到的理念发生关系，并且通过欲求理念，人才有可能达到目标和自由。爱的最高层次，就是对理念和对最高的善的爱，它扬弃且净化着一切更深层次的爱。

柏拉图的爱若斯具有一种双重的特征：一种特征是去占有、握紧，另一种特征是去放手、奉献。柏拉图并没有将这两者视为彼此对立的、其中一个就坏另一个就好；相反，在柏拉图那里，爱若斯的第一个方面与它的第二个方面，是同一的。

国家

在柏拉图的思想中，始终存在着政治问题、城邦主题。他的两部伟大的作品《理想国》和《法律篇》都致力于讨论

　　　　　　　　哲学的惊奇：从发问开始的哲学史

这一问题。《法律篇》是一部晚期的作品。

关于柏拉图的《理想国》有种种不同的理解。有些人在其中看到了一个理想国家的典范；并且在他们看来柏拉图将国家和单个的人所做的比较，不过是他为了说明国家是什么而举的例子。但或者也可以说，国家被描述成一种放大了的人，并且通过这种类比更容易澄清，人应当怎么做。

也许柏拉图想要让问题保持开放。人们也可以从两个方面对这部作品进行阐释。

根据柏拉图的说法，在灵魂中有三个层次：欲望的灵魂位于胃部；然后是勇气的灵魂，它具有去战斗、去征服的冲动，它为这个或那个而战，它位于胸部；以及理性的灵魂，它位于头部。这三个层次都是不可或缺的。但它们按照一种等级顺序排列。在城邦之中，公民也是如此。农民和手工业者处于欲望的层面；在勇气的层面则是战士，在理性的灵魂层面是统治者。

灵魂的这三个层次中的每一个都必须具有一种相应的德性：欲望的灵魂需要节制的德性；勇气的灵魂需要勇敢的德性；理性的灵魂则对应于智慧这种德性。如果灵魂各部分所对应的德性都被发挥出来了，那么这个整体，无论是作为人还是作为国家，就获得了最高的德性，即正义。

对柏拉图来说，"正义"意味着某种跟今天完全不同的意思。它与平等没什么共同点——柏拉图自己解释说：正义意味着"和谐"。

如果做到了以下这些，灵魂就是和谐的，国家也是和谐的：欲望的灵魂部分是节制的，农民和手工业者节制自己；勇气的灵魂是勇敢的，战士是勇敢的；最后，理性的灵魂部分是智慧的，统治者是具有理性的。如果情况确是如此，那么我们就拥有了灵魂的和谐、城邦的和谐——这就是正义。一切都在它正确的位置上。德性就不会混淆。一种和谐的等级秩序主导一切。首先，在欲望的层次上节制是必须的，欲望必须保持温和的尺度。在勇气的部分，用柏拉图的话说，则不需要同一种节制；最为重要的是智慧。反之，智慧也使欲望得到节制和缓和。

这种关于国家和正义的看法是保守的。柏拉图在现代被指责说，他的国家哲学源自他从属于雅典贵族制及其"阶级哲学"。因此，人们想把这种哲学视为"过时的"并除掉它。

当然，柏拉图国家哲学的目标基本上是国家的稳定。这种关于"和谐的"或"正当的"国家的设想，是指一种稳定的国家。但人们也必须考虑到，较高的阶级也绝不可以缺乏较低的美德。农民和手工业者并没有义务去追求勇气或智慧，但相反，战士却应该像农民和手工业者一样，致力于对他们的欲望进行节制，并且统治者也被期许要具有农民和手工业者的节制、具有战士的勇敢，此外还需要具有智慧的德性。

在很多篇对话中，就像在《理想国》中一样，柏拉图都

　　　　　　　哲学的惊奇：从发问开始的哲学史

进行着决定性的对抗，首先与以下政治学说对抗：越强者就越有道理，成功是唯一的标准，是幸福的唯一源泉。但在柏拉图看来情况刚好相反：政治必须由道德来规定。若一个人相信，一种通过不正当的手段达到的成功可以带来善的结果，这种人是在骗自己。

在这里，将国家的本质与单个的人进行比较，是至关重要的。柏拉图说：人可能在关于善的事情上自欺。一个犬儒主义者跟他讨论并且举例说，有一种观点认为，在政治中只要能达到目标，一切手段都是正当的。

对此，柏拉图反问：那么在关于灵魂的事情上是否也是如此？对方可能就会说：是的。柏拉图就回答：你竟看不到吗，决定选择撒谎或者欺骗或者作恶，这对灵魂来说就是选择了疾病而不是选择健康？谁会愿意选择疾病？

对于国家来说也是同样。如果政治为了它所追求的目标而腐败堕落——它自己可能认为这目标是有好处的——，这就是疾病。因为人无法在涉及善的事情上自欺。柏拉图的政治学说——就像苏格拉底的一样——是这样一种理论，它超出了纯粹的政治层面。

无疑，柏拉图也被打上了其时代的政治思想的烙印。他不是一个"现代"的政治思想家。但是，就像在他那里所有东西都同时是一种精神上的锻炼一样，今天的人也阅读柏拉图，包括他政治方面的作品，但这并不等于要皈依他的国家学说，但今天读者也许会理解政治的德性，并将这种德性纳入自身。他可以将之纳入自身，然后转而面对我们时代的环境和要求。比方说，他可以通过柏拉图的思想锻炼自己，从而成为一个现代意义上的更好的公民。

对柏拉图来说，无论对于国家问题还是对于个人问题，教育都是根本。这就要将公民教育成正直的人，同时有能力不在关于善的事情上自欺；他向往并走向理念的世界；他有能力遵循来自理念的而非来自境况的要求。换句话说：教育关乎的是，公民应该有能力始终生机勃勃地保持着与理念的联系，从而拒绝将政治行为还原为单纯追求成功的技术。

亚里士多德（公元前 384—前 322 年）

　　他当了将近二十年柏拉图的学生，并且自己也在阿卡德米学园执教。马其顿的菲利普聘请他当自己儿子的老师。就好像柏拉图是年轻的狄翁的老师一样，他也是年轻的王子亚历山大的老师。每当一位哲学家成为一位年轻王子的老师，他都希望，此后这王子会将他的教导转化为政治行动。但柏拉图活得比狄翁还长，并没有看到他的希望有任何实现；亚里士多德则看到了他的学生成为国王。亚历山大成了亚历山大大帝。亚里士多德则回到雅典，并且建立了自己的学校，即"逍遥学派"或者称吕克昂（Lyceum）。人们进行哲学思考时，就在廊柱下"散步"。

　　亚历山大去世后，亚里士多德在晚年不得不逃离雅典，因为爱国党怨恨他与马其顿统治当局的联系。在他身上，情况与柏拉图有一定的相似之处。亚里士多德逃到了优卑亚（Euböa）岛，并且在那里——在流亡中——去世。

亚里士多德的体系代表了一座高峰，但这座高峰与柏拉图的截然不同。柏拉图的作品在本质上是哲学的强度和深度的高峰。在他那里，哲学思想是为达成精神的全方位成熟而进行的心灵训练。

我们在亚里士多德那里，发现了哲学史上的三次最伟大的综合之一。在古典时期、中世纪和新时代，都分别有一位哲学家尝试着将他的时代的全部知识都统一进一个体系，他们就是：亚里士多德、托马斯·阿奎那和黑格尔；在他们的作品中我们能找到哲学史中的三个伟大体系。

体系

但我们不能将这种综合想象成一种单纯的集合，也不单纯是一种"收纳"，就好像将各种东西放进一个橱里那样。一个体系，是某种不同的东西。在哲学中，体系这一概念相当难以把握。

有些哲学家非常反感任何一种体系，他们认为，就其本质而言体系就是欺骗性的，因为它描述了一种封闭的统一性，而这种封闭的统一性是与哲学思想的本质不符合的。例如前不久刚刚去世的让·瓦尔（Jean Wahl）对于雅斯贝尔斯的书《论真理》尽管非常欣赏，却对它做出了一个根本的指责，认为它"过于体系化"。在他看来，体系化的东西在哲学上是不真实的，它违背了那些在哲学思想的深处闪现的东西。

相反，还有一些像亚里士多德这样的哲学家，就并不满

哲学的惊奇：从发问开始的哲学史

足于一种部分问题，他们一定要将这些部分问题在一个整体中完善起来。因此，哲学思想的任务就在于，在贯彻的过程中赋予自身一种整体性的形式。

在今天，整体性这一概念常常被滥用，但它在哲学中——在这个词的正确使用中——始终占有一席之地。哲学的精神来自人格的统一性，它证明了某一种思维方式的统一性。对于一位体系性的思想家来说，他放进体系中的那一时代的整体知识就好像是原材料，它可供一位艺术家使用。他在体系中赋予这些材料以形式。这也是他自己对原材料的阐释。不仅如此，体系化的形式使它所包含的所有材料都浸染了它的意义。

去深入研究伟大的体系化作品中的体系特征，这会是很有启发性的。我们在其中会看出——比在个别的陈述中更多——本质性的形式、基本的"形态"，它们是——从哲学上讲——作品所特有的。

哲学始终在发展，并未完成。而体系的封闭统一性看上去是与这一点相矛盾的。我们必须去理解该怎样正确地阅读它。有些哲学——我们会在康德那里明显地看到——可谓是以体系的方式突破体系的：本质的东西在于不可还原的东西，在其中，就有一些跳出体系或抽离于体系之外的东西。它们需要失败、未完成。它们指出了通向整体的道路，同时也指出了这条道路上的失败。另一些哲学家则试图传达整体性；但大部分时候人们却可以在这种整体性的内部更为切近

亚里士多德（公元前384—前322年）

地看到失败之处。它在一定程度上就被安置于体系的整体形式中。

亚里士多德的作品涉及多个领域：有逻辑学，自然科学包括物理学、天文学、生物学、心理学，形而上学 *、伦理学、政治学等等；并且还有修辞学和著名的诗学。

他的影响力非常巨大。他的作品的历史也不同寻常。这些作品在古代负有盛名，但随着民族迁徙的动荡，欧洲人却几乎失去了对它们的认识。此后则经由阿拉伯学者，取道北非、西班牙、高卢折返。因此在中世纪，亚里士多德的思想重新产生很大的影响，最初它与基督教的思想发生冲突，此后则与它融合。在天主教中、在圣托马斯的作品中、安吉利库斯的作品中，亚里士多德都是作为权威被引用。

亚里士多德是理性思想的大师：逻辑、范畴、普遍概念、三段论。同时，他又充满热情地对具体的、特殊的、单个的和经验的东西充满兴趣。这种最为极端的两极性遍布他的作品中，并且从此以后这种两极性就开始通过单个与普遍之间的关系问题，而贯穿哲学的历史。这里涉及的并不是一种柏拉图那里的二元论。在柏拉图那里，我们有可感的事物，它是通过分有理念的现实性而存在的；然后我们还有理念的世界。在这两者之间，处于戏剧化的情形中是人。人们

---

* 形而上学（Metaphysik）这个词是由 meta—（意为"……之后"）加 Physik（物理学）组成的，约定俗成的译名"形而上学"难以看出它与"物理学"的关系，故提醒读者留意。——译者注

将这一点称为柏拉图的二元论。对他来说，难题在于感官事物与理念之间的关系。但在亚里士多德这里并非如此。在他这里，我们找到了另一种二元性，也即单个与普遍之间、具体和一般之间（一般的东西也就是抽象的东西）的二元性。这样一种二元性在他那里表现得尤为有效和有力。

新的概念

根据亚里士多德的观点，学者们通过范畴研究存在者的量和质，而这种范畴就是我们要去思考的东西。"范畴"就是概念，亚里士多德在很大程度上将它引入了哲学的专业术语。诸如"实体""存在""质""关系"等等概念，在我们今天看来平淡无奇且习以为常；但在亚里士多德那里它们却是全新登场，这在一个事物还没名字的领域里几乎是一场冒险。人们去感受、去摸索，就好像他第一次制造出他的乐器，这乐器以前从未存在过；这是思想的迷人之处之一；我们跟随着他，看看他是如何逐步地揭示出这些概念、这些关系，此后这些东西会在哲学史中具有巨大的影响。

科学通过范畴来把握存在者的量和质，哲学则应当从第一原因，也即从作为存在之存在出发，描述科学。我们试图解释一下这个最重要的说法。

"第一原因"是指什么？

例如，金属膨胀的原因是什么？是热量。热量的原因是什么？是火。这样人们就可以推至无限，这些原因中没有哪个是第一个。那么整个序列的原因是什么？这样一种关于原因的问题是不能被提出的：只有在序列中，通过推导，才存在原因。

但在亚里士多德看来，却存在一个第一原因，即使对科学来说并非如此，但对哲学来说确是如此。那么现在，这个第一原因是什么？是作为存在之存在。

这是什么意思？我们只知道作为这个存在或那个存在的存在，但我们从未遇到过作为存在的存在。我们知道作为这个存在者或那个存在者的存在，人、动物、鸟、物体、理念，等等。

而哲学，亚里士多德说，则必须追问作为存在的存在。

我们看到，哲学精神一直就在对两种东西的热情之间摆荡，一方面是单个的物体，另一方面则是对第一原因、对作为存在之存在的认识。

在巴门尼德那里，我们就已经了解到了这个问题。关于存在的学说叫作存在论。对存在的本质的追问就是一个存在论式的追问。

亚里士多德将存在本身称为实体。我们从米利都学派的观察中了解了这个概念。亚里士多德并不是第一个这样问的人；我们看到巴门尼德就已经这样提问了。但亚里士多德将对于存在的提问如此明确地表达出来。实体、存在使得总有某物存在着，这一状况现在可以得到直接观察。哲学就成了关于实体的知识，本质上就是一种本体论。

哲学的惊奇：从发问开始的哲学史

科学就是对作为客体的存在者的研究，就其处在运动中而言、就其是可感的而言。哲学则相反，作为本体论、作为形而上学——这里我们几乎可以用一个词代替另一个词——，则指向那个不会变化的存在。这里的不会变化指的并不是它没有生成或没有消逝的意思，而是指在一切改变中存在一直保持不变。

变化并不影响存在。存在"承载"着变化，因为只要它是存在（若非如此，它就是不存在或无了），那么它作为存在本身就是不会变化的。

在这里我必须避免一个可能产生的误解。亚里士多德所说的第一原因，不能被理解为世界的开始。这里的问题和世界的开始无关。这里指的是作为基础的第一个承载一切的原因，其所有东西都建立在它之上。

我现在要引入一些必要的亚里士多德的概念，以便对他的思想有所了解。首先是两个概念：质料和形式。亚里士多德通过以下方式将它们加以对比：质料是潜在的形式。这是什么意思呢？处于力量之中的存在（Sein in Potenz），这并不是"特别强有力"的意思 *，而是恰恰相反。潜在的存在或质料，是一种还没有完全被规定为"这种存在"或"那种存

---

* 在德语中，"潜在的"（potentielle）和"力量""权力"（Potenz）是同根的，但意思不同。译成中文后看不出相同的词根了，故此说明。——译者注

在"的存在；它是处于未规定状态的存在，在这种状态中，它还有可能变成"这种"或"那种"存在。比如我们想象雕塑家的工作坊中的一块大理石。只要雕塑家还没有用凿子加工它，它就有可能变成地砖、一个年轻女孩、一个动物、一个马背上的常胜将军，简而言之：它身上有一系列的可能性。作为一块大理石，它是被规定的（它不是一块花岗岩，也不是一团黏土）；但还没有被规定，当它经过雕塑家的手后，这质料会变成什么。这样看来，它还是未被规定的质料，它潜在地是一切可能性，之后，某一种可能性会成为现实的。这就是——粗略来讲——质料的含义。

质料是存在的一个阶段，它还只是作为可能性或是"潜在的"，就像大理石块一样；但它并不是现实的，因为它还没有被规定应当成为什么；并且在这一意义说，它潜在地可以成为这个或那个。这就是可能性。

形式则是相反的概念。形式是规定质料的东西。它给了质料以一种特定的存在。并不是这个或那个，而是形式从它的规定出发将这质料与其他东西区别开。于是，当我们从质料过渡到形式，那么，在质料中还很明显的潜在性是逐步削减的，因为形式是被规定了的。相反，现实性在形式中则比在质料中大得多。这就是两个极点。质料对亚里士多德来说是潜在的（in potentia），形式对亚里士多德来说则是现实的（in actu）。我们必须我们必须以"现实的"和"隐含着现实的"的意义来理解这个词；它意味着有效的现实性。

哲学的惊奇：从发问开始的哲学史

如果我们把事情想象为，一边是质料，另一边是形式，这会产生误解。不，在亚里士多德那里，一切存在的东西都在不同程度上是潜在的存在和现实的存在。我们在经验世界中所遇到的一切，都是部分地被规定了以及部分地未被规定，这就是说，部分是实现了的、部分还是潜在的，只不过程度有所不同。

在这里我们就遇到了亚里士多德的基本理念。它为他的整个体系注入生命并且赋予它一种动态的统一性。一切潜在的存在的东西，都努力追求着拥有现实的存在。一切拥有可能性的东西，都希望将这种可能性实现出来。一切都追求更少的质料的不确定性、更多形式的现实性。一切事物都追求更多现实性、更多规定性、更多现实存在、更多形式。

就像柏拉图一样，在亚里士多德的那里一切事物都因爱若斯而被赋予灵魂。只不过气氛有所不同，在这里关乎世界，在柏拉图那里则更多的关乎世界上的人。

我们回到原因的概念。它对亚里士多德来说具有重大的意义。这里的"原因"不能从现代的意义上理解，因为现代人说原因时是指，每个事物都是前一个事物的后果和后一个事物的原因——在因果关系的意义上。亚里士多德所说的原因则是，在基础的层面，原因是任何事物的现实性的前提条件。某物的现实性的一切前提条件就叫作原因。

亚里士多德区分了四种原因：质料因、形式因、动力因以及——对他来说这是最重要的——最终原因或目的因。

让我们再次以大理石块和雕塑为例。我们不能按字面意义看待这个例子，因为这样的话就无法理解它。这个例子只是为了帮助我们发挥想象力。

那么，一个骑士的雕像：它的质料因是什么？这就是说，构成了它的存在条件的质料是什么？其存在的质料因是大理石。如果没有这些质料而是其他东西，那就不会有这个雕塑了。在亚里士多德看来，它的存在的一个条件、一个原因（causa），就是大理石，雕塑是由大理石组成的；这就是质料因。第二个是形式因，它从大理石（质料因）中制造出了骑士的雕塑；这就是说，形式占据了质料，并且将它规定为骑士雕塑；而大理石作为质料本可以变成任何一个东西的。形式具有潜能，它减少了可能性，但由此它却将一个骑士的雕塑实现出来了；现在就存在了一个骑士雕塑。这就是形式因。那么动力因是什么呢？推动变化的原因是凿子，即使得质料能够具有这种形式并通过它将自己实现出来的那个工具。这工具使得形式占有了质料。具有推动作用的条件，即是亚里士多德所说的动力因，也许它是最为接近现代的原因概念的东西。

最后则是最终原因或目的因：这是目标，因为它是整个过程的原因。比方说人们有一种愿望，想要创造一些美丽的东西，尤其是在骑士雕像的例子中，以便去庆祝一个事件，它可以唤回人的记忆。

为了实现这一目标或目的，有一天雕塑家就去找了一块大理石，想象出它的形式，用他的手和他的凿子加工这块石头，直到形式占据了质料；于是这个目标、这个目的就构成整个进程的原因。人们所计划着要达成的东西，触发了整个过程。

今天的社会学家会将动机放在首位，他们是在心理学思想的意义上这样做的。他们的处理方式是还原。但对亚里士多德来说，这不只是和人的行动有关，而且还与世界以及存在本身的结构有关。在他看来，四种原因在某种意义上对于存在来说是具有本体论的构成性意义的。

在亚里士多德那里，形式叫作 eidos。这是柏拉图用来称呼理念的同一个词。在亚里士多德的形式和柏拉图的理念之间有某种关联。但我们立刻也看到了一种基本的差异：在两者那里都涉及一种本质（ousia，Essenz）、一种理智的原则。但在柏拉图那里，理念是永恒的、不会改变的、超越的，它在一定程度上是存在于自身之内的；而亚里士多德那里的 eidos 这个术语则具有实现某个目的的功能性意义。

人们会在哲学中一再地遇到这种"对偶"哲学家。人们可以比较他们，建立起他们之间的相似性和差异性，以便最终发现他们越是显得接近，就离得越远。最后他们深刻地远离彼此，从根本上远离。此后人们就不再能将他们放在一起思考；人们思考其中一个又思考另一个，但无法同时进入这两座思想大厦。

也正因如此，这些伟大的哲学家对于之后的思想者来说就成为表达的手段、成为思想的工具。所有哲学家都学习过伟大的古代哲学家。如果他们之后又拒绝了这些先贤，这也并不意味着驳倒他们。人们试图通过反驳、试图在更早的语言的帮助下，说出一些自己的东西。伟大的哲学家们被误解、被攻击，但却是以成果丰硕的方式。哲学的历史在某种程度上可被称为误解的历史。但是，无结果的误解和成果丰硕的误解都可能存在。有些人想要像个中学校长那样去纠正过去时代的伟大哲学家的错误。但本身就是哲学家的人，却是想要通过他的攻击，去表达一些新的、他自己的哲学观点。那么，攻击就只是表达的一种手段。

让我们将亚里士多德与柏拉图的比较再推进一步：在亚里士多德那里，形式是内在的，也就是说，它实现自身，它以特定的方式将自身刻进质料之中。它作为积极的原则，构造了质料。相反，柏拉图的理念则是与质料相分离的、超越于质料的，并且感性的事物只能分有理念。这一点带来了广泛的影响，这种影响甚至触及人本身。也就是说，在柏拉图那里，肉体与灵魂的关系这一难题格外的难以解决。身体和灵魂在本质上是相异的。肉体是灵魂的监狱。亚里士多德则不同。由于质料的形式是内在的，他就提出了一种关于肉体与灵魂之间的统一性的理论：灵魂是肉体的"形式"。

我们回到四因说，便会再遇到关于欲求、关于追求的话题。通过四个原因，追求便实现了自身，使存在者从无规定性过渡到规定性、从潜在性过渡到更具现实性。亚里士多德提出了一种对于自然的动态的和最终的把握。自然追求着……，欲求着……，它完全是因爱若斯而具有了灵魂。爱若斯意味着爱、欲求。在自然中就发展出了一种技术性的、指向目标的能力的技艺，这种技艺从内部出发对质料进行加工。这正是自然。自然就像理智一样，属于同一种秩序。在自然和理智之间并无断裂。

在这里，我们遇到了一种与柏拉图不同的思维模式。如果我们去寻找柏拉图的思维模式，我们会在数学中找到最为典范的表现。完善的数学等式，正符合完善的理念。亚里士多德的思维图示则更像是生物学、关于生命的科学，在其中渴望和目的是占统治地位的。

我们谈到过柏拉图的二元论：可感的事物／理念。存在的两个相对立的层次，他们之间的断裂被视为必须从哲学上弥合的。在亚里士多德那里，我们拥有了一个存在者的阶梯，一种对于自然的等级性阐释。无生命的质料；有机的质料；有机体；有机体中的器官。形式使得器官变成一个有统一性的生命体；亚里士多德将这种形式称为灵魂。这指的不是人类精神的意义，而是作为生命的原则，它带来了生命体的统一性。

在生命体的整个等级序列中，我们看到了越来越多的现实性，以及越来越少的潜在性。生命体的等级目标指向不断增加的自主性。组织化的程度越高，即多样性中的统一性越高，灵魂就越强健。形式占据无形式的质料，质料就超越了它的无规定性。

在生命体中，首先是植物。它们具有营养功能。它们从环境中吸收质料，并将它纳入自身。它们将质料吸收进其形式，尽管它没有生命，却可以是活着的。它们以植物身体的统一性来实现质料的生命。

在这之上是动物。它具有感性知觉和运动机能。亚里士多德在这里提出了一个关于植物和动物之间的过渡的问题，也即关于连续性的问题。他回答说，动物是一种植物，它将其根部扎于它的内部，以便从中长出消化器官。

从现代生物学的观点看来，这种说法没有什么意义。但从哲学家的角度看来却未必。这种说法其实非常深刻，因为它向我们展示了亚里士多德是怎样想的。植物通过根吸收，这还是一种完全无规定性的质料，它依赖四周的环境。它吸收营养的方式是持续但固定的。而在动物的运动中，亚里士多德看到了一种形式的实现，它通向非依赖性和规定性：根是被内化了的，变成了内脏；这就赋予了类植物的生命体以运动的自由：动物具有感性知觉和运动性。这是形式方面的巨大胜利。

最后，人有思考的能力。他不只是能够将他的根内化，他还能够在他的精神中、通过他的思想，将他所拥有的一切都合并为一个统一体。他能够以思考的方式赋予一切以

"形式"和"统一性"。

在这样一个从质料走向形式、从植物经由动物走向人的等级中，我们看到了这种爱若斯的道路、目的因（最终因）的道路，它所追求的是，用行动取代尚未被规定的被动质料。

亚里士多德思想在最为深刻的意义上是决定论的 *。目的因是最为决定性的：对形式、行动、非依赖性的普遍渴望。一个体系并不是什么完整的和确定的解释。他提供了一个框架，在这个框架中事情可以得到无穷无尽的研究。在这一意义上，体系并不是什么封闭的东西。它毋宁是一种对于研究的要求。

伦理学

现在，我们转向亚里士多德的伦理学。在柏拉图那里存在肉体和灵魂之间的对立，亚里士多德则强调肉体和灵魂的统一。但这里存在种种阶段。灵魂越是将自己从与质料的关系中解放出来，它就攀爬得越高。它越是在行动、越是活跃，就越是不会消极地屈服于质料和无规定性的统治。也就是说，在灵魂的实现过程中有着不同的阶段。最后，人们将

---

* 请读者留意，"决定论的"（finalistisch）与"最终因"（causa finalis）中 finalis 是同根的。因此 finalistisch 更为强调的是，事物的等级序列指向越来越完备的形式，它有一个"最终的"完善形式，并且这种形式是事物本身就内置的；而不是指有某个外部的东西预先"决定"了什么。但"决定论"已是约定俗成的译法，故沿用，并提醒读者留意其中含义。——译者注

达到心智、精神的更高水平。在这里也存在等级：被动的和主动的精神。柏拉图的洞穴比喻中的囚犯就是被动的精神。他们需要影子为自己指出方向，也就是说，是依赖于质料的。主动的精神则强调独立自主性，它一把抓住了质料。在这一意义上，它是不死的。

但在亚里士多德那里，个体的灵魂却并不具有不死性。只有精神的一些部分，也即主动的和心智的部分，它完全摆脱了质料，这是不死的。但处于这一层次的精神并非人格性的。

我们人类是介于中间的存在，这是我们所应得的正当尺度。这是亚里士多德的学说中的一个重要思想，它对任何领域都适用，尤其是适用于伦理学。作为人类，我们应当去做人类所能够做的事情；去实现我们被规定的东西。那么我们作为人类被规定了什么呢？我们人类的规定性就在于，拥有一个主动的灵魂，它符合精神、符合主动的心智；去努力追求这一点就总是符合德性的。然而，人类的德性绝不是什么绝对的东西。它指向了绝对，但我们必须将自己限制在正当的尺度上，也就是人类的尺度。这一点是亚里士多德那里的黄金法则。

幸福的人——对亚里士多德来说幸福是最高的善——不会走向极端，哪怕是最崇高的极端。幸福，对人来说，就是按照适合自己的德行做事。这对他来说是最好的。他也必须拥有一些外部的好的事物。这里所谈的不再是走向死亡的人，在他看来，能够离开他的肉体的尘世牢笼就是幸福的。但这里关键不再是追逐最高的爱若斯，而是秉持黄金中点。

政治学

就像对柏拉图一样，对亚里士多德来说，政治、国家的秩序也具有很大的重要性。但在亚里士多德那里，我们能找到大量从具体的现实性出发的例子：在这种或那种情况下、面对这个或那个难题，人应当做什么。

他分析了不同的国家结构和政府形式，分析它们的可能性、优势和劣势。他的政治思想在今天依然很有意义。

按照亚里士多德的看法，人是"政治的动物"，一种政治的生命体。但这不意味着每个人都要成为政治家。而是说：人本质上是一个组织起来的社会、一个城邦的环节。人并不是出于偶然，而是在本质上就是一个国家公民。因此，国家的问题对他来说就不是外部的或偶然的，而是触及人的本质，触及他作为人的本质。因此，对亚里士多德来说，无论是那些对国家来说没什么意义的个人主义者，还是那些不懂得任何教化、规则或责任的无政府主义者，以及他们那种任性的独断，都不是理想的类型。人是一个政治的动物，并且国家的纽带构成了人的本质。但城邦并不单纯是一种自然而然被给定的东西。在城邦中，整个政治哲学的难题都摆上了台面。在城邦中，一切属于人的本质的东西，都应当被顾及。也就是说，在城邦中一切政治伦理问题都是在一个现实的层面、在眼下的国家中，由现实的、普通的人来提出，并且人们必须在种种不同的要求之间找到一种平衡。平衡这一理念对亚里士多德来说至关重要。

这里有两个要求：平衡，以及对……的追求，这两点对他来说都是核心。因此不存在什么一劳永逸的静止状态，无论对于伦理还是对于政治来说都是如此。我们必须不断追求，去实现那个最终因；必须不断奋斗，更为积极行动；但同时又存在一些令事情稳定和有分寸的要素，即存在黄金法则、存在平衡。因此，在这两者之间就有一种张力，而在这种张力之中，便是道德的状态。

与柏拉图一样对亚里士多德来说，关于灵魂净化的思想也很重要。在他那里，这一问题尤其是通过诗*来展现——与柏拉图（他自己是个诗人）相反，柏拉图不信任诗，并且想将诗人驱逐出他的国家。亚里士多德却将悲剧放置在一个非常重要的位置上。悲剧执行了国家的一项任务。在他看来，伟大的悲剧是一场净化的戏剧，即宣泄（ catharsis ）。

观看演出的观众在悲剧中——在最后的灾难中——经历

---

* 亚里士多德所说的"诗"与今天所理解的"诗"不是一回事。亚里士多德所说的诗，指的是古希腊所特有艺术形式：悲剧与喜剧。它们更像今天的戏剧，是由演员在现场表演剧作家预先写好的故事。人物塑造与情节安排是最为核心的部分，具体可参见亚里士多德的《诗学》。但"诗"这个译法沿用至今，不宜随意改变。故提醒读者留意其中的语义流转。——译者注

到了人的伟大与渺小；并且通过悲剧性的危机，人感受到某种无节制的激动得到了一种净化，而这种激动是会扰乱他的灵魂的。

在这里涉及的是精神层面的净化，而非心理层面的净化。更多的是去驯服，而非去解除抑制。人陷入危机，被它席卷，服从神性。他并没有因此被消灭：他是一个能够服从于神性力量的存在。

在这场危机中，悲剧的观众经历了极至的主动性与极至的宁静之间的碰撞，由此他就能够——在一瞬间——将人类激情的混乱抛在身后，获得神性的清明。

欲望与快乐

我们必须回到亚里士多德关于运动的概念。我们已经谈到过存在事物的等级，它充斥着对更多的规定性、更多的行动的欲望；我们也谈到了存在事物的追求，它是会潜在地超出现有状态的，以便赢得更多的现实性。将自己被给定的能力实现出来，这是每个人的追求——也就是从潜在走向行动。并且亚里士多德解释道，整个存在的等级就通过这种追求，带上了快乐的冠冕。一个达成其行动（这是他有潜能做到的）的存在者，就感觉到快乐。欲望、享乐、行动，这是亚里士多德那里的持续主题。一种永恒的欲望为整个自然赋予灵魂。

这种永恒的欲望在亚里士多德的哲学中制造了一个非常

深刻的理念，即关于一种永恒时间的理念。人们可以说：永恒和时间是不兼容的，永恒是无时间的。数学和几何图形就无时间性的，它们不受时间限制。亚里士多德则有不同看法；在一切存在的这种无始无终的生成变化之中，他引入了永恒的时间的理念。这并不是一种向着过去和未来无限延伸的时间。这种时间有另一种自然本性，因为它在根本上与第一推动者有关。再次，亚里士多德并不像人们有时所描述的那样，只给出了一种静态的分类。一切都充斥着运动。最后必须存在一个第一推动者。

在希腊的思想中不存在创世者，并且关于世界的开端的问题也并未浮现。亚里士多德也并没有这样追问。不存在从虚无中创造。但在他那里，有着关于运动起源的想象、关于第一推动者的想象。

此处便是之后的基督教思想嵌入的那个关节点。

第一推动者和纯粹行动

这个第一推动者是人的精神触碰上的一个位于界限处的问题。这个第一推动者会触发其他的运动，自己却并不被推动，因为它并不是从其他任何事物中衍生出来的。上述这种说法究竟是什么意思呢？

亚里士多德告诉我们，它应当是永恒的；也就是说并不是从先前的某个时刻诞生的。永恒，这也就是说：在任何运动中都有它，并且它同时超越所有一切运动。

因此，亚里士多德的哲学是一种关于内在性的哲学，同时也是一种关于超越性的哲学。

第一推动者处在时间中，但它并不是时间。它是单一的、不可分割的，它没有广延、没有大小。这是为什么呢？因为人们不能以有限的方式思考它。如果它是有限的，那么它就不可能完全地开始行动。我们在此必须再次提醒自己，在希腊人那里不完善这一观念总是与无限这一观念相伴随。

人们可以正确地将纯粹行动（actus purus）称为神，那么自然界中的一切都因"向着神追求"而被赋予灵魂。但这并不是那个爱着众生并将它们拉向自己的神；相反，神就是众多存在者，它们追求纯粹的行动。整个宇宙在某种程度上都是通过渴望而归属于纯粹行动。纯粹行动就是最高的善。它是纯粹的心智、神。

在亚里士多德那里，纯粹行动是最高的主动性，它的目标就在它自身之内。它不能再追求什么更高的东西了。它自身就是目标。它是思想，但却是一种行动中的思想，并不具有任何一种质料，也没有残留任何潜在性。这种思想只思考它自己。

正如雅斯贝尔斯所说，这是一种密码、一种进行表达的象征性方式。一种哲学式的神话；这种思想纯粹是作为行动思考着自身，并且在这种对自身的思考中找到了它的圆满性。

在这里可以观察到一些重要的事情：亚里士多德说，本体论的等级秩序的两个极端的端点，是我们所无法理解的。我们既不能想象作为纯粹潜在性的质料，也不能想象纯粹行动。为什么呢？因为当我们思考质料，比如大理石块时，在其中其实已经有许多具有规定性的性质了。但作为纯粹潜在性的质料则是我们无法思考的。并且作为纯粹行动的神，也是我们无法思考的。但在我们目光所及的某一处，我们却能够瞥见这种表达的目的所在：思想的最高自由、最高真实、最高圆满，它不再是与自身相冲突——而在我们身上则总是互相冲突——，它在自身中宣告闭合。

亚里士多德说，神性的思想就是对于思想的思想。它是主动的，同时是完善的，我们无法领会这种东西。人是由于某种缺乏、某种渴望、某种追求才活动。纯粹行动则在它的行动中达到完善。

亚里士多德在某种程度上将宇宙的运转作为这种完善性的典范。宇宙在空间和时间的广延中展现了这种纯粹行动的完善性。也即循环的形式，这是以自身为终点的形式。

通过这种方式，凭借人类的语言、以某种密码，亚里士多德就表达出了某种类似于神性的东西。

那么人在宇宙中应当做什么呢？他应当在他的等级上找到自己的合适位置。在亚里士多德那里，正确的位置从来就不是极端的。人不可能真正思考质料，它太过无定形；人也不能思考纯粹的行动，即对思想的思想；他会被它闪得盲目。极端是人所无法把握的。人是一种合乎正确的尺度的存在。人的德性不应当是追求彻底的绝对，而是学习正确的尺度。亚里士多德就是这样教导的。正确的尺度并不是平庸，相反在亚里士多德那里，它是精神在经历过无法企及的极端之后才产生的东西。尽管人有能力进行超越性的活动并且也被规定了要这样做，但他也知道，他的位置并不在极端。他能够将他的生活维持平衡，即作为人的、人性的生活，而处于他的规定性的中道中。

从这种观点出发，亚里士多德对古希腊的悲剧作家大为赞赏。悲剧作品就展现了人的偏离尺度——"傲慢"（hybris）。人离开了适合他的正确的中道。亚里士多德指出了，人的精神是如何通过悲剧性的后果，在灾难中得到净化的，也指出了如何通过对悲剧状况的体验，人回到他们应有的尺度，并在绝对面前保持谦卑。

伊壁鸠鲁学派（公元前 4 世纪和前 3 世纪）

首先，简单提醒一下：我在此的目的不是写一部连续的欧洲哲学史。我只是想尝试着阐明，几个世纪以来，哲学的惊奇所带来的那些决定性的新思想，以便使问题和概念真正进入读者的脑海，带着它们的解答和重点。

现在让我们转向伊壁鸠鲁主义，以及之后的斯多亚学派。与那些由伟大的哲学家的思想主导的早期学派不同，这里所讨论的毋宁是传递了很长时间的哲学传统。这两个学派具有一种更为大众化的特征。它们当然是由哲学家建立和发展的，但很快就在民众中传播。例如它们已经贯彻民众教育方面的追求；有些人——比如在罗马——爬上凳子讲授哲学的基本原理，但并不像苏格拉底那样采取提问的方式，而是传播他们的世界观和学说，以海德公园的传教士那样的方式。

这两个学派如何变得大众化呢？他们一开始就并不想要寻找知识——这更多的是一种贵族式的事情、少部分人的事情；相反他们想要的是给予人们生活方面的帮助，消除人们的那些妨碍生活的恐惧。

因此在这两个学派中，理论都是为道德（伦理）服务、为面对痛苦和死亡时的实践服务的。他们给出具体的建议，以使人们能够生活得更好。

这两个学派都——以不同的方式、变形和分支——持续了好几个世纪。

伊壁鸠鲁生活在公元前3世纪末和4世纪。他的思想在卢克莱修的著名诗作《物性论》（*De rerum natura*）中得到再现和发展，卢克莱修则生活在公元前1世纪的罗马。

伊壁鸠鲁学派将他们的学说分为三个部分。

首先是准则学或逻辑学：它涵盖了所有规范和规则，也即对发现真理的手段的研究。其次是物理学，这是指关于自然的理论，在其中已经内置了发现真理的手段。最后是主要部分，其他两个部分都是为了它而存在的：道德。它设定了生活的目标，并且给予我们达成这种目标的手段。

对伊壁鸠鲁来说，哲学的目标——逻辑学和物理学的目标亦然——，都是帮助人们获得幸福。但古代的伊壁鸠鲁主义者所说的幸福，首先是灵魂的喜悦。这就需要达到一种内在的安宁、内在的平静状态，伊壁鸠鲁主义者称它为不动心（Ataraxie）、心绪安宁。这种不动心的基础是一种相对于外部世界的内在独立性。它是一种对于受到任何东西的奴役的抗拒。如果我们依赖任何一种享受——不仅仅是依赖药物——，那么我们就很容易受到外部事物的伤害，于是内部的宁静，即幸福，就会受到威胁；因为一切我们所顺从的外在的东西，都可以从我们身上被夺走。

为了赢得内在的宁静，即"幸福"，我们必须获得对待我们生活于其中的自然的正确观念，以及对待统治自然的法则的正确观念。

是什么最阻碍我们生活获得宁静？是什么阻碍我们获得幸福？是我们有恐惧。阻碍人们幸福的基本恐惧又是什么？伊壁鸠鲁主义者回答说：是对神的恐惧和对死亡的恐惧。

因此，伊壁鸠鲁主义者创建了一个体系，一个关于宇宙、世界和自然的理论，这一体系建立在一条双重原则之上：没有任何东西是从虚无中诞生的，没有任何东西瓦解为虚无。这是一条关于存在之维持的原则。没有任何东西是从虚无中产生的，这是指：如果有任何东西能够从虚无中产生，那么也就能从任何东西里产生任何东西。为什么这么说呢？因为虚无的对立面就是随便什么东西，它可以作为虚无而被给出。更进一步说，也没有任何东西会丧失到虚无之中。如果事物会瓦解为虚无，那么——因为虚无是从虚无中产生的——一段时间之后就会什么都不存在了。因此，宇宙中存在某种恒定性，这至少能战胜对于世界终结的恐惧。宇宙是一种无限的整体性、永恒的，它不会终结。

那么它是从哪里来的呢？伊壁鸠鲁主义者在这里跟随了

哲学的惊奇：从发问开始的哲学史

原子论者：有物体、有运动。还有空的空间，物体就在其中，不然的话它们就无法移动。我们同意原子论者的观点：物体是原子的集合；任何一个原子都是不可分割、不可改变的，因为它不是组合起来的东西。由于其简单性，它的本性就是不可能被改变的。原子有不同的形态、不同的尺寸，处于永恒的运动之中。

在这里，伊壁鸠鲁主义者谈到了双重运动。首先是由上往下的，一种原始的原子之雨。如果原子是垂直地坠入空间，那么什么都不会发生，它们也从来不会互相接触。伊壁鸠鲁主义者就想象，每个原子在坠落中都有各自的不确定性，于是它们就无需只是垂直地降落，而是会有一些倾斜，与垂直呈一个角度。他们将这个角度称为偏离，即原子在坠落过程中偏离垂直。引入这种偏离有两个目的。一方面它解释了原子何以相互碰撞。另一方面，它将一种不确定性引入了原子世界的决定性之中，从这种不确定性中，就可引出人的一种特定的自由。

由于每个原子都有一种不同的偏离，这些倾斜着坠落的原子就会互相碰撞；于是就产生了第二种运动，即扰乱原子的垂直降落的运动、一种向着所有方向的反弹。在空间中就发生了许多碰撞，有些原子与另一些挂到了一起，产生稳定或不稳定的结合，这又吸引更多的原子过来，从而产生了世界的现实结构，就像我们所看到的那样。

这就是——粗略讲来——伊壁鸠鲁的自然学说。这种世界图景是完全机械论的。说它是机械论的是因为，一切都是从运动和碰撞中产生的，不存在原子自己的意图或自发性。某种对目的规定、某种最终原因——好像亚里士多德那里那样——是不存在的。

但在这样一个机械论的体系中，要如何解释感性知觉？比如我们在几米外看到一块红布。红在那边，我们的眼睛在这边。这中间的距离是如何架起桥梁的？很少有机械论的体系竟会不提出这样的问题。但在这里这是一个难题，是因为，原子只能在直接的接触中互相影响。

伊壁鸠鲁派认为，存在一种放射物（émanation），它从所有的物体中辐射出来。他们将这称为影像，也即物体的一种图像，但比物体本身精细得多，因为它们是由更圆润、更光滑、更细小、更灵活的原子组成的。物体的这种更精细的图像也被称为流溢，它们在一定的空间中飘荡，从物体中走出来，并且触及我们的感觉器官。（值得注意的是，这种解释模型非常接近于通过光线碰触视觉神经的解释方式。）

按照伊壁鸠鲁派的观点，这些缩小了的图像、这些从对象中走出来的放射物触碰到我们的感觉器官，于是我们就有了与现实性相符合的观念。从对象中流溢出来的东西与它所来自的对象具有同样的本质。我们将这些图像整合起来，就形成了一幅关于宇宙的图像。

我们现在跳过很多东西，直接来讨论这种物理学理解的主要目的。也就是说它的意图在于，去排除对神明和对死亡的恐惧。

根据这种物理学就能得出，人们不再需要害怕神：世界上的一切都是以机械的方式发生的。它本身并无意图，因此也就不是什么保护性的东西，也不存在惩罚、脾气、神的愤怒。宇宙同样是机械式的。在其中所发生的事情，没有什么是想要侵害我们的。也就是说，神并不可怕。有些伊壁鸠鲁主义者有某种关于神的神话。按他们的说法，诸神住在云中，相距遥远，它们在星空下，散漫而愉快，并不参与人的事物中，而只是偶尔旁观着人类在底下挣扎，以此取乐。我们在它们面前表演，但它们并不掺和进来，对它们没什么可害怕的，也没什么可希望的。

我们也不需要害怕死亡。因为一切都是由原子组成的，那死亡是什么呢？

就是我们的原子，向着四面八方散开了。灵魂也是由特别精细的原子组成的。因此，灵魂并不是不死的。灵魂的原子也会分散。因此我们同样不必害怕死亡，就好像我们不会害怕我们出生之前的时间一样。有个说法：只要我们还活着，死亡就没来；死亡来了，我们便不复存在。所以在某种意义上，死亡完全没有触及我们。

这种不同寻常的思维和情感模式寻求着从死亡中逃脱——但并不是通过否定死亡甚或通过战胜它，即逃进一个永恒的或不死的生命。完全相反：伊壁鸠鲁主义者恰恰在死亡的极端性中找到了解脱。正因为死亡是如此极端，我们才不再害怕它。

在卢克莱修的教导性诗作中，还能找到对某种更好的东西的希望和期待。只不过它既不是宗教的也不是形而上学的。令人惊讶的是，我们在这第一个机械论的自然哲学中遇到了一种关于进化和人类进步的理论。它不是归功于一种作为纯粹行动的天命或者神性，不是通过超越世界通向对理念的关照，这种进化和进步的理论是建立在这样一种观念的基础上的：在一种由纯粹的机械所统治的世界中，人是有能力进步的。在《物性论》的第5卷中，卢克莱修讲述了人类的发展，它始于"原始的"粗糙与艰辛时代，一路向文明发展。并且文明展现为某种积极的、有价值的东西，它已然解放，并且还会继续解放。这一点其实与古典时代的其他思考方向形成鲜明的对立，因为对于古典时代的人来说，我们的背后是一个远去的黄金时代，它位于一个神话般的起源之中，而从那之后就每况愈下。

与远去的黄金时代的神话不同，卢克莱修提出了一个关于进步的神话：世界并不是为我们而创造的，但我们能够使用它，并且我们已经学会了让它为我们服务。

出生并不是什么特别幸运的事。孩子来到世界时，会哭喊。但此后人就学习生活，并且学习让世界万物为我们服务，他尝试着达到内在独立的愉悦，这才是他的尊严和幸福所在。

但是，为了使进步和幸福带来灵魂的安宁，人就不能堕

　　　　　　　哲学的惊奇：从发问开始的哲学史

入享乐，这会吞噬和奴役我们。这涉及控制自己的欲望。但并不是通过放弃享乐、也不是通过以道德的理由拒绝享乐，而是通过学习驯服它们，控制它们，作出选择；要选择那些不太花哨的、不太复杂的东西，因为这些不会带来太多痛苦；为此人们就会更倾向于那些教导我们、令我们更多的在自身中感到富足和满意的东西。伊壁鸠鲁主义者认为，没有痛苦地生活，这才是最高的享乐。

智慧的人是幸福的，并且他的幸福是稳固的，因为他不会害怕丧失；因为他既不害怕世界终结，也不害怕死亡，也不害怕神。

这就是伊壁鸠鲁学派。就像我们将要看到的，尽管有深刻的不同，但他们在某种程度上与斯多亚学派是一致的。因为对伊壁鸠鲁主义者来说，关键之处是通过禁欲来达到愉悦，这种禁欲并不意味着匮乏，而是一种微妙的、智性的和具有分寸感的文明的禁欲。

斯多亚学派（公元前 3 世纪）

斯多亚（Stoa）这个名字来自雅典的斯多亚大厅，这些哲学家常聚集在那里。

斯多亚派在古典时代影响很大，并且从某种意义上说，它对我们的整个文化进展都具有决定性的意义。直到今天我们都在用"斯多亚的"这个形容词，却已不太了解斯多亚派的学说。当我们说斯多亚主义者时，我们是指某种特定思维方式，即一种全面的、以明确的方式表达出来的哲学传统。相反，"斯多亚的"这个词对我们来说则是在形容一种特定的态度，这显示出斯多亚学派的思想在普遍意识中已然传播得多么广泛。

斯多亚学派比伊壁鸠鲁学派存活得更长；我们在公元 2 世纪都能遇到斯多亚派的伟大代表；并且它此后还继续发生影响了更长时间。它从希腊世界传播到罗马，并且进一步传播。比如波塞冬尼斯，西塞罗，塞涅卡，爱比克泰德和马可·奥勒留等人都受它影响。

哲学的惊奇：从发问开始的哲学史

斯多亚派的学说与伊壁鸠鲁派的组成方式是类似的。它也分为三个部分。它也有同样的目的，即想要教导人们应当怎样生活；在这学说中并非伦理学的部分，其实是想要为伦理学做准备。伦理（道德）是本质的部分。在这里也有一个逻辑学或认识论、一个物理学或关于自然的理论，并且人们最终能从中得出关于人的正确行为钥匙。

斯多亚学派的逻辑学很复杂。我们在这里只讲一个概念：它被称为理解性的感知。它是指一种非常清晰和明确的印象，将事物烙印到灵魂之中。这种印象带来了灵魂对它自身的赞同，因此也带来了知识（Wissen）、带来了科学（Wissenschaft）*。基本上，理解性的感知是一种特殊形式的明确—经验（Evidenz—Erfahrung）。明确—经验是对于综合性观念的经验，在其中，多个要素呈现为是互相联结的，因此它们构成了一个整体。

当我们说：我理解、我把握时，这意味着，一种明确性照亮了我们的精神。我们看到了不同的元素之间以某种方式产生特定的联系，这种联系是消除了任何疑问的。这样一种

---

* 此处有一文字游戏：Wissen 有两层意思，其一是"知道"这一动词的名词化，意为"认知活动"；其二可指"所知道的内容"。Wissenschaft 则是指一套成体系的知识，一般译为"科学"，而它在德文中的词根就是"wissen—"，故我们可以理解为，在以德语为母语的人的观念中，"科学"与"去知道"或"去认知"这一思想行动有极为密切的关系，它们本质上是同一个词。译为中文后看不出文字游戏中暗藏的"科学"本质是一种认知性的"行动"的意思，故作此说明。——译者注

全面的感知，通过其综合的统一性而体验到了清晰性，由此就具备了明确性的力量。

在斯多亚主义者那里，我们既没有发现柏拉图的理念，也没有发现亚里士多德那里关于事物本身所固有的形式的观念。对他们来说，感性知觉就是认识的源泉。并且在这里我们遇到了一个非常重要的概念，我们之后还会回到这个概念：唯名论。唯名论描述了这样一种哲学观点：一个普遍的概念只可能是一种抽象、一个名称、一个词，它绝不可能是一种现实性。只有具体的单个事物才是现实的。

斯多亚主义者说：我看见"这匹马"，但并非看见"马"。这就是说，"马"这一普遍的总体概念只是一个虚构的名称，在自然中并无与它对应的东西。在自然中，我们遇到的始终只是一匹特定的马，它是不折不扣的个别事物，而非马的普遍性，也非柏拉图所说的马的理念。这就是唯名论：普遍概念只是名称。

（正如我们将在讨论中世纪哲学时看到的那样；同时也会出现相反的概念，唯实论：按照唯实论观点，普遍概念才是真正的现实性。）

因此，就其逻辑而言斯多亚派是唯名论者。他们的逻辑学是怎样的呢？它恰恰与伊壁鸠鲁派相反。伊壁鸠鲁主义者想象了一个机械式的世界图景，在其中一切都是通过本身不变的原子间的相互碰撞来解释的，其中没有整体性的观点、没有神的干预；斯多亚主义者则重拾了这样一个思想：整个宇宙是由一种神性的理性所引导和渗透的——一种神性的理性或世界灵魂才是在自然界中积极地起作用的东西。宇宙在某种意义上是这种神性的理性或世界灵魂的被动肉体。我们再次遇到了赫拉克利特的思想，他认为，宇宙的逻各斯维持着世界整体的平衡。这是一种世界灵魂，人的灵魂（其内在之火）与之不断地交流。

与赫拉克利特那里一样，人的灵魂是创造之火的一个部分，并且它贯穿于整个身体；就像神性的灵魂也遍布整个宇宙的身体。

一切都是神，神就是一切：泛神论（Pantheismus）。神并不在现实性之外，并且在现实中也不存在任何不属于神的东西。神和世界就是一回事。事物的本质和它们之间的有秩序的结合，就是神性的自然。因此，原因的秩序和结果并非偶然的，而是神性的。

因此，在这种哲学中我们发现了一种对自然秩序或命运的崇拜。命运和神性的自然秩序是一回事。一切都是由这种神性的内在理性所引导的，它就是一种目的因。这种最终原因也使个体的原因得以存在。天命和目的因是同一回事。那么在这种思想中，自由的位置在哪里？在这里存在某种双重含义。在多大程度上，人可以自由行动，在多大程度上不行？斯多亚主义者说：由于世界是理性的、神性的，因此存在人类的自由——就像在赫拉克利特那里一样——：人能够保持内在之火与世界之火的联接，并服从于宇宙的理性。在自主的遵循最好这一点上，自由和服从是不矛盾的。我们会一再发现，在伟大的哲学家那里，经常都或多或少强调这一点。

自由绝不是任性的选择。它最终会变成对一种完善的必然性的承认，它将自己交托给这种必然性。

在我们讨论斯多亚派的伦理学之前，我们想要先谈一谈此处必定产生的一个难题：关于恶的难题。在一种像伊壁鸠鲁派那样的哲学中，关于恶的难题是不存在的。一切都是受偶然性（或者机械的必然性）支配的，并且是由原子的碰撞规定的。如果存在恶或痛苦，如果出现什么乱七八糟的事情，那也单纯是属于现实性本身。

而另一种学说则相反，在其中一切都是由世界理性统治的，那么无论它是内在的还是超越的，都会产生对于恶的追问。

人们会遇到恶这一事实。我们经历到它，它就成为一个被经历到的问题。而如果神性的灵魂统治着世界，那么这些恶是从何而来？这一难题在斯多亚主义那里极为尖锐。斯多亚主义者将神性与世界等同起来。神是一切的原因——亚里士多德意义上的原因——，是一切实存之物的条件。因此它也是恶的原因。

这是为什么呢？恶是善的相关物。如果并不存在恶，那么善就没有意义。也就是说，恶是必要的。如果没有恶，那么任何质、任何价值都没有意义。也就是说，恶对于善是必要的。

　　　　　　　　　哲学的惊奇：从发问开始的哲学史

其次，斯多亚主义者说，我们称为恶的东西，事实上只是对我们而言的恶。在整体中则相反，在世界整体中，它其实是一种善。完善性就在此处，并且神的法则在整个世界中无处不在。现在，如果人有能力超越他的那一部分范围，那么他就战胜了恶。在他的那一部分范围内，他遇到了恶；但他也能够掌握神性的世界法则，对这种法则来说，恶只是一种不可避免的元素。

对于人类来说，这种说法是在邀请他走向完全的消极吗？人应当简单地屈服于发生的任何事情吗？完全不是。斯多亚派的伦理学是一种积极主动的伦理，一种英雄主义的伦理。

最高的善是与自身一致，然后则是与理性一致以及与神性的世界法则一致，也就是说，与普遍的理性相一致。这种一致同时也就是善、德行和幸福。除了这种一致之外，并不存在其他幸福、其他德性和其他的善。人们所占有的外部的善（人可能能够支配它，也可能不能支配它），会变得越来越无所谓。斯多亚主义者说：谁若渴望什么独立于他的东西，谁就是一个奴隶。

他们要求人们以政治的、积极的方式参与社会生活，承担起责任并且很好地贯彻它，使国家保持秩序——例如，斯多亚主义者参与了罗马法的制定，这一点就并非偶然，而罗马法几个世纪以来直到今天都有其意义。国家的秩序、它建立在理性之上的结构，应当符合普遍的理性。这正是罗马法的基本主张：去创造一种秩序，这种秩序符合秩序的理念，因此它也是合乎理性的。对斯多亚主义者来说，积极地参与政治活动、参加公开的辩论，这才是一个积极的人和公民该做的。

与之相反，伊壁鸠鲁主义者说，对国家事务的关心令人的内心不得安宁：为了生活得幸福，人就必须隐居。对有一些朋友来说，是的；人却应当停留在私人生活中，以便守护内在的和平。然而，斯多亚主义者却只有在介入国家事务时，他才内在地与永恒理性相共鸣，这种永恒的理性统治着世界，它就是世界。并且这也意味着，他的一切经历、成功和失败对他来说都并不是最终的现实性。对他来说，总还有一种更深的东西，存在于灵魂那不可动摇的愉悦之中，这种愉悦使他在最为极端的斗争中都保持一种内在的距离。

这就是斯多亚思想中的伟大之处。他们关于伦理的观点将斯多亚主义者与整个世界绑定在一起，这使得他们能够与周围的人们一起劳作，却依然给了他一定的距离，于是他就在那里，却又不只是在那里，他不断地超越当下的行为而指向那些本质性的事情。

让我们在此对这两个学派进行比较：尽管他们对世界的解释完全相反，对国家的态度也截然不同，但我们依然在他们的伦理学中找到一种深刻的相似性。尽管伊壁鸠鲁主义者建议人过一种安宁的私人生活，斯多亚主义者则积极参与公共事务；前者建议寻找快乐，却也带着聪明的决断与行动；

后者则主张行动、决断和不可动摇的能力。但最终，在关于人的最基本的图景上，他们彼此相遇，这种图景是由一种内在的独立性所规定的，它不会被外部的偶然事件所伤害。在这一点上，人成长到超出了他所可能被给定或被控制的一切，因此，在这两个学派之间就存在一种互相的接近。

如果我们将它与今天我们的感觉加以比较，那么可能既不存在伊壁鸠鲁主义者，也不存在斯多亚主义者。但每个人都可能在自身中既有其中一方，又有另一方。

我们不再可能是伊壁鸠鲁主义者，因为我们的文明已变得过于积极，在其中各种组织彼此交织，这带来了太多的可能性和威胁，使我们难以在一种快乐与痛苦共存的、有限且运转良好的家庭生活中感到满意。另一方面，我们也在数百年的残酷历史和充满痛苦的深刻体验中而变得脆弱——并且也太易受我们的脆弱性影响——，以至于难以在一种英雄主义的意义上当一名斯多亚主义者。

举个例子：按照陀思妥耶夫斯基的说法，我们不再可能是斯多亚主义者。他将我们对易受伤害性的感受发展为一种价值——一种属于人的本质的价值，若没有了它，人就不可能是真正的人类。我们也不可能否认这一遗产。但即使我们不再可能是斯多亚主义者，我们也依然可以一再地让他们向我们展示，人可以并且应当如何思考和要求一种人性的伟大，并且如何将之作为一种准则。

在伊壁鸠鲁和斯多亚学派之后，现在再来简短地看一下怀疑论学派。在柏拉图和亚里士多德的哲学之后、在哲学的这整个领域中的不同与对立都展露出来之后，就到了这么一个时期，哲学家开始怀疑：我们究竟能不能拥有某种认识？怀疑主义的基本态度就是这样产生的。一种怀疑主义的浪潮蔓延开来，并且它本身成为了一种理论态度。人想要公开他的怀疑。哲学的惊奇现在成了对自己的多样性的惊奇。

这样一种时代不会带来伟大的体系。但它就好像哲学史中的盐，是一些非常麻烦的问题。没有人能完全生活在怀疑之中。因此，总有一些怀疑，不断地进入到哲学问题的发展进程中，并且不断地推进下去。怀疑主义中的一个伟大的名字是埃利斯的皮浪。他生活在4世纪的希腊。蒙田经常提到他，并且皮浪主义已经成为一个哲学概念。

在古典时期末端，我们发现了一种接受外来影响的强烈意愿：东方的、神秘主义的、犹太的影响。所谓的希腊化哲学就充满了上述元素。作为例子，我们要提一下普罗提诺。我们不会更进一步讨论他，但我们必须知道他有多重要。他的思想作为希腊的、犹太的、东方的和神秘主义的思想的综合，在百年间都不断发挥影响。

在此，也要提及早期基督教世纪中的希腊和基督教思想家的世界。他们有亚历山大里亚的克莱芒、奥利金，以及其他很多人。我们略提一下名字，就继续往前看。就像我一开始就说过的，在这本书中，我们留下了很多空缺。

奥古斯丁（354—430年）

圣奥古斯丁生活在一个哲学与神学难以区分的年代，而他是这个年代中最为伟大的哲学家和神学家。他于公元354年出生在北非。他的父亲是异教徒，母亲是基督徒。他曾过着一种——就像他在著名的《忏悔录》中所写的——放荡的生活，18岁时就已有了一个非婚生子。他很早就已被西塞罗领入哲学之门，也就是说，从根本上他是受斯多亚传统影响的。

33岁时，在花了很长的时间研究哲学之后，他突然皈依了。他认为，这一向着基督教的转变已然由柏拉图、此后又由普罗提诺所铺垫。（就像之前提到过的，有不少人皈依基督教要归功于柏拉图的准备性影响。事实上，若非先打开了一种超越性，人们也不可能完全跟随和贯彻柏拉图的思想。现在，超越性成了基督教的中心命题："我的王国不属于这个世界……"，也就是说，指向另一个世界。通过精神的这样一种运动，人超越了给定的东西，走向并未给定的东西，这种运动在对柏拉图的阅读中被贯彻，并且它是一种在超越性的思想中的持续锻炼，是一种在我们的尘世的现实性和理念的超越性之间的持续往复运动；于是人们就可以将柏拉图的对话视为"精神的锻炼"，它使一些人做好了准备，走向一种向着超越性的宗教的皈依。）

奥古斯丁死于公元 430 年；他曾在北非的希波（Hippo）担任主教。他最著名的作品是《上帝之城》，这是一部对于基督教的历史性辩护、一种从基督教视角出发的早期哲学史；《忏悔录》则是哲学史中最奇特的文本之一——它并没有任何体系或体系性的表述。

此外，奥古斯丁还写了许多神学的、体系性的作品，在其中他非常连贯地展开了哲学反思，但这种反思始终与启示和皈依有关。

奥古斯丁的思想在古代哲学与基督教之间、在哲学与宗教之间、在哲学与神学之间来回移动。也就是说，他面对难题的方式与从前不同，或者是用另一类概念来思考；即使所讨论的难题是类似的，他也以不同的眼光去看待它。他指向的是另一种经验，也指向一种权威，这种东西是在哲学中从未出现过的：他的学说必须符合一种特定的传统与启示。并且这意味着：在他的宗教皈依之后，哲学就不怎么要求一种理性的连贯性（即明确性这个前提条件），思想也变得较少由理性的连贯性来规定；相反，灵魂的和智性的经验以及对经验的再经验，就赢得了一种越来越大的分量、一种全新的说服力。在这样一种哲学中，理论总是与生存相关的；它会与相应的宗教经验挂钩、与信仰的经验挂钩。

我们来举一个例子：《忏悔录》中美妙的第 11 卷。这里好像奥古斯丁冒险进入了一片原始森林，它还从未有人踏足，这片森林就是关于时间的难题。他感到惊奇：过去的时间已不再，未来的时间尚未来，当下又只是这两者之间的一个点状的界限：这是怎么回事呢？时间究竟在哪里呢？它就好像消失了，它不在任何地方。在这场闻所未闻的探究中，研究踏足无人之地，他便转向上帝："我的上帝啊，帮帮我，我什么都不懂！……"我们一再看到，祈祷与理性的努力之间的绑定、理论与信仰的生存性体验之间的绑定。理性本身也变成了一种生存性的工具，变成对于一个慈悲的上帝的理性洞见。

对奥古斯丁来说，就像对其他基督教的思想家一样，对于信仰和理性的关系的追问被摆上了台面。

理性有自己的要求，它对有效性的主张是无界限的。理性不能忍受在某种界限前停下它的追问，甚或退缩；对它来说并不存在对某种异己的权威的承认——不然的话它就是背叛了自己。

另一方面，信仰与一种启示有关，它对信徒来说比理性所能教导的更为接近真理，因为启示的源泉就是上帝本身。上帝亲自说话，上帝将理性给了我们。因此，人不能将信仰置于理性之下。这就提出了它们之间的关系问题。

这一难题还从未如此犀利地被提出。只有在基督教的思想中，即在一种启示的宗教、一种上帝的话语、一种神性的学说中（它们化身为人的话语），这一难题才赢得了这种彻底性。

从一个有信仰的基督徒的立场出发，奥古斯丁认为这一难题是人为造成的。人们必须扬弃矛盾。对奥古斯丁来说，信仰先于理性和知性。信仰首先被感受为启示，但也被感受为知性的前提，这种知性需要并且寻求理解它自身；这是为了去理解它所信仰的东西。奥古斯丁找到了一个著名的表述：我信仰，为了理解（credo，ut intelligam）。而不是：我信仰，尽管我理解，或我信仰，但是我想要理解，而是相反：我信仰，是为了理解。在这里我们触摸到了信仰对待理性的基本态度。

我们必须从根本上看到这一点。任何将这种思想视为"过时的"或"不纯粹的哲学"而拒绝它的人，都会错过真正理解哲学家的任何可能性。只有在对生存的充分贯彻中，这样一种思想才是有意义的。从根本上讲，它只对信仰者才有意义。想要理解这种意义的非信仰者，就必须尽可能地了解信仰者的态度；不然的话他就只能简单地将这种思想推开，但这并不是真正的哲学态度。

那么这里的指导思想是，信仰先于理解，但它寻求理解：信仰寻求理解（fides quaerens intellectum）；并且信仰对于想要理解的人来说，是一种不可或缺的前提条件。"我相信，是为了理解。"这意味着，本质的东西是不能仅凭理性达到的。理性要达到它的目的，必须先具有信仰的滋养。它自己是做不到这一点的。

在奥古斯丁那里，荒谬——这充满了矛盾——扮演着一个重要的角色。他说，引用古代作家的话：我相信，正是因为荒谬（credo quia absurdum）。这意味着：符合我们的逻辑规则的东西，只适用于人类而已。而神性的东西是位于人世间的彼岸的，它超越了我们的逻辑，绝不能被还原为我们的逻辑。那么，当人试图思考这种神性的东西时，它的标志又是什么呢？恰恰是：逻辑式的思维的失败。——换句话说：神性的东西只有在矛盾中、在荒谬这种形态中，才能被思考。荒谬在此就成为神性的标志。但我们要清楚一点：荒谬的东西唯有对于逻辑式的思维者，才具有意义。只有通过知性和理性，矛盾才具有现实性和效果。有些人沉迷于矛盾之中、更愿意生活在矛盾之中；他并不去打扰这种矛盾。于是合理性就被放弃了，荒谬也就不再存在，矛盾丧失了它的那根刺。

再说一次："我相信，是为了理解。"为了理解什么呢？首先要被理解的东西是什么呢？从信仰出发，那当然就是上帝。

上帝是第一个"对象"，信仰试图通过理性思想的帮助去理解这个对象。首先，人遇到了关于它的否定性论述：不存在任何超出上帝的东西；不存在任何脱离于上帝而实存的东西。然后人就能将一切道德层面的特质归给它：正义、善、智慧。人可以将一切形而上学层面的特质归给它：全能、无处不在、全知、永恒。这一切特质都构成了它的实体、它的本质。但即使人说出了这一切，也还是什么都没有说出；因为当我们将这些词用于上帝时，这些词就改变了它们的意义。例如我们说上帝是全能的，"权力/能力"（Macht）这个词的含义和我们用这个词说明或多或少具有权力或能力的东西时的意思，是完全不一样的。将无处不在归给上帝，这里的概念"在当下"（Gegenwart），也与我们任何一个存在物位于这个地方或那个地方的"在当下"，有完全不同的意义。说上帝是永恒的，也完全不同于说某个我们在时间中所遇到的事物具有一个很长的持续存在。说上帝是善的，人们是指，上帝根本就不可能变成了恶的而并不再是上帝，这就是说，这里的善的意义也完全不同于我们说某个事物能够而且必须不断地在善和恶之间作选择。

因此，虽然我们使用自己的词语，但当我们将它指向上帝时，这些词就必须被翻译成另一种意义。

当我们讨论上帝时，我们的语言超出了它自己。由于它超出自己，它也就与自己相矛盾。于是就有了标志着神性东西的矛盾："我相信，因为它是荒谬的。"这就是说，我承认，矛盾是神性东西的标志。

亚里士多德的范畴便不再适用。思想遭遇了二律背反。

最终人只能去说上帝不是什么，也就是说：以消极的概念谈论上帝。

当奥古斯丁说，上帝无处不在，这也就不是将上帝与世界等同的泛神论。他跟随圣经的说法：世界是上帝从虚无中创造的。

在西方的思想中，我们是在基督教即犹太教传统的影响下，才第一次听说了从虚无中创造。因此，上帝是在世界"之前"就存在了，并且是以一种无法理解的在时间"之前"的方式存在，也就是说，上帝是超越性的。创造只是出于上帝的意志。上帝的爱创生了世界。这些词只对于信仰有意义。并且因此，它没有语言层面的意义，而是只有一种用来把握信仰的意义。在信仰之外，这些词没有任何意义。

在这里便又产生了语言的问题。人们可以用哪种语言谈论基督教的上帝？这个问题会一再浮现。原因在于，在我们的精神中存在一个纬度，对这个纬度来说我们的语言是不够的。或者说，人必须找到间接的道路，以便通过机巧、狡计来使用我们的语言，尽管对于精神所想要讨论的东西来说，它既是不合适的，又是无能为力的。

举个例子，我来提出一个在奥古斯丁那里具有核心意义的难题：三位一体。

在基督教的传统中，三位一体指三个人格统一在一个神性的人格之中。神秘之处在于三个人格就是一个人格，并且一也就是三：圣父、圣子和圣灵。在奥古斯丁那里，三位一体的观念具有哲学上的意义。三位一体概念的这种哲学意义扎根于这样一个事实：在基督教中，上帝拥有一段历史。

在希腊的传统中，我们从来没有遇到过一种在哲学的意义上具有历史的神性。希腊的神作为实体或作为纯粹行动，是永恒的并且没有历史。我们在谈柏拉图时提到过，人的灵魂类似于理念，但它不是理念，正是因为人的灵魂拥有一段历史。理念则没有历史，它们是不可改变的。

从犹太—基督的传统出发，我们不只是拥有了一种作为世界历史的自然历史；不只是拥有了一种作为民族和文化历史的人类历史；而且还拥有了一种超自然的历史，它开始于从虚无中创造世界，经过原罪和基督的生与死，走向救赎历史，这一历史也发生在上帝之中。因为上帝本身就在圣子的人格中被钉上了十字架。那么这样一种信仰（在奥古斯丁那里，它是超出理解范畴的）应当如何理解？人应当怎样去把握，上帝这个永恒、绝对的一，竟然拥有一段历史？我们首先要尝试去理解这个难题本身。

在经过了上述这些讨论之后，读者大概可以理解为什么"一"从一开始就似乎排除了一切历史。就其本质而言，一是不可改变的。我们能够对多个数量进行重新塑形，但无法在"一"的内部进行重新塑形。我们还记得：原子是不变的，因为它们每一个都是"一"。某个事物若是一，它就不可能拥有历史。

然而，一个超越自然历史的上帝，或者一个基督教的救

哲学的惊奇：从发问开始的哲学史

赎历史的上帝，它却拥有一段历史。

它既是永恒—超历史的，又是超自然—历史的。三位一体就在这里找到了它的位置：在上帝之内，可能发生一些什么。为了让这些事情能够在上帝的内部发生，作为"一"的上帝，就必须同时是多。于是三位一体就被引入了，它使得永恒的上帝的某种历史性的自由得以"被理解"。奥古斯丁在这里找到了对三位一体的一种辩护和一种哲学性的阐释。

只有事实层面的统一性和历史性都被坚持，三位一体才能发挥这种作用。如果人没有尽全力保持这两者，而是牺牲了其中之一，或者将其中之一置于另一个之下，那么这番意义就丢失了。这两者都是不可还原的，它们必须保持对立、它们必须互为对方的条件。

这就是奥古斯丁反对异端的理由，尤其是反对阿里安主义（Arianismus）；在关于三位一体的观念中，这种异端一再出现：有些人将"三"置于"一"之下，另一些则相反，为了"三"而牺牲"一"。

还有一种看法，它是这么说的：这种学说所表达的是"三个人格合一"。这里的概念"人格"（Person）与传统有些关联，这也很容易引起混乱。

它最初是用希腊语表述的：三合一的人物设定。这其实意味着三种呈现的方式，关于事物的三个角度。人们用拉丁文的"persona"（人格）翻译它，但这并不对应我们所说的"人格"的意思，而毋宁是指一部戏剧中的角色或人物。

在每个拉丁文的戏剧中，都会在第一页印上"Personae"（人物），紧接着是角色列表。因此 Persona 指的是某种对人格的设定，它意味着神性的统一体中的三个角色。在现代语言中，"Person"（人格）这个观念已经与这种角色的概念相去甚远了。因此我们看到的实际上是三个功能、三个方面，它们使一个统一体内部的关系以及神性的单一性内部的关系成为可能。

圣父，这是神性的本质，是上帝的存在；圣子，这是词语，也就是真理；因为真理是从本质（存在）说话的那一刻起才存在。在存在的原初致密性之中，还完全不存在真理，因为当时还完全不存在犯错的可能性——或者其他随便什么可能性。那么，圣子就是词语，就是真理。而圣灵是爱，通过它，父创生子。——如果它不是对……的爱、来自……的爱，这种创生又要如何设想呢？

这并没有解决三位一体的谜。重要的是，我们并不是在谈一种三个稳定结合的人格，它应当是一个人格；不然的话我们就会直接碰到一个不合情理的事情。我们必须去这些概念的希腊意义和拉丁意义中探索。人们不能去尝试用形象的方式谈论三位一体。三位一体并不是一幅我们可以画出来的图像。这图像只能帮助我们，通过我们自己的自由，以理解的方式——以及以不理解的方式——去接近这永恒的上帝的超越的历史性，去经验这种绝对的距离。

我们现在想更进一步研究，在圣经的视角中世界起源及其创造的难题是怎样的。人环顾四周，感到惊奇：世界是从哪里来的？这是一个未解决的难题。并且，就我们的精神结构而言，这个难题是完全无法解决的。

对希腊人来说，总是存在一些预先给定的东西，哲学家试图从这些东西中寻找或多或少神话式的图景，去解释从这种被给定的东西中最终宇宙是如何产生的。例如就存在混沌理论，它认为宇宙是从混沌中产生的。

在犹太—基督教传统中，产生了全新的概念。世界的起源以一种神话的方式被解释为从虚无中创生。

从虚无中创造。上帝从虚无中造出了世界。有上帝、有世界，但没有原初的物质。创造的历史带来了关于时间的难题。它在之后的几百年中一再地被提出，它是这么说的：如果上帝存在于它的永恒性中，那么就不存在时间；那么要如何理解，上帝"在一个特定的瞬间"创造了世界？（因为"在一个特定的瞬间"对于这种思想来说是不可理解的。）为什么是这个瞬间而不是别的瞬间？答案是：上帝创造世界，同时也创造时间。

在时间和永恒之间无法建立起直接的关系。我们必须看到这个难题，并且它完全取决于我们如何把握时间和永恒。在此，我们再一次站在了哲学层面的界限问题之前。我们无法将时间和永恒对立起来，然后追问它们的关系。我们必须看到，这两个概念只有通过另一方才会获得它的意义。我们把握世界的意义和永恒的意义的方式，就规定了它们在我们实际的思维中的关系。这种关系取决于，我们每一个人实际上是如何在他的时间中建立与永恒的关系。只有当思考着的人采取自由的态度时，哲学的思想才会发生。因为哲学的思想意味着在自由中思考。自由不只是一种作决断的"器官"，它也是一种思想的"器官"。在哲学中，自由是认识能力的一个部分。因此我们不能将这些术语独立出来加以客观化，而无视我们自己参与其中。

自由经常被否认，但它依然存在。但即便谁否认自由，他也是在自由中否认它。如果人真的能够排除精神的自由，那么人也就再不能否认它。事实上，若没有自由，人甚至都不能说话。这就可以看出，这在某种程度上是很明确的。这不是一种像某个客观对象那样的明确，而是一种人在反思的过程中所经验到的明确性。如果人回过头观察自己的思想，去检验一下它是如何进行的，那么人就会发现，在思想行为中，自由是在发生作用的。

因此我们已经看到，从虚无中创造，这带来关于时间的问题。我们开始问：在时间之前有什么？在时间之前不存在世界，在时间之前不存在时间，也就是说，在创造之前不存在时间……在时间性之外，"之前"都丢失了它的意义。

创造的行动并不发生在时间中，而是这种行动创生出时间。并且我们在奥古斯丁那里发现这样的思想：上帝的创造

哲学的惊奇：从发问开始的哲学史

行为永不停止地继续。它不是一次性的行动。天命并不是人类历史的一种计划，而是上帝预先设定的行动。它并不处在时间之中，它超出时间性之外。

如果人们假设，创造纯粹是神的行为，并且是从虚无中达到的，那么古老的难题就再次取得了新的形式。关于恶的难题。恶是从何而来的？全善的上帝当然不可能创造它。我们也不能接受它来自别的什么地方。因为除了上帝之外，并无其他来源。奥古斯丁（以及其他跟随他的作者）的解释是这样一种观点：恶是虚无的标志，正是从虚无中产生了创造。于是恶就是某种"被造物"的存在的标志，被造物并不具备充分的神性，而是带有被创造的烙印。也就是说，即使上帝想要给予创造物以最大、最多的东西，但被造物却必定在某一瞬间与上帝分离，它不是创造者本身。但奥古斯丁这么说并不是想强调被造物对起源的渴望和对与上帝合为一体的渴望，而是想要解释恶何以存在。恶是一个标志，说明被造物是来自上帝的，但它却是从虚无中产生的。虚无——人们无法给它一个正面的名称——是一种欠缺。这种欠缺对于被创造的东西来说是挥之不去的。若我们不是"有欠缺的存在"，那我们也就不是被创造的东西了。

被创造意味着不完全是实体性的，其本质之中就有一种缺乏，这种缺乏是作为创造者的上帝所没有的。迂回讲来，这一思想听起来像是苏格拉底所说的东西的回响：没有人故意作恶。奥古斯丁现在则强调另一个观点：意志自身始终是

奥古斯丁（354—430年）

善的。积极的意志所意愿的是善的东西，因为意志是来自上帝的。它不是虚无、不是缺乏。它就是它所是的东西。对此的证明是，当我们做坏事时，就会有良心的谴责。这种感觉来自上帝给予我们的善的意志。但我们依然深受恶的束缚，恶不是从上帝中产生，而是来自创造中的一个事实，也就是说，与创造者的分离以及被造物的状态中所固有的缺乏。

这种观点认为存在恶，并且上帝对此并不承担责任。这一观点在基督教时代登场，并且贯穿了整个中世纪。

奥古斯丁对灵魂的本质又是怎么想的呢？他寻找一种确定性。在他那里可以找到一种著名的思路，它预示了笛卡尔在《谈谈方法》(*Discours de la méthode*) 中所说的，在怀疑的帮助下寻求确定性。怀疑意味着去思考，它也意味着去生存。并且，主体所怀疑的这种主体之生存，就与确定性有关。

因此，灵魂确证了它自己。并且，灵魂是如何通过这种思路确证它自己的，也就向我们展现了它是一种不同于无知的事物，作为一个实体，它区别于物质。按奥古斯丁的看法，灵魂并不是某种更为流动的物质，而是属于另一种秩序。在这里我们看到了奥古斯丁身上有柏拉图的痕迹。灵魂是一种与物质不同的东西。它是不死的，因为它与真理同属一类。在奥古斯丁看来，灵魂与真理在某种程度上具有同一种实体。灵魂的死亡意味着灵魂与真理相分离。但灵魂无法与真理分离。因此灵魂是不死的，因为它就是真理本身。在

哲学的惊奇：从发问开始的哲学史

这背后是这样一种观念：真理也就是上帝。"我就是道路、真理……"

从这样一种不可分割的联系中就得出，上帝处在灵魂之中。理解这一点很重要：对奥古斯丁来说，灵魂和上帝之间并不存在对立。

在我们的时代里，萨特说：如果存在上帝，那么人的自由就不存在；如果存在自由，那么就不存在上帝。这种观点是建立在灵魂与上帝的关系的一种完全的外在化之上的。在奥古斯丁那里我们则找到了完全相反的看法。上帝是内在于灵魂的。奥古斯丁说过一句著名的话：上帝比我的内在更内在（interior intimo meo）。这意味着：上帝比我自己更加是我的中心部分。上帝是我最内在的中心，比我自己更能够成为我的中心。

这种对上帝的观念的寻求，本质上并不是向着外部，不是在向着最高处攀登，而是发生在我们灵魂的深处，并且在这种深处，我们发现了我们心中最为内在的光：上帝，比我的内在更内在。

即使对于今天不认同奥古斯丁的信仰的人们，去充分回溯和理解他的思路也是很重要的。因为这样的话我们就不会成为关于上帝、灵魂的不真实的争论的受害者，在这些争论中，词语被视为和对象对立的东西——这让词语失去了任何意义。

一旦上帝对于信仰者来说比他自己更加的内在，自由的冲突也就失去了它的意义：上帝想要的东西，我也想要……相反则是：上帝想要的东西，比我在这一瞬间相信自己想要的东西，还更为内在于我。

上帝预先知道了一切，奥古斯丁说。他将这称为神性的预知。我们认为：上帝处在永恒之中，对它来说并不存在之前和之后。但我们依然说"神性的预知"，这是因为我们是受缚于时间的。但对上帝来说，永恒的知识是在任何时间都持续存在的。因此，如果说对上帝来说永恒性是时间之整体，它是在一瞬间整体地被感知到的，那么，神性的预知又要如何允许灵魂的自由，或允许灵魂的某种特定的自由呢？

奥古斯丁对这个问题的回答是预定论（Prädestination）。这一思想在很久以后对詹森主义者和对帕斯卡尔来说都是决定性的。

预定论是指，我们一早已被上帝规定好了是会获得恩宠还是受到诅咒。这是一种相当吓人的观点。但我们必须再次注意时间与永恒的关系。如果我们想象上帝预先已经知道我们会如何行动，并且如果我们预先已经被规定了是要受恩宠还是诅咒，这真是无法忍受的。但如果我们搞清楚了，对于上帝来说时间在某种程度上是被扬弃的，那么它就会采取一种永恒的形式（这是我们所无法想象的）——那么问题就会完全不同。例如，上帝能够去回忆未来，就好像我们回忆过去那样，于是，上帝的回忆就不是对未来的预先规定、不是

　　　　　　　　哲学的惊奇：从发问开始的哲学史

预先规定了人的这种或那种命运；而是因为上帝处在永恒之中，未来对它来说是和过去、当下一样的：它就处在永恒之中。在这里我们触及的是一种神秘，而不是一种无稽之谈（有些人就是这么说的）。一种人所无法避免的神秘——它并没有超出奥古斯丁的思想之外——，即关于时间与永恒的难题。如果我们仔细地观察，就会发现在这里没有人的观点；在这个时刻，人的观点自相矛盾，自我取消。

因此就有一个关于时间的神秘。在我们的精神中，时间就被某种并不处在时间之中的事物击退了。换句话说，我们之前说过的奥古斯丁最初的思路是完全准确的：过去不再存在，未来尚未到来，当下是一个抽象的界限：根本就不存在时间。我们被迫退回到某种超出时间的东西，这样时间才会停留在我们身上、它本身才是可以被思考的东西。但同时，我们所追溯到的和看上去对时间来说不可或缺的东西，同时又似乎否认和瓦解了时间。

如果存在永恒，那么就不存在时间。但如果并不存在永恒，那么同样并不存在时间。

我们站在一个人类状况的神秘谜团之前。

在此，我们站在基督教哲学的门槛上审视奥古斯丁：他依然很古典，事实上还相当接近古代的思想，接近柏拉图，接近普罗提诺。但在某种意义上，他又显示出超凡的现代特征。对时间的反思、对人类的时间性的生存论式探索、人类的状况之谜、创造者与被造物之间的关系、时间与永恒之间的关系，等等；清晰的思想的努力，这恰恰使得对神秘事物的深刻性和不可避免性的体验成为可能，甚至是迫使人进行这种体验——这是相当现代的特质。

也许这就是奥古斯丁被如此大量地阅读和研究的理由之一。

除此之外，我很少用到"神秘"这个词。我更愿意用"难题"这个词。用这个词时我们是想说，我们的思想遇到一个障碍并且它并非来自我们的精神的软弱，而是与我们的人性有关、与我们在世界中的状况（尤其是涉及思想的状况）有关，而这是无法得到彻底解决的。我们在"问题"（question）和"难题"（problem）之间作出区分。当我们只是提出一个问题时，可以给出答案。而如果所涉及的问题，它的答案也只是引出了一个"问题"，那么就只是说明我们无法解决它，这时我们就说"难题"。

而一种神秘——在哲学中——是人所无法取消的；如果它是一种真正的神秘的话，那么通过照亮它，我们反倒是令它更为幽深。

在这种情况下，我想要再次审视预定论，并且将它与厄运、命运的概念区别开。在厄运的概念中有一些固定的、僵化的东西；而预定论则指向神性的创造者。上帝预定了种种，它并非无人格的。奥古斯丁的上帝是一个活生生的、非观念的神，奥古斯丁信仰它，并且它比奥古斯丁更接近他自已。因此，预定论并不具有任何预先定下的计划中的僵化特征。它是处于永恒性之中的上帝的生命本身，上帝将这种预定论带向了永恒。在时间中，我们称之为——虽说是以并不准确的方式——"预定论"。在"预定论"这个词中，我们已经引入了时间性。

　　以上这些评述虽然结结巴巴，却或许能鼓励读者自己更深入地阅读奥古斯丁，以便更好地了解他。

中世纪哲学

我们跳过了好几个世纪。我们忽略了教父哲学、新柏拉图主义，跳过许多伟大的、重要的思想家。

在奥古斯丁之后的大概 600 年，我们重新进入中世纪哲学。

首先是这样一个问题：为什么中世纪哲学被称为经院哲学（Scholastik）？因为这种思想来自学校，它的拉丁文是schola。它是一种学校中的哲学。经院思想在基督教会的空间中发展起来。它遵循一种基本原则，我们其实已经提到过它："信仰寻求理解"。

我们现在来举一些例子。但绝不意味着这是一个原始的或笨拙的思想时期。事实上，经院学者是在信仰与理解的争斗中发展出一种哲学的语言，其中的概念格外精细和深刻。相比之下，有些现代哲学家和作家的表达方式倒是简单和粗糙的。尽管经院哲学中的概念区分有时泛滥到了钻牛角尖的地步，但当时的许多区分依然可以为我们今天作出很大的贡献。

坎特伯雷的安瑟伦与上帝存在的"本体论证明"

我们在此讨论坎特伯雷的安瑟伦（1033—1109）的"上帝存在的本体论证明"，它也经常被称为"本体论证明"。事实上，这一证明并不是旨在说服非信徒去相信上帝的实际存在，而是想要加强修道院的共同体，即信仰者的共同体，并为他们的信仰带来清晰性。

这种本体论的思路在某种意义上很简单：上帝是一个完善的存在物；完善则包含了实际存在。为什么这么说呢？因为如果上帝是完善的却并不实际存在，那么人们就能设想另一种存在物它是实存的，那么它就比上帝更完善。所以说完善性是包含了实际存在的。

我们还想以另一种方式展示这一顺序。"本体论证明"意味着，当我们说"上帝"时，我们就说出了上帝这一概念。上帝这一概念在自身中就包含了一切完善性，也包含了实际存在。这就是说：实际存在属于它的实质。人们在哲学中称之为本质（Essenz）的东西，就是构成一个概念的意义的所有东西；只要不破坏这个概念的意义，它就是不可或缺的。它本质上就是它的概念。

"上帝"这个概念的本质，就将一切完善性、包括实际存在都结合在自身之内。并且因为上帝这个概念包括了实际存在在内的所有完善性，上帝的实际存在就是必备的。这个结论从对上帝概念的逻辑分析出发，走向了一种本体论的论断，这种论断既针对上帝实际存在，也针对作为本质的上帝的当下性；人们从逻辑的东西，走向了实际存在。

我们应当更为详细地理解这一步骤，因为它涉及一个很重要的点。

例如，如果我们想到一个三角形，随便哪个三角形，然后说：这个三角形的三个内角的和为 180 度，无论它具有一种怎样的形状都是一样的，这种说法是正确的，即使我们的面前完全不存在任何画出来的或剪出来的三角形。于是，去反思三角形的概念就一定会得出逻辑上必然的结论，例如三个内角共 180 度。但三角形的实际存在却并不是必然的。在这里，逻辑的东西并不渗透到三角形的实际存在中。在本体论证明中，人们研究了"上帝"的概念；但由于在这一概念中实际存在并不是作为必然因素而被包括在内，在这里情况并不像在三角形中那样；实际存在对于上帝这一概念来说是构成性的，它通过完善性的理念而达到。在三角形那里，一个处于逻辑层面的但并不实际存在的对象，这是没有任何矛盾的；而相反，在安瑟伦看来，思考一个并不实际存在的上帝，却是一个矛盾：实际存在是它的实质的一个部分。但由于实际存在属于上帝的概念，因此根据这种证明思路就有可能——当它涉及的是上帝时，并且只有在这种情况下是如此——从逻辑的东西过渡到本体论的东西、从逻辑的必然性发展到存在。

哲学的惊奇：从发问开始的哲学史

这种思维方式一开始对我们来说是陌生的，我们难以很好地理解它。但我们接触哲学的时间越长，就越会确信：面对这样一些困难，我们必须问，问题是否更多地出在我们身上，而非出在我们所试图理解的著作中。

在这里我们首先可以怀疑，上帝的本体论证明是否是一种实际的证明。它具有必然性吗？它可以说服某个人，甚或可以增强他的信仰吗？也许不行。但它能帮助我们解释关于上帝的实际存在问题的意义和前提条件。

当我们提出问题时，我们其实并不知道我们所问的是什么，因为我们并不清楚地知道，关于"上帝"我们究竟理解了什么。我们并不清楚地知道，关于"实际存在"我们究竟理解了什么；因为"实际存在"意味着非常不同的东西：一个三角形的实际存在不同于一个苹果，也不同于一个人；一个人的实际存在也不同于一个苹果，等等。那么我们该如何理解关于上帝的"实际存在"呢？当我们追问上帝的实际存在时，我们受到哪些条件的限制？

如果我们自己的思路跟随这个论证中的本体论论证，通过内在的"模仿"，我们就会发现：要么我们是在谈论上帝的实际存在，因为我们谈论的是我们的上帝，这是我们所信仰的、我们赋予了其神性的上帝，这就是说，我们认识到，它存在并且它的实际存在是不容怀疑的。要么我们就是将上帝理解为一个抽象的概念，它并不是上帝，也就是说，实际存在并非本质上属于上帝的，因此它完全可以被否认。

因此我们发现，证明上帝的实际存在，这在本质上是不可能的：上帝的实际存在只能在信仰上获得意义。人要么信它，要么不信。从一种外部的中间立场出发而竟有可能提出一种证据，这种事情是不存在的。

因此，我不可能像追问其他存在物的实际存在那样，追问上帝的实际存在。对上帝的追问是在其他前提条件下提出的。要么从一开始上帝就在那里了，于是它就是人们所谈论的真正的上帝；要么人们所谈论的根本就不是上帝，上帝从来就没有被设想过，说出的只是这个词而已，然后人们就可以将它的存在置于怀疑之下，并且否认它——但这实际存在究竟是谁的？

因此，本体论证明是一种启示：它使我们能够掌握自己的信仰状况。

关于安瑟伦，还要再多提一句。在哲学史中，他被视为唯实论的捍卫者，他反对唯名论。这又意味着什么呢？让我们回头看看。我们在柏拉图那里建立起了关于理念的本体论的真实性，相反又在亚里士多德那里确立了一般逻辑的概念。柏拉图与亚里士多德之间的分歧，已经包含了这场关于共相的争论的萌芽。

人们将普遍的概念称为共相（Universalien）。斯多亚主义者说：我看到的是这匹马，而不是"马"。诸如"马"这样的概念就是共相，因为它包括了一个种类的所有个体——例如，所有的马，包括今天活着的、曾经活过的或将

哲学的惊奇：从发问开始的哲学史

要活着的马，甚至包括艺术家和诗人所虚构的马。

　　在关于共相的争论中，中世纪的思想家分成了两派，一派认为它是真实的，另一派认为它不是真实的。争论的关键点，虽然并不是显而易见的，但却非常重要。在这场争论的根本之处，有一种惊奇：我们所使用的所有词语——除了专有名词之外——都有一般的意义，但在经验中我们只会遇到特殊的单一事物。词言中没有任何东西与这种单一性相对应。而经验中也没有什么与语言的一般术语相对应。这是奇怪的错位。

托马斯·阿奎那（1225—1274 年）

我们首先介绍一些生平情况：阿奎那生于意大利的阿基诺，在蒙特卡西诺的修道院长大。18 岁时在多明我修会师从科隆的艾尔伯图斯·麦格努斯（Albertus Magnus）；之后在巴黎、奥尔维耶托、维泰博和罗马任教。死于 1274 年。

亚里士多德主义

正如我们已经说过的，亚里士多德的作品在欧洲一度几乎失传。人们只知道他的"物理学"（自然学说）。通过犹太人和阿拉伯人，亚里士多德的全部作品才得到解释，于是它取道非洲和西班牙又重回欧洲，并在这里发挥了巨大影响。

亚里士多德的思想代表了古典文化的顶峰。就其思想技术和概念构造而言，它达到了比当时的基督教思想高得多的发展水平。

当时主要是神职人员在从事哲学，他们也就在亚里士多德的影响下理解哲学。于是他们分为两派：一派想要不惜一切代价接受亚里士多德的作品，这代价便是，使基督教的传统淹没在异教的古代思想之下；另一派则相反，他们坚持基督教的传统并且充满激情地对抗异教的贡献。托马斯·阿奎那就面对着这种精神的分裂——并且这一点具有特别的历史影响，他后来成了圣托马斯、天主教会的天使博士；也就是说，他成了教会的权威。他尝试着在亚里士多德主义和基督教的思想传统之间建立起一种综合。

在谈亚里士多德时，我们就提到过哲学史中的三位伟大的体系创造者：亚里士多德、托马斯和黑格尔。人们可以花一辈子去读托马斯，就像对待另外两位一样。但在这里我们只限于讨论几个方面的问题。他最为著名的作品是《神学大全》(*Summa theologica*) 和《反异教大全》(*Summa contra gentiles*)。我们想要从中看出一些本质性的东西。托马斯尝试综合亚里士多德主义和基督教传统。从亚里士多德的思想中，他首先接受了这种观点：对世界上的被创造物采取等级秩序的和构成性的观点。这里涉及的是被创造的世界的统一性的难题。但在亚里士多德那里，讨论的却并不是一个被创造的世界。在古代哲学家那里根本就没有什么激进的创造。

但现在，在基督教的视角中，世界却是被创造出来的。托马斯从亚里士多德那里借来了关于被创造的存在者的框架，这种框架描述了一种不间断的等级秩序。在这个框架中，有植物，然后是动物，在这之上还有人。在人自身中也存在一种等级，然后它也分为灵魂的各个部分。最后则有纯粹的精神或纯粹的行动，人通过他的理性部分参与其中。

那么，托马斯是如何使这种结构与基督教的观念相符合的？他是这么看的：他让物质的形式处于等级秩序的最底部，这就是说，形式或多或少地与物质混杂在一起。在物质的形式之上他安排了纯粹形式，这就是说，一种非物质的、从物质中摆脱出来的形式。而在这两者之间，在这界限上——作为物质的最高级形式，同时也是最为低级的纯粹形式——，他看到了灵魂，它处于人类之中。

人的不死的灵魂是物质与形式相混合的最高形态，它确实被束缚在一个身体上（我们还记得，在亚里士多德看来，灵魂是身体的形式）。但它同时也是纯粹形式的最低形态。在人的灵魂之上则是纯粹形式的等级，它没有掺杂物质：这就是天使的等级。

在这里，我们遇到了一个全新的概念，它不是来自亚里士多德的，但它在某种意义上延续了从这位古代哲学家那里借来的连续等级。也就是说，下面是物质的形式，上面是纯粹的形式（天使）；处在边界上的则是人类的灵魂，它既是物质的又是纯粹的。天使又构成了一种等级秩序。这不是一种由不同种类的天使构成的等级，就像不同种类的生命体构成一个等级一样（在其中存在大量的个体）。相反，天使的等级是指，在每一个阶段中只有一个独一无二的天使。

从托马斯的思想中可以理解一点，对他来说存在一个由

　　　　　　　哲学的惊奇：从发问开始的哲学史

许多个体组成的种类，因为它毕竟是包含物质的；物质以某种方式一再重复地承载形式。但一旦我们达到了纯粹形式，这种重复就不再存在。每一个层级都是独一无二的，因此在每一个层级上就只有一个天使。

这一点符合人类精神的一种深刻的需求。一次性的、唯一的、不重复自己的的东西，这种东西比在很多个样本中都存在并且可替换、可取代的东西更为珍贵。

可以说，独一无二的东西代表了纯粹状态的价值。对托马斯来说，从不再有物质的层面来看，每个存在都是独一无二的，都从属于一个最高的存在，即上帝。

托马斯提出这样一个问题：我们究竟如何才能谈论上帝？

首先有一个要点：托马斯并不承认——这和很多人的观点相反——安瑟伦所提出的那种上帝存在的本体论证明。为什么呢？因为——托马斯说——本体论证明是从一个概念出发，这个概念是我们作为人类为上帝创造的。我们拥有关于一个完善的上帝的概念，并且这种完善性包括了实际存在。但这种论证，托马斯说，对人类精神提出了过高的要求。我们并没有证明，人可以从自己为上帝制造的概念中推导出证明上帝实际存在的方法。不能。托马斯的做法完全不同。

在此要提到托马斯的思想中的一个特征，这使他看起来和亚里士多德颇有渊源：他对连续性的努力追求。悲剧性的思想、撕裂的东西、分裂的东西离他很远。例如，我们在奥古斯丁那里已经看到了悖论、荒谬的东西的作用。在托马斯这里我们则看到一些完全不同的东西。托马斯总是试图指出不断攀升的连续性。连续性使我们不断回到起源。

因此他所接受的上帝概念并不像在本体论证明里的那样，是简单地来自人的精神；相反，他想要通过沿着我们所认识的事物的一系列次序前进，并将它推进到最高的边界概念的那个点上，来逐步接近关于上帝的概念。这种思维方式是很亚里士多德式的。对此有个例子：我们看到一个运动中的事物；在世界中存在运动。这种运动从何而来呢？一切运动都来自一个推动者。而这个运动者的运动来自一个不同的起源，这起源本身就是一个推动者。我们从一个推动者回溯到下一个推动者，又从这个再到下一个，等等，于是最终我们就到了一个第一推动者，它通过引导推动一切，但他自己却始终不被推动。这名第一个不被推动的推动者就是上帝。

另一个例子：假设我们看到一个现象。我们寻找它的原因。这原因是另一个原因的结果；这另一个原因又是另一个原因的结果，等等。那么如果我们沿这条因果序列返回，我们就会在终点处撞上一个原因，它不再是别的东西的结果。人们在哲学中将它称为第一原因。它是唯一的原因，它本身不再有原因。用拉丁语说就是 "Causa sui"（"自因"）；这个第一原因不再是由别的东西引起的，它就是它自身的原因。

哲学的惊奇：从发问开始的哲学史

它是自己的原因。这个第一原因就是上帝。

第一推动者的理念和第一原因的理念是两个本质上非常接近的思路。托马斯并不是从一个处于人的精神之中的上帝理念出发，就像本体论证明中那样；他的出发点其实关于事物的经验。亚里士多德也转向经验到的事物。因此我们从在世界中得到的经验出发，然后在一系列的运动中攀升，在一系列的原因中后退；然后我们被引导着接受一个第一推动者，它本身是不被推动的；以及被引导着接受一个第一原因，它就是自己的原因，所以是第一个原因。由此，作为这一连续性的最后环节的上帝，就在某种程度上被人隐约意识到了。

另一个例子：我们在经验中遇到的一切事物都是有条件的，这就是说，它们的存在是由其他东西引起的，这是它们的原因，并且它们依赖于这自身之外的东西。因此，它们也可能并不存在。如果我的父亲和我的母亲并没有相遇或者并没有存在，那么我也就不存在。我是一种偶然的或者有条件的存在物，这种存在物的必然性并非承载于自身。那么如果——托马斯说——一切存在者都是偶然的，那么是什么东西在存在的层面承载了它们呢？全部有条件性和偶然性最终必定要回到一个出发点、要建立在一个初始的必然性之上。这种必然的存在者，它的存在保证了一切存在着的事物是存在的，它就是上帝。

因此我们看到，托马斯每次是如何通过一种连续性接近上帝的，这是一条从并非自足的事物走向最终概念、走向绝对之物的道路。

另一方面，当托马斯转向经验世界时，他又相信他在阅读一种秩序，这秩序服务于一种目的性。世界上发生的事情似乎是有意义的。某种东西在世界中贯彻——它追求某种目的。它不仅仅是按照因果关系发生，而且还依照朝向某物的倾向运动。我们感觉到上帝的作用，也依稀感觉到作为最终目的的上帝。

所有这些思维范式都和本体论证明的思路完全不同。这里涉及的是运动、进步、攀升，通过实际存在的东西，达到绝对的东西。我们在托马斯这里找不到被创造的世界和神性的现实性之间有什么极端的非连续性，在被创造的世界和上帝之间也没有鸿沟——在思想和它的最终界限之间也没有悲剧性的断裂。这最后的界限可以说是在思维能力之中被把握为界限的，并且这对于思想来说是有意义的。

然而，作为界限之概念的上帝超越了一切人类概念。我们在此看到，托马斯认为，人关于"上帝"的概念不足以作为存在论证明的基础，因而拒绝这种证明。

那么我们何以可能谈论上帝呢？我们何以可能接近上帝呢？托马斯的想法始终是，知识必须为自己开创通向上帝之路。这条道路是怎样的？托马斯提出了两条道路，一条是否定之路（via negationis），另一条是卓越之路（via eminentiae）。

否定之路

关于上帝，我们无法从正面说出什么充分的内容。我们的语言是属于人类的，过于人性的。但我们可以说出，上帝不是什么。例如我们能够排除，上帝是一种有条件的、偶然的存在者，因为它——作为必然的存在者——其存在就承载着一切有条件的事物。我们可以是非本质的、偶然的存在物，上帝则不是。更进一步说，由于存在物质的和纯粹形式的等级序列，我们可以谈论它，那么就很清楚，上帝不是一个身体。并且上帝也不是那位待在一片云上的留胡子的老先生，宇航员加加林并没有遇到他。上帝也不是缺乏，不是非实际存在的东西，等等。

我们可以用否定的方式就上帝谈论很多，而不至于过度地接近它，也没有将它降到人类的水平。我们可以通过对它进行否定式的谈论，来维持它的绝对性。

另一条道路——卓越之路

我们将在自身或其他存在物身上所认识的属性尽可能地提高，以至于它超出了我们的想象力。例如我们说，一个人可以是善的；我们说，上帝是善的。很清楚，这里的"善"的意义是不同的。当我们说一个人是善的时，意思是他超越了他的自私。而这预设了在他身上自私是可能的。而在上帝那里，就不存在自私的问题。善这个词被置入另一个层

托马斯·阿奎那（1225—1274年）

次，并且如果我将它用在上帝那里，它的意义也就改变了。"善"表示一种如此高的完善性，以至于最终超出了任何一种特定意义的界限。

在托马斯看来，上帝与我们认识的其他存在物都完全不同；但同时我们也永远不应该放弃，应该尽可能多地去认识它和谈论它。在这里，我们再次看到了托马斯和亚里士多德之间的亲缘性：他们都试图沿着我们所能通达的连续性，尽可能地去认识上帝，也没有什么深渊、没有非连续性使他们绝望。

这就是为什么天主教会说：恩宠为理性加冕，它们两者并不矛盾。恩宠使理性完美（Gratia perficit rationem）。所以人们应当利用他的理性——当这种利用可能时——，并且，当人们在正确的限度内使用它时，这种使用就是正当的。但人们也应该知道，它最终必须在一个最高层次的方向上，获得其他东西的支持，也就是说受到恩宠的支持，但这决不意味着牺牲理智、不意味着智性的牺牲。

类比法

在托马斯那里并不存在智性的牺牲（sacrificium intellectus）、不存在绝望的一跃（salto mortale），无需用这些解释：我的理性是世俗的，我牺牲了它们，我献身于神性的感召。相反，要尽可能地推动理性的努力，它并不会被恩宠视为不正当地，而只会在它不再足够时被替代。

在与卓越之路的关系中，一个方法论的概念就应当被强调。这就是类比的概念。它特别重要；我已经触及过它，只不过没有说出名字。什么是一种类比？我想尝试以一种简单的方式来解释这个概念。

我们以一些事物为例，比如：一个苹果、一条狗、一个人、一段几何证明、上帝……关于一个苹果我们可以说，它是一个好的*苹果，关于一条狗，可以说它是一条好的狗；关于一个人，可以说他是一个好（或者说善）的人：关于一段证明，可以说它是一段好的证明：关于上帝，可以说它是善的。这里的词"好"/"善"，在各处的意义是相同的吗？我们立刻就会看到，并非如此。当我咬一个苹果，在咬进去时它脆生生裂开、汁水丰富、非常好吃，那么它就是一个好的苹果。关于一个人我则不会说类似的内容。关于一段证明，又会和谈论一个人有所不同，而当我谈论上帝，又会不同。

因此"好"/"善"这个词在每个层次上并不具有相同的意义。它是一种完全不同的意义吗？却又不是。在这里，我们并不是在讨论一种类似于把狗理解成动物或把狗理解成

---

* 这里的"好的"用的词也是"gut"，和前文中翻译为"善"的是同一个词。在德语中，gut 可以指道德层面的好，此时宜译为"善"；也可以不带道德方面的含义，可用来形容苹果、狗等，按照汉语的表达习惯译为"善"就很奇怪，"好"更合适。因此在译文中采取了灵活的处理，请读者留意，它们的原文是一样的。——译者注

星座这样的双重意义。

在我们的例子中，"好"/"善"这个词既不是单义的，也不是多义的；它在各个层次上，既不是截然不同的，也不是完全同一的。它是一种类比；它在差异性之中包含着某种共通性。在"好"/"善"这个词的意义中，就有某种在各个层面共通的东西。

正如我们已经说过的，多亏了这种类比学说，在托马斯那里连续性才得以凸显，因此我们也就有可能认识上帝的特质。我们可以从人类的层面借得这种特质，但我们以类比的方式赋予它一种超越的意义，这种超越的意义不同于它在我们身上所附着的那种惯常的意义。

这种类比的方法在某种程度上是与卓越之路重合的。这就是说，人从对词语的日常使用中走了出来，并且多亏了这种类比，使得从一个层次向着更高层次的进步成为可能，人们才有了一种所谓的特质，也即超越性的冲动，这种冲动最终尝试着达到最高的本质，即上帝，它处于所有观念的彼岸。这种思考方式是托马斯的特征。我们既找到了连续性，同时又找到了对差异的渴望、思想的透彻性以及一种愉悦性。它是任何悲情事物的对立面。没有撕裂、没有深渊、没有悲剧。这是一种愉悦从容的思想，它尽可能攀升得高（如同他那个世纪的哥特艺术），有必要的差异，但没有断裂。

这种思想的气氛和风格与我们今天所习惯的相当不

　　　　　　　哲学的惊奇：从发问开始的哲学史

同。还有一个表述形式方面的例子可说明托马斯的思维风格：《神学大全》的每个章节中的问题都以这样的形式提出：utrum—an……，意思是：是这样的……抑或相反的？那么我们在章节的开始处，就会看到思想有哪些可供选择的想法，或者在传统中已经采取过哪些立场。例如：人是可以将一些特质归给上帝，抑或它对于我们是完全不可说的？Utrum……an……？

这是一种相当从容、冷静的提问方式，把难题摆在我们面前：两个可能的论点。接下来是一段话，托马斯在其中陈述他的观点；他尽可能清楚、明确地表达它们。

在第三段中，他摆出人们对他的立场可能作出的或已经作出的反驳。第一条、第二条、第三条反驳。

然后是第四部分，在其中他回答——不是以古典—拉丁的方式，而是以托马斯式的拉丁文——"respondeo dicendum"……"我回答，我这么说……"；这是我对第一个反驳的回答、对第二个的回答、对第三个的反驳。然后得出结论。

可能挺学院派，但清楚明白。与我们今天所习惯的相去甚远。在今天，大部分东西都相当模糊，因为思想处在战斗之中。而在托马斯那里人们并不发起战斗。这是一种使难题变得透明的尝试。并且在这种透明中，我们很清楚地看到，托马斯本人站在哪里。

我们已经强调过这一点：托马斯像亚里士多德一样，

寻求连续性和直接性。因此在他那里也就不存在灵魂与肉体之间的紧张关系。他不是柏拉图主义者。在柏拉图那里——我们还记得——肉体对灵魂来说是一个牢笼，灵魂只有在从肉体中解放出来并离开肉体，它才是它自己。在亚里士多德那里则相反，灵魂是肉体的形式。托马斯现在则确立了灵魂与肉体之间的联系、形式与质料之间的联系。我们看到，质料是个体化以及多数性的一种原则。在没有质料的地方，就只有一个天使位于这个层次上。如果质料在那里，那么我们就有了多数的个体。于是灵魂和肉体构成了一种同一。因此，托马斯是基督教的教师和牧师，因为他教导人捍卫灵魂的不死性、肉体的复活——在这一点上教会追随他。由此他也就和亚里士多德完全不同，因为在亚里士多德那里不死的并非个人的灵魂，而只有积极活动的精神不死。

因此这种哲学是一种综合、一种对亚里士多德主义的全新加工，它完全是由基督教信仰和基督教启示所激发的。

但托马斯还是为我们在事物和事实中明确把握到的经验事物、为合理性保留了一个很大的空间，这为之后的科学精神的发展作出了贡献，并且这贡献比人们所以为的更大。

对理性和经验的重要性的信任——这种信任同时与一个作为创造者的上帝的理念联系在一起。作为上帝所创造的东西，世界是很有价值的。去认识世界是值得的，并且我们也有能力认识它，因为我们的理性具有这种功能。通过这样一种思想，托马斯就为后来的科学研究成为可能作出了贡献，但另一方面，他的神学教条又妨碍了这种发展。这种影响相当复杂，难以衡量。

另一方面，托马斯也为保证教会和国家之间的联盟作出了贡献。

对奥古斯丁来说，国家是原罪的后果，但在托马斯看来，教会和国家是联系在一起的，就好像恩宠和理性是相互联系的一样。我们处处都能发现，他关心着功能和本质的等级序列中的正确位置——这一序列不排斥任何东西，也没有断裂。

在西方的思想传统中，我们会找到两种类型的精神：断裂式的和秩序式的。两种都是需要的。这种传统的伟大之处在于，它总是会一再地产生如此不同的思想家，这些思想家都为精神形成新的可能性作出了贡献。

最后一个问题：我们应当如何评估神学对哲学的贡献？首先要注意，并不是每个人都同意：在哲学讨论自然、自然科学、伦理学、美学以及逻辑的地方，形而上学的维度就必定出现。逻辑完全可以自行运转，只要它仅仅是作为一种语言在发展自身。但如果人们以哲学的方式对逻辑加以反思，并提出例如关于真理的问题，那么，如果人们进入得够深，形而上学的东西就会起作用。

从历史上看，哲学与神学是密不可分的。但也存在无神论的哲学、反—神学的或去—神学的哲学，这意味着这些哲学将自己理解成完全脱离了神学，以至于它都不再与神学作斗争。但同样是从历史上看，人们又不能否认，这种争端、这种在两者之间划定界限的尝试总是一再地继续。在我们欧洲的传统中，无论如何都不可能从哲学史中去除掉纯粹神学的东西。

而论及两者思想的本质，那么就既有许多共同的因素，但也有彻底的差异。

彻底的差异如下：神学的思想从一开始就知道一些东西，至少在我们欧洲的传统中如此。一开始就存在一个神圣的文本、一本书、一种启示、一个机构、一个教会，也就是说，存在一些权威，或者一个权威。这种实际的存在从一开始就是被承认的，并且是比人的思想更为原则性的东西。当神学的思想从启示、书、权威或教会的教导中远离时，它立刻意识到它搞错了，它必须检查它的思路，肯定是在哪里出现了一个错误。

也就是说，从一开始就存在一些固定的东西，并且在某个地方还存在一处封锁，它禁止了提问。而在并不被神学所贯穿或不服从于神学的哲学中，追问则是彻底的。这就是说，对于我们面对的问题，我们可以一直问到尽头（如果存在尽头的话）；或者我们可以一直继续问下去，没有东西能阻挡我们；并且我们能带着某种能量去追问，我们什么都无需顾忌，只是推进我们自己的反思，以至于我们最终也能让我们的思考结果与权威、与书本相背。

　　　　　　　　　　哲学的惊奇：从发问开始的哲学史

也许哲学的道路没有尽头。有些哲学家写了那么多东西，简直能塞满一个图书馆——我们想想黑格尔。也许他们写这么多，是因为他们从来就没有能力写出他们真正想写的东西。在比如像黑格尔那样的一个体系的最内部，仍然存在着裂开的问题。有些哲学家将未解决的问题推至体系之外。在另一些哲学家那里，这巨大的问题则竖立在中心，从这个中心处的问题出发，它使整个体系充满了生命力。但一种作为哲学研究结果的静止完善的建筑，则是根本不存在的。

文艺复兴（15 世纪和 16 世纪）

我们现在来到文艺复兴时期。宽泛讲来，它从 15 世纪延伸到 16 世纪。人们没法在这里作出清晰的划分，但新时代逐步地发展起来了。

文艺复兴是一个新观念井喷的时期，在这时，制度、信仰方式和思想体系都被颠覆。在这一方面，它可与我们的时代相提并论。当然并不是在所有方面都是如此；但至少是在其冲击性、多样性、重心转移、瓦解方面是如此。

这是一个任何解释都变得可能的时代，哪怕是最不同、最对立的解释：一方面人们重回经验；人们不再像经院主义时期那样解释文本（亚里士多德说了什么？这篇文章说了什么？圣经的文本说了什么？通谕说了什么？），人们寻求经验式的方法，通过经验追问自然。

另一方面，理性在这一时代被解放出来，顺便说一下，和人们经常所相信的不同，在经院哲学时期，理性并没有受到屈辱和拒绝，但它必须承认经院哲学和界限，因为它不被

哲学的惊奇：从发问开始的哲学史

允许跳过教义和圣经。现在它从中解放出来了。这意味着什么呢？理性赢得了它自己的想象力的权利。（在今天人们经常抱怨说，儿童的智力是以他们的想象力为代价发展起来的。人们搞错了一些基本的东西：理性本身就具有想象力，不然的话它根本就不是理性。）

现在，在文艺复兴时期理性被解放出来，并且还诞生了新的思维框架、全新的理性化的思维方式；新的假设被纳入视野、新的模式被构想出来。

但我们已经提到过，这里有着互相对立的特征。回到经验主义、解放具有想象力的理性。但同时，回到起源。这看似是一个矛盾。但这意味着：回到真正起源的直接性——也就是对人文主义者来说：回到古代的文本（文艺复兴）——以及对于基督徒来说：回到圣经和神圣的文本（宗教改革）。

同时，也传播开一种全新的对自然的喜悦、对大地的喜悦，以及对它为人们所提供的一切的喜悦。并且，在同一时间中，又传播着一种对禁欲主义的辩护，它来自新教反对一种过分放纵的天主教式教育。这两种潮流——对大地的喜悦和禁欲式的保守——同时流动。它们看上去是背道而驰的，但事实上它们互相孕育。我们已经谈到过理性的解放以及它在理论领域的想象力。现在，它也开始梦想着发明新的工具、器械和手段。我们想一想列奥纳多·达·芬奇，他的飞行器。这是一个机器被想象，甚或是被幻想出来的时代，即使这设想行不通，技术的理想也已经和理性的研究结合在了一起。用马克思主义的语言方式来说，这是一种向着实践的回归。人们在中世纪只在少数几个领域关心把理性的知识变成实践上有用的东西，而现在，它占据了最为优秀的头脑。

这是一个具有很多面向、充满矛盾并且非常复杂的时代。并且从这种沸腾中，我们看到强有力的、伟大的任务出现了；人对生命的喜悦和对知识的渴求几乎是无限的：伟大的人文主义者、伟大的学者，为他们的知识和他们的研究欢欣鼓舞——但同时，他们也成了烈士，比如乔尔丹诺·布鲁诺，他因为他的天文学知识而被烧死在柴堆上，还有被斩首的托马斯·莫里斯。

这个世纪出现了一大批前所未有的著名人物。让我们想一下古腾堡和印刷术——人类历史上影响最为重大的革命之一。再想想那些冒险家、海外土地的发现者，比如哥伦布或麦哲伦。更不用说艺术家了。一种爆炸：这些人物在我们今天都是属于最为熟悉的，他们在两个世纪间纷纷涌现。

此时发生了一些间接影响哲学的决定性事件。在这一时期，人们对科学的兴趣日益浓厚。这就发生了一个转折，决定性的转折：现代科学的诞生。这里指的不只是理论意义上的科学，而且是作为技术的科学，它已经改变了我们的整个星球和我们的生活——有些人相信，它们也改变了我们自己——谁又知道——也许还会毁灭我们自己。在那时，这一改变开始了。

不同的作者对这一新时代和中世纪的关系有非常不同的解释。有些只看到两者间的对立：新的时代是对早先时代的一种反动。也有另一些作者发现了连续性。对立和连续，也许这两者都存在。

社会学家刘易斯·芒福德（Lewis Mumford）举了一个关于连续性的有趣例子。他说，修道院的钟声使现代科学和工业世界成为可能，并为它做好了准备。当时的人们并没有手表，当僧侣去到属于修道院的遥远田野时也是如此。修道院有一系列侍奉上帝的普遍的日常活动。那时，有钟声响起，僧侣便知道，他们要回修道院集合侍奉上帝了。通过这种方式，修道院的钟声就使整个生活按照时间来安排，不只是对僧侣来说如此，对于周围的村庄也是，他们也按修道院钟声校准生活。这就使得一种很有时间观念的生活成为习惯。同一个时间中，只要是听得到钟声的地方，所有的家庭都在做同样的事情。

我们看一看今天工业领域为了组织劳动而作的努力，我们就能看出这意味着什么。在缺乏时间安排的地方就会存在一种严重的障碍。如果在一个社会中人们并不习惯于在一个特定的时间去一个特定的地点聚集、一起做一件只能通过所有人齐心协力才能办到的事情，那么很多事情是行不通的。如果欧洲的人民不是已经通过修道院钟声安排他们的生活节奏的话，也就不可能发展起什么工业。这样一种历史性的视角是很重要的。它涉及一种对于未来的发展必不可少的全新的社会关系方式。相反，人们也可以强调与古代人的对比，希腊文的和拉丁文的文本显示，古代的人约定时间会约定三小时的区间。他们会约定，大概在 6 点到 9 点之间，中间有三小时的弹性空间。

让我们回到文艺复兴时期的科学及其影响。转折点主要涉及天文学。在这里发生了一些决定性的事情。空间成为无限的。

这意味着在哲学、形而上学、宗教中的一种闻所未闻的冲击；对于我们对世界的感觉、对于个人、对于生活的所有领域的冲击。

在亚里士多德那里有一个重要的概念，Topos。它的意思是"地点"，但这并不是一个无规定性的意义。在亚里士多德那里，Topos 是空间中的每一个存在物本身的地点。在亚里士多德的思想中，每个存在物都在整体中有它自己的 Topos，这个 Topos 是适合于它的。相反，让我们想一想一个绝望的人经常会说的话："我在世界中已没有一席之地。"不再在世界中拥有特定的位置；不再在世界中拥有他的位置。也许是随便哪一个位置，哪个都一样，都是可替代的。在亚里士多德的世界中，从本质上讲，这些特定位置是为每一个存在者而存在的。为什么这么说呢？因为在文艺复兴之前，关于空间的普遍观念是封闭的和以等级秩序的结构起来的。空间本身就以等级秩序的方式来划分；众所周知，地球在其中是中心。例如斯多亚主义者就认为，在最外部和最高处有一个恒星的完善圆圈。（这在西塞罗的"西庇阿之梦"中有描述。）

恒星的圆是完善性的王国，这个王国并不受制于暂时性、尘世的非完善性。当人们说"高"的时候，这个"高"也是等级秩序中的更高；这意味着，空间本身就是差异化的，它的质并非处处相同。而每个存在物都在这个按照等级秩序区分的空间中有它的位置。

那现在在文艺复兴时期发生了什么呢？几何式的空间、欧几里得式的空间变成了世界空间，或者说：世界空间变成了几何式的空间。这个几何学的空间是空的、同质的、无限的空间环境，其中没有差异、没有拥有特权的中心，它的每个点都是相等的。等级秩序从现实的空间中消失了：高、下、上方、天国的领域、非暂时的恒星，一切都落入了几何学式的空间，它无限且同质。在其中不再有位置（Topoi）。每个地点都是等价的。没有人还拥有他的空间、他的位置。更有甚者：宇宙也失去了它的等级秩序，希腊人称它为Kosmos。仍然存在一个人们能于其中发现规律性的世界，但它不再具有价值的等级秩序、不再是一个说出一种有意义的秩序的宇宙。

科学的思想脱离了价值的概念、完善性的概念——一个由上帝创造的完善的宇宙——，脱离了毕达哥拉斯式的和谐的观念，脱离了一种关于意义的观念、关于世界的最终目的的观念。当然，这一切并不是一下子就消失的，直到今天也没有。但它已明显淡化。

文艺复兴中所发生的革命被科学史家科瓦雷（Koyré）称为一种"从封闭世界到开放宇宙"的过渡。这是一场革命。同时代人对它的反应有着巨大的不同。以开普勒为例。在这不可能有"界限"的一切面前，这个几何学式的和无限的世界令他恐惧。他感受到对任何一种世界秩序、任何一种形式、任何一种事物本身的"位置"，对人性和每一个人的"位置"的威胁。伟大的开普勒吓坏了。在他的整个生命中，他都拒绝向新的洞见让步。相反，乔尔丹诺·布鲁诺则深感激动。他说，最终这是一个体现上帝荣耀的世界。它只是一个拥有无限多个太阳系、无限多个星体的世界，这是体现了神性的无限性。

从这两个例子中我们可以看出，回声不只是发生在科学的领域，而且发生在感觉、信仰和形而上学的层面。一方面是厌恶，几乎是威胁生存的恐惧；另一方面则是兴奋激动。

因此，那个时代的发现者在学者圈之外所遭遇的愤怒排斥，似乎就是可以理解的。当人们的意义感和对生活的感觉受到攻击、当他们感到不安全时，他们就被激怒并作出充满激愤的反应。于是也就可以理解，当时会有烈士。如果人们反思这个时代并且读一些当时的宗教权威所作的裁决（这些裁决经常都被研究者所谴责），人们就会自问，这些宗教权威在多大程度上意识到了他们究竟是以谁的名义说话，并在

　　　　　　　哲学的惊奇：从发问开始的哲学史

在多大程度上预感到了这条新的道路会通向何方。

直到几年前都还流行从上往下俯视这一切。简单地将中世纪的黑暗和启蒙的科学对立起来；所有不正确的都被放到一边，所有功绩都被放到另一边，相当简单化——而我们启蒙过的精神高高在上地凌驾这一切。最近几年发生的事件迫使我们自问，究竟应该用我们的科学做些什么，以及我们的科学也许对我们做了些什么，于是看待那个时代的眼光就不同了。这就是为什么对于那个时代的研究不断增加。文艺复兴激荡着今天的思想，这也是正确的：通过它，我们试图知晓我们将往何处去。

库萨的尼古拉（1401—1464 年）

人们可以将一位伟大的哲学家看作中世纪和文艺复兴之间的纽带：他就是库萨的尼古拉，或尼古拉·冯·库斯（Nikolaus von Kues），出生在摩泽尔。他是中世纪最后一位伟大的哲学家。他受到布鲁诺、开普勒以及之后的笛卡尔的重视，人们要么认为他功绩卓著，要么认为他是个罪人——究竟何者，要视评判者自己的价值观而定——这是因为他的一种说法：宇宙是无限的。

他是如何得出这个结论的？在 12 世纪人们就已经将上帝用形象的语言描述为一个球体，它的中心无处不在，它的边缘则不在任何地方。这个定义使上帝遍及各处，并且取消了它的空间性。

库萨的尼古拉将这种对上帝的描述转译为对世界的描述。他认为机械世界的中心无处不在并且它的边缘不在任何地方，因为它的中心和它的边缘都是上帝，而上帝是无处不在和不在任何地方的。这种值得钦佩的表述展现出，关于无限宇宙的理性观念一开始并不是由科学发现的，而是出于宗教的冲动；它来自一种关于上帝的观念，或者更多的是，来自关于上帝的观念的失败。基本上，这是一种将宇宙和上帝加以类比的做法。这就是文艺复兴的开端。这种关于无限宇宙的思想的影响是不容忽视的。其心理的和精神的后果、这种"哥白尼式翻转"（即洞见到地球是围着太阳转的，因此人不再能认为自己是世界的中心）——这一切都一再地削弱了这样一种观念：上帝为了人创造整个世界。在延续了几个世纪的地心说思想受到动摇之后，这一基本思想也步了后尘。

　　我们把文艺复兴时期的其他伟大思想家放置一边。我们只略提一句针对伽利略的审判。我们也不再讨论牛顿，不再讨论帕斯卡尔。我们直接转到第一批现代哲学家，笛卡尔、斯宾诺莎、莱布尼茨。

勒内·笛卡尔（1596—1650 年）

笛卡尔生活在 17 世纪上半叶，只活了 54 岁。说"只"，是与我们相比。那时的人都活得并不久。如今，54 岁则还很年轻。

他曾就读于拉弗莱什的耶稣会学校。令人惊讶的是，许多独立的精神、为精神史确立了转折点和实现新时代的人，都曾在耶稣会的传统学校中接受教育。比如，伏尔泰也是在一所这样的学校中成长的。当然，并不是耶稣会促使学生投身于他们时代的革命活动。但显然，他们在这里尝试着发展了一种思想的独立力量，而这种力量带来了未曾预料的结果。笛卡尔于 1637 年发表了他的《谈谈方法》（ *Discours de la méthode* ），这是哲学史上最著名的作品之一。笛卡尔是用法语写作这部作品的，而不再用拉丁文，也就是说，用大众的语言，而且是以尽可能专注的形式。他成功地以清晰的、普通人都能看懂的方式写作，没有使用任何传统的或现代的行话，非常简单地表达了一种全新方法的要义。

《谈谈方法》的出版意味着现代思想的开端。

对笛卡尔来说，他认为思想所试图达到的理想模型，在于数学的模式。

自毕达哥拉斯以来，我们一再地在哲学家那里发现对数学思维的欣赏。他们所欣赏和羡慕的是什么，其实是很清楚的：一种清晰、透明、有说服力的明见性。

这与我们的时代所习惯的东西完全相反，我们常傲慢地看待例如笛卡尔这样的理性主义者；我们所拥有的是我们的心理学知识、我们的精神分析、我们对于双重含义性、复杂性、灵魂和肉体的结合的知识等等。而17世纪的精神则是与这种思维相反的，对于17世纪的思想来说，一切似乎都是清晰的、简单纯粹的。

相反，我们在这里想要强调并且承认，我们不再能够完全理解理智经验的深度，而这对于当时的思想家们来说意味着数学上的自明性。他们欣赏数学，因为它具有一种对于明晰性的感觉，这是在我们身上已经变弱了的东西。我们在学校中学习证明一个三角形的内角和180度。我们证明了这一点，事情就到此为止；我们不再经验到明晰性的力量，或者很少经验到：作为经验的明晰性。

一个数学证明是一步一步地推进的，然后在一瞬间，我们将整个证明呈现在眼前，我们便会完全和彻底清楚地理解它。没有什么是隐藏起来的，而在事物那里则是不同的。以一支铅笔为例：我们立刻感到，有一支铅笔存在，而不是没有东西存在。但铅笔有密度，这是我们看不到的。它有神密，是我们看不透的。它有它自己的存在：对它自己而言，它当然并不是铅笔。它总是比我们看到的和知道的更多一点什么，它并不是"透明"的。因此，当时的人们很高兴在数学中只涉及关系，并且这些关系对知性来说完全是透明的。人们能完全确定，不是几乎确定，而是完全、毫无保留地确定。我们想起，柏拉图已经在意见和知识之间作出过区分。

意见是大概的；知识则是完整的确定性，到处都不能隐藏什么东西或留下怀疑的余地。我们在笛卡尔那里遇到了这种清晰性。但对他来说，就像对其时代的其他人一样，这种自明的清晰性属于神圣的清晰性的一部分。在清晰性中，人们会接近神性。

在笛卡尔那里，思想的根基、思想的奇迹就是清晰性，并且通过它我们将自己与神圣的清晰性相连。当我们说数学是理想模型，这是因为数学给了我们清晰性，而清晰性本身是神性的。人们能在他那里看到对清晰性的爱、对确定性的激情。

因此，笛卡尔决定去寻找清晰性；只要还没达到完整的清晰性，他就不会满意。由于荷兰是当时最自由的国家，他就去了荷兰。对一个如此冒险的精神事业而言，他必须感到自己就处在最高的物质清晰性之中。他在他的思想中严格地检验一切，只有那些完全不可能被怀疑的东西，才可以被信赖是真的。

那么他迄今为止获得了哪些知识呢？他思忖道：我经验了很多，读了很多，遇到了很多名人，听了他们的学说；我阅历很广。我到底从中学到了什么？意见和观念有非同寻常的多样性。书本上讲得互相不一样；人、民族也是如此。我又如何能达到那种与数学相匹配的确定性呢？

为了获得这样一种确定性，笛卡尔就决定开始提出追问并且练习去怀疑，人们从此以后就将之描述为方法论的怀疑。人们这样称呼它，因为这种方法绝不涉及一种对于灵魂的充满焦虑的怀疑。笛卡尔怀疑，是因为他想这样做。这是一个决定，并且是一个自主选择的方法。它是有针对性的、具有某种目的的怀疑。怀疑能允许他找到确定性。因此，这里涉及的并不是随便哪种怀疑。为了最终能完全确定地知道某个东西，他必须跨越怀疑。这种怀疑也被描述为双曲线的怀疑，因为双曲线没有边界，并且延伸到一切东西。笛卡尔想要练习一种完全的怀疑，只要他还没有遇到绝对确定的东西。因此就有了这么一条规则：如果还有哪怕最小的可能性去怀疑某事，我就把它当作错误的加以拒绝；我就当它是错的。只有当某事绝对无法怀疑时，我才认为它是真的。

笛卡尔将这种方法论的怀疑从问题的边缘引导向中心，以某种螺旋的方式引向了作为思想者的自己。首先，他怀疑他在书中学到的东西；然后怀疑他自己感性的感官知觉。也许一切感官知觉都像发生在梦里，于是人们在一切事情上都是在骗自己。他最后是在字面意义上怀疑一切。没有任何东西是确定的。他一开始就对自己说：也许我在方法论上的怀疑，最后并没有达到任何确定性；那其实也是一个确定性：也就是说，我并不能够知道任何确定的东西。他对此已有心理准备。

但他所达到的却是另一种确定性。因为他确实知道一件事，一件他可以带着确定性说的事："我在怀疑"。他完全无法怀疑：存在一个"我"，这个我正在怀疑。这就有了笛卡尔的著名说法："我怀疑，我思考，我存在。"谁在怀疑，谁就是在思考。而谁若在思考，谁就存在。于是：我思，故我在。

这里的"故"（ergo）在此并不是推论意义的词。并不是从怀疑中推导出思考，也并不是从思考中推导出存在。这里涉及的是一种直觉、一种自明，它是一下子出现的。在一瞬间，人对自己产生怀疑，这一刻他就将自己视为思想着的，并且将思想着的东西视为存在着的东西。

在双曲线的怀疑造成一切被破坏之后，我们发现自己面对着唯一的确定性：我们面前站着思想着的主体。这一点非常重要。我们记得，哲学就是从对存在的追问、对变迁着的世界中持存的东西的追问中产生的。站在现代的门槛上，我们却发现了这种孤独的确定性，第一次没有世界、没有周围的世界：这种思想着的主体的确定性，只被它自己经验为不可怀疑的。

勒内·笛卡尔（1596—1650年）

这是哲学思想史上无与伦比的时刻。之后，人们可能去批评笛卡尔的哲学的任何一个部分——甚至"我思，故我在"这个说法都受到批评——，但人们无法对他的立场提出异议，这种立场就是，在空虚之中进行着思考活动的主体的那种孤独的自我肯定。

但这一说法却缺少某种建设性：我思，故我在。人们可以说，除了自己的自我之外，它不会导向任何东西。如果只存在主体，那么人要如何获得其他知识呢？人能满足于只设定思考着的我吗？当然不是——笛卡尔感到要从这里走出去是很困难的。现在，在他的思想中就有了一个断裂。

他首先建立了一种正确地思考的方法和规则：除了一种确定的自明性之外，不能从其他任何东西出发。对于我想要思考的任何东西，我都要对它加以分析，直到我能获得非常简单的要素。然后，这些简单的要素又会按照一种复杂性不断递进的秩序重新被组合起来，这样，思想就能清楚地把握复杂的现实性。最后，整个序列还应当被检验，这样就能确保不存在任何间隙、并确保清晰、完整的顺序。只有这样，人才能谈论知识。

笛卡尔解释说，他的研究会持续很长时间，而在此期间生活并不会停滞。他对于生活中的日常要求有一种敏锐的感觉。当人花很多时间和练习去寻求确定性和自明性时，生活是不会等待的。因此他在进行理论的研究时，就需要一种关于他的实践行为的临时性道德。

对比是惊人的。在同一段时期，他既以彻底的大胆态度对自己的整个知识、自己的整个世界观进行根本性的追问，同时又践行一种最为传统的道德，因为在实践生活中他不想要任何困难。

由于对他来说除了怀疑和进行着怀疑的主体之外，还没有任何东西是确定的，因此他无法建立个人的道德。这就意味着暂且采取中庸之道，也就是说，使他的行为符合社会的要求，以不引起周围任何麻烦的方式行事。对哲学思考来说，这种冷静是不可或缺的，也是决定笛卡尔的思想进程的前提。用他的临时道德来把笛卡尔说成是一个循规蹈矩的人是不公平的。相反，他的行为是使他能够提出开辟现代激进问题的条件之一。

为了找到确定的东西，他必须制造出不可能欺骗他的概念和思想链条。清晰明确的概念。我们今天也格外想要强调这种清楚明白的概念，因为我们生活在一个人们更喜欢使用混乱、膨胀和错综复杂的概念的时代。清晰明白的概念，这意味着：当一个概念被彻底地定义，也就是清晰地和其他概念区别，那么它就是清晰的。并且，当一个概念的内容在精神看来是完全透明的，那么它就是明确。所谓清晰指的是，这个概念处于某个范围之内；明白指的是，在这个范围之内的情况。我们需要清晰明确的概念，如此就能以合适的方式思考真理。

现在，人们能不能从最初的确定性中——我思，故我在——进一步走向其他的自明性？笛卡尔发现，人不可能直接从思想着的我的确定性走向外部世界的存在。他完全没有找到通道。但他却找到了一条从思想着的主体通向上帝实际存在的道路。他坚称，他自身中有关于上帝的理念，这就是说，有一个绝对完善的存在物的理念。但他自己却是一个充满怀疑的主体，而在怀疑中就有着不完善性。作为一个不完善的自我，他无法成为一个完善的存在物的理念的来源。由于一个完善的存在物是能够被设想的，那么这种完善性的观念就必须是来自某个存在物，这个存在物至少要和这种观念一样完善，那就只能是来自上帝。

我们在这里有了一个上帝存在证明的全新版本，它现在使思想着的我发挥作用。人们不再谈论作为概念的上帝，这个概念的本质就包含着实际存在；但从一个非完善的主体中，却绝不会产生一个完善的存在物的观念，这个观念只会存在于完善的存在物自身中、存在于上帝中。由于完善性的理念对笛卡尔来说只能从一个比我更完善的存在物中产生，因此上帝的理念已然存在于思想着的主体中，这个事实就已经是一种行动，是上帝当下就存在于观念之中。

这个版本的证明向我们展示出它与本体论证明（我们已经在安瑟伦那里看到这种证明了）的相似性和区别，它使我们能够非常切近地观察新时代的门槛上的新事物。具有决定性的不再是对概念的逻辑分析，而是它的来源，概念是从思想着的我的内部浮现的，思想着的我从这样一种自明性中获得他的本质，它使神性的贡献展露出来。这样，上帝就在它的实际存在中得到确证，而笛卡尔也不再能怀疑它——上帝的实际存在。

在这里贯彻了一种很有特色的思想运动：我们记得，笛卡尔想要怀疑一切。为了让自己更好地怀疑，他还假设了一个邪恶的精神，想要通过似是而非的自明性欺骗他。现在他为什么又不再想，他是被一个邪恶的精神骗了？让我们记住：笛卡尔一开始是追求清晰明确的理念，因为只有通过这样的理念才有希望达到真理。现在，由于上帝已经被证明了，那么他对清晰明确的理念的信任就得到了证实：如果上帝存在并且是一个完善的存在，他的完善就暗含着他是真实的；如果上帝是真实的，就不可能想象出一个恶魔，它竟会比上帝更强大，而且还能通过清晰明确的理念欺骗人的思想。也就是说，当我努力去达到清晰明确的理念、当某个东西在我看来是建立在清晰明确的理念的基础上，那么上帝本身就是对我所思之物的真理性的担保。

我们看到，在这里发生了一种循环的思考：通过清晰明确的理念，上帝的实际存在通过清晰明确的观念得到了证明，上帝的存在又保证了这些观念的真实性。但我们可以将它理解为一个方法论的循环，而不是普通的绕圈子。

从根本上讲，这不是一种逻辑上的，而是一种生存论的循环思想。人们冒险探究，然后人们所发现的东西证实了他们冒险去做的事情是有效的。

神圣的真理保证了清晰明确的理念的有效性。从那时起，这种证明对笛卡尔来说就具有了某种宗教特征。

今天的哲学经常倾向于将笛卡尔的理性主义视为某种过时的、肤浅的东西，因为他没有考虑到心理学、黑暗面、歧义等等东西。这些批评者低估了笛卡尔那里的理性主义的经验特征。理性的被经验到的自然具有一种宗教的味道；证明的清晰性具有某种神性的东西，并且对思想的理性运用就是一种宗教行为。

但如果上帝是对我们的思想的保证，那么如果我们有时确实搞错了，那该怎么办？在这里笛卡尔就提出了关于谬误的问题。在他看来，谬误产生于我们的精神之中的意志和认识能力之间的错误关系。我们的意志是无限的。它和上帝最为相似。人的认识能力则是有限的，它和意志相区别，并且由于意志将认识能力带到了它的界限之外，这就使人陷入谬误。这就是错误关系——并非由于意志是无限的，也并非由于知性是有限的，而是由于这样一个事实：人出于他无限的意志而越过了其知性的界限，这才是谬误的原因。

按照笛卡尔的说法，上帝是永恒的、不变的和自由的。要怎么理解这一点呢？当我们说"自由"时，我们会想到在时间中的行动。很明显，这三个形容词要如何与上帝联系，这是我们无法设想的。笛卡尔也承认，他完全意识到了人类知性的限度。我们并不能设想这三个形容词之间的协调一致：永恒、不变，以及自由。因为这意味着，上帝的自由使它在永恒之中可以是不同于它现在的样子。对笛卡尔来说，上帝的自由是如此之大，以至于如果它想，就可以改变数学关系，比如几何学中的关系。——这样一种论断只是在强调，意志的优先性不只是在人身上如此，在上帝身上也是如此。决断、决定的优先性。并且，就好像在我们身上首先要有意志一样，在上帝身上也是神性的决定预先确定了其他一切。因此，上帝是自由的。人们必须理解，这就是上帝的自由。

这是这样一个时代，当时有信仰的哲学家大部分拒绝给予上帝任何一种拟人化的特征。并不是按照人类的样板来想象上帝；就此笛卡尔说，上帝的自由是漠不关心的自由。自由任意地漠不关心。这是指什么呢？这意味着，上帝并不屈从于它想要达到的某个特定的结果。对上帝来说，并不存在怀疑；他并不追求什么。这是一种很深刻的思想：只有在存在缺陷的地方，才有一种关于目的性、目标的思想。而在一个完善的和永恒的存在物那里，不可能有任何目的性。由于没有对某物的追求，并且因为并不存在目的性，也就不存在人类意义上的以这种或那种方式行动，以便建立这种或那种关系的理由；这就是为什么笛卡尔认为的上帝的自由是漠不关心的自由。

如果我们不尽量去从内部理解笛卡尔，那么他的说法听起来就很奇怪。漠不关心的自由是上帝的自由，相反，对我们人类来说，这样一种自由却是自由的最低水平，就像是我们在两种效果差不多的可能性之间进行选择。对我们来说，缺乏的本质和目的性的本质，不再具有此种意义上的自由。对我们来说，漠不关心或任意而为恰恰并不是自由。于是，上帝的自由和人的自由之间的对立就非常彻底。就像我们已经看到的，笛卡尔从思想着的主体内部的确定性，走向上帝的实际存在，走向通过上帝的真实性来保证我们清晰明确的理念。

但从中却并不能引出与外部世界的明确的联系。但我们完全肯定，存在着外部世界，它以种种方式印入我们的感官和思想，并且我们对它有清晰明确的想法！因为我们知道，上帝是真实的，于是我们就能假设外部世界的实际存在。然后笛卡尔就开始反思这个世界。

他也以他的方式追问，在变化中有什么是不变的。他手里拿着一块蜡，它是硬的、白的、冷的、无臭的、有固定的形状；他将这蜡靠近火，把它加热。它就变成软的、嫩的、开始发出气味、改变颜色。笛卡尔——与米利都的早期哲学家不同——首先问的并不是在一个变动的世界中有什么保持不变的东西，而是问，在这块蜡中有什么保持不变的东西。属性是可变的，概念则保持不变。它总是蜡。

这就是为什么人们称笛卡尔为一个理性主义者。外部世界的一切对他来说本质上都是概念性的、几何学式的自然。可感知的属性并非事物中根本的东西；构成事物的本质的，是广延。广延并不是空间。它是别的东西。证据就是，有物体的地方就有广延，而没有物体的地方就没有广延。在笛卡尔那里，我们找到了一种关于广延的物理现实，以及一种对物理现实的几何化。在他的物理学中既不存在空间也不存在原子，而只有物体的广延，因此他的物理学是纯粹数学式的。

广延的现实性的世界，即外部世界，是被动性的领域；在这里只有广延和从外部引发的运动。从不会有自发的运动。运动从外部闯入，在广延的事物中引发一个向前运动，又引发一个相反的运动。

笛卡尔的哲学是坚决且彻底的二元论。有两种给定的东西：广延和思维。思维是主动的、自发的。广延是被动的，并且只会被外部事物推动。

笛卡尔从中得出两个要求。

第一个：广延、自然，它必须只通过外部性来解释，即通过机械理论，而不能通过内部的、或多或少魔法式的"力量"或特性来解释。就连有生命的物体也服从这个真理。由此在笛卡尔那里就产生了关于动物是机器式的生命体的理论。动物的身体是广延，也就是被动的和服从机械论的。就连人的身体也是一个机器，并且笛卡尔想进一步用"动物精神"（esprits animaux）的机器来解释激情，在他看来这也是属于身体的东西；他也是这样理解各种各样的

"体液"（des humeurs）。

因此，他的生物学基本上是物理学的一部分。尽管我们感到陌生，但还是必须理解，笛卡尔在他的时代为现代科学做出了巨大贡献，因为他只对事物进行清晰的、可证实的、机械论的解释。由此他就洗去了中世纪的解释中的灵异特征，例如通过一种神秘的可见光来解释光线等等。

第二个：思维、思想。精神、从精神中产生的东西对他来说是纯粹的内在性和纯粹的主动性。意志和理解都不是由外部推动的。这与今天的情况相去甚远，在今天人们对于比方说艺术品以及犯罪都只尝试用外部的影响去解释，这就否认了人自己的责任。在笛卡尔那里则相反，他对责任的主张是全盘的，这是彻底的内在性、自发性和精神的自愿性所要求的。

这种二元论提出了一个困难的问题。最终笛卡尔也必须看到：如果他意愿抬起手臂，那么这手臂是在广延中抬起。如果他身体哪里有疼痛，那么他的精神也感受到了这种疼痛。笛卡尔并未解决这一灵魂与身体结合的难题。他做出了尝试，并将小脑底部的部位松果体视为结合发生的场所。但这不是真正的解释。难题并不在于：结合发生在哪里？而在于：两个如此相异的实体如何互相影响的？但这种双重的要求，即对广延中的机械论的解释，以及对思维中的绝对责任，对于笛卡尔来说都是如此的重要，以至于他牺牲了其体系中让人满意的联系。

另一方面，他的思想允许了灵魂的不死性。身体属于广延并瓦解于其中。灵魂作为思想的纯粹内在性则并不随身体一起瓦解。

笛卡尔的哲学通向了怎样一种道德态度呢？它非常接近于斯多亚主义。它涉及对已有秩序的预见。一旦一个人掌握了上帝所确保的必然性，他就会在自己身上获得宁静，只有这种宁静才能使人作出正确的判断。于是人们有理由说，清晰地看，以便正确地做。在这里，人们也能看到笛卡尔式的精神清晰性、他的生活常识：人们并不是在哲学练习中学会正确判断的。它是一种习惯，人们必须锻炼他的精神，去习惯要求自己进行正确的思想和判断。一旦人养成了这种习惯，正确的判断就会带来最高的幸福，带来自明性。然后，思想者就体验到一种极乐。

斯宾诺莎（1632—1677 年）

斯宾诺莎出生于阿姆斯特丹，他来自一个葡萄牙的犹太人家庭，整个一生都在荷兰度过。对他来说，思想的独立性和作为人的独立性是最重要的。他靠磨光学镜片这种手工劳动为生。他的一生都很贫穷，以至于莱布尼茨和其他朋友都要为他的葬礼操心，帮他保存手稿。

他活着时只发表了两部作品：《笛卡尔哲学原理》和《神学政治论》。并且由于这些作品，尤其是第二部作品在社会中引起了一番巨大的公愤，他决定不再发表任何作品。因此，他的作品中的很大一部分是在死后才出版的，他的代表作《伦理学》也是如此，这是西方哲学史上的杰作之一。斯宾诺莎生前并未听到关于这部作品的任何反响。

他去世时只有 45 岁。他本可以过另一种生活：有人向他提供海德堡大学的教授席位，那是一所当时很有名的大学。他拒绝了，因为他想着，如果接受这个职位，他就会失去他的独立性，人们会不允许他思考和教授他的所思所想；

而他更看重的是保持独立。

独立性，不惜任何代价，这就是他的生命和思想的一个重要特征。当我们了解过斯宾诺莎的核心思想之后，对这一点会更加印象深刻。他称之为必然性。独立性—必然性，以连字符连在一起，这就是斯宾诺莎。

让我们尝试理解这种明显的悖论。我们在这里只讨论斯宾诺莎的《伦理学》。它是用拉丁文写成的，副标题是"用几何学方法论证的伦理学"，这就是说：用几何学方法去论证伦理学。这让人惊讶，因为谈论伦理学，意味着将自由带进来；那些没有自由的东西，是谈不上伦理的：如果一块砖从屋顶上掉下来砸死个人，这块砖并不是做了一个不合乎伦理的行为，因为砖是没有自由的。于是，谁若讨论伦理，就是在讨论自由——那么我们又要如何以几何学的方式讨论指向自由的伦理呢？

第一章是"论神"。这部作品就像几何学一样，从公理、定义开始，接着推导命题。斯宾诺莎与欧几里得的不同之处，也是斯宾诺莎允许自己享有的唯一一种自由，就是他会插入附释，即某种写在页边的评论。如果他觉得某个说法在哲学上特别重要，那么他就会在证明之后加上附释，有时可能长达数页，在附释中他会更自由地发展他的哲学思想。

这种几何学形式的哲学意义是什么呢？

伦理学能够以几何的方式被证明。因此我们必须去理解，在斯宾诺莎那里伦理的自由与几何的必然性是如何结合

斯宾诺莎（1632—1677年）

在一起的。借此我们就快要接近斯宾诺莎思想中的核心部分：自由与必然性之间的联结。他最终发现：自由就是必然性。必然性就是自由。但我们必须跟随他走一遍通向这一结果的道路，而不是仅仅将结论摆在桌上。

"论神"这一部分是从讨论实体（Substanz）开始的。神等于实体。这让我们联想到米利都学派。但在斯宾诺莎那里，实体被理解得非常透彻。它不是水、空气、不是无限定的东西。实体是存在本身的基础，它在自身中、通过自身、为了自身而存在——这意味着存在的绝对自足性，除了自身之外，不依赖于任何别的东西。这就是实体。这就是神。实体是永恒的，而永恒对斯宾诺莎来说，就是无时间的。

我们已非常远离一种基督教式的观念。神—人是一种悖论，这种悖论对于斯宾诺莎是完全陌生的。他完全站在犹太教的传统中，严格地拒绝任何拟人化。

这种实体、这种自足的存在具有属性（Attribute）。这种属性不容易解释清楚。它们是神展现自己的方式。当我们说，神是在自身中、通过自身而存在、是自身的根据，我们就面对着一个完全封闭在自身之内的存在，它并不展现自己。属性则是实体的展现方式。在斯宾诺莎看来，存在有无限多的属性，但我们只认识其中的两种：广延和思想。这让我们想起笛卡尔，但在这里指的是完全不同的东西。在笛卡尔那里有一种彻底的二元论，在斯宾诺莎那里则只是同一个

哲学的惊奇：从发问开始的哲学史

实体的无数多个属性中的两个属性。每一种属性都是无限的，神则是绝对无限的。神是无限多个属性的无限性。

由于实体是"一"，并且没有任何东西外在于实体，它的统一性就是它的必然性。只有当多种因素介入时，非必然性才会存在。当我们只有一个实体、只有这一种独特性而再无其他时，就不存在二元论。它的存在就是必然性。

斯宾诺莎将这种实体的必然性用作对抗任何一种目的论的武器。我们已经看到，笛卡尔将漠不关心的自由赋予神，以便不再必须将任何目的论的思想归给它。斯宾诺莎在这一点跟随他，但走得更远。他并不是将漠不关心的自由归给神，而是将必然性归给它；神是必然性。并且当人们想要谈论神的必然性时会发现，对神来说，自由和必然在严格的意义上是同一种东西。

按照斯宾诺莎的看法，目的因是一种人类的偏见，这是与神的理念完全相悖的。但在他看来，这也与真正的自由相悖。这是什么意思呢？当我们因为自己的缺乏而追求某些目标时，那么我们就是不自由的。相反，我们被我们的缺乏所奴役。真正的自由在于，承认和赞同一种实体以及从中产生的必然性。让我们尝试解释这一点。

它基本上类似于对明证性及其约束力的体验。当人们在几何学中向我们证明，三角形的三个内角之和是 180° 时，我们会说："我理解了"。这意味着，我们赞同这种证明的约束力。我们不可能说："我理解了，但我并不同意这种理解。"只要某物是必然的，我们立刻就理解这种必然性并且把握到它，我们的精神很高兴承认对这种必然性的证明，也很高兴承认这种必然性本身。在斯宾诺莎那里，真正的自由也是如此。

真正的自由，从根本上说就是承认真实实体的必然性。这种承认不只是一种知性层面的理解，而是一种涉及同意的理解，就像在几何证明中那样。我们同意，因为这证明说服我们了，因为它赢得了我们的理性的同意。

因此，对斯宾诺莎来说，最终原因不只是与上帝的理念相悖，而且与真正自由的理念相悖。对笛卡尔来说并非如此。他的说法相反，漠不关心的自由是人的自由的最低水平。对上帝来说则相反。

但现在，对斯宾诺莎来说，人的任务就是尝试着去追求神性的必然性，以便不再当人性欲望的奴隶。自由和必然性在这里是真正同一的。

这有点像我们在斯多亚主义者那里看到的。自由对他们来说意味着承认世界的必然性，这种必然性是从世界灵魂中产生的。这种学说要求人类的自由也有一种与斯宾诺莎所说的相似的运动，即使并不是建立在理性的证明的基础之上。两者达到了同一种伟大的东西。

我们不会感到惊讶，一个人将他的独立性置于一切之上，哪怕以贫穷为代价，他也要为一种如此大胆的哲学辩护，这必定使他与所有的宗教都发生冲突。斯宾诺莎与犹太教的社区和基督教的教堂都相处困难，也是因为如此，他并没有发表他的大部分文章。但也正是这同一个人，将某种东西视为最高的善。人们在他的作品中发现某种理性主义式的神秘主义。伦理学以几何学的方式证明：神性的必然性应当以一种数学的方法得到清晰地展现，这种必然性与我们对目的因的不断追求背道而驰，它坚信意志与知性的同一。

斯宾诺莎的实体与巴门尼德的实体观念类似。在巴门尼德那里，实体是唯一的、简单的、不可分的、永恒的。但在他那里永恒并不意味着持存。它是永恒的，因为它是存在本身，并且在这里我们遇到了一种与圣经完全符合的传统。"我是永恒之物"在巴门尼德那里意味着："我是我所是的东西"，并且这意味着："我是存在"；而并不意味着：我持续存在着，而是："我是存在"——斯宾诺莎那里的实体也是在这一意义上是无限的。它就是神；因此，人在世上行走，是由于人从实体中走出来、从神中走出来："来自神"。

斯宾诺莎的哲学就好像某种本体论证明的广泛而丰富的展开。在中心处，我们找到一个信念，按照这种信念，神就是实体。在斯宾诺莎那里，神—实体的实存是必然的。它不可能不存在。我们在这里找到一种存在的密度、本体论的充实或存在的力量——这些说法相互融合——，只有一种神自身之内的矛盾才能阻止它的实存。而斯宾诺莎说，这是不可能：由于神是绝对无限的，它就有一种无限的实存的力量，并且在它之外也没有任何东西能够遏制它的力量、遏制它成为实际存在，因此它必然存在。如果说对斯宾诺莎来说有什么令人信服的洞见、有某种确定性的话，那么就是这种。其他的一切都可以从中推导出。只有这样它才会是自明的。而认为神并不实际存在的想法，由于存在的密度，这种想法在关于作为实体的神的观念中是不可设想的。

在这里我们可以做一些评论。我们在那个时代的思想家如笛卡尔、斯宾诺莎、莱布尼茨那里发现一个共同的特征。对这些思想家来说，存在是存在着的，这是"自然的"，而虚无也能够存在，但不是"自然的"。我们时代的海德格尔则相反，他问道：为什么存在是存在着的，而无不再存在？这么问似乎意味着，对我们的时代来说虚无是比存在"更自然的"、更原初的。因此存在若要存在，就需要一种特殊的因果性，不然的话虚无就会存在。存在之所以存在必须得到解释，而什么都不存在，则显得是不需要解释的。这是一种新的态度。在思想的整个历史中，人们都从这样一个观念出发：存在是存在着的，而虚无并不存在，这是"更自然的"。尤其是在希腊人那里，他们并不需要创世这一概念。从犹太—基督教的传统开始，人们却需要一种创世，由此才存在一个世界，但神的存在则是永恒的。作为存在的神似乎是不可动摇的。在特定的意义上将虚无之存在、将虚无看作首要的，并且认为有某物存在这件事需要一种解释，这种看法是一种现代才有的倾向。

斯宾诺莎同样也思考存在的充实。这一点很重要。对他来说，无限的神在它那实存的无限力量之中，竟能被随便什么东西阻碍，这是不可能的事。在此，存在的实存在它的充实中建立起了一种一元论。

笛卡尔那里的两种实体，变成了我们所不知道的无数种属性中我们所知道的两种属性。广延和思想就是实体的两种属性。神是自因的（causa sui）并且是一切存在的事物的原因；是的，它是一切存在着的东西。并且由于它是一切、因为除了通过神性的实体，不可能有其他形式的存在，所以我们不只是在讨论一种一元论，而是在讨论一种泛神论。

在我们理解了属性这一概念之后，我们还必须解释样式（Modus）这一概念。在斯宾诺莎那里我们找到以下概念：实体、属性和样式。

样式是实体的分殊。这是什么意思呢？分殊（Afficere）是拉丁文，意思是对某人或某事做些什么。因此一种样式就是实体的一种过渡性的存在方式，它显现在我们所认识的两种属性之间。样式没有自在的存在，没有通过自身的存在或从自身而来的存在。它是实体的反面，是通过别物、从别物而来的存在。它在它的存在中完全依赖于其他事物。有广延属性的样式和思想属性的样式。比如这本书，就是一个广延属性的样式；我们所表达的思想内容，就是思想属性的样式。它们是在实体的属性中相互依循的个别形式。按照斯宾诺莎的看法，样式是无限多的，它们都从实体中必然地产生。

如何产生呢？并不是通过因果性。样式从实体中流出，就好像三角形的特征从三角形中流出。这就是说，样式之所以是它所是，其基础在于存在、实体、神的自然本性。三角形并不是三个角之和为180°这一事实的原因。并不是现代所使用的语言中的"原因"。样式来自实体，它是通过一种从实体中生发出来的必然性，而是其所是的。

必然性与自由的关系真正将我们带向斯宾诺莎哲学的中心。并且由于我们将哲学的惊奇作为主题，我们就可以假设，他的哲学来自他深深地惊奇于，这种联系何以产生：一方面是神，另一方面是我自身中的绝对的独立性。

例如，萨特在他的作品《存在与虚无》中就断言，如果神存在着——自由的主题就不可能存在，因为神仅凭其实存的重量，就几乎排除了主体的自由。斯宾诺莎的出发点则完全相反。他既不牺牲神，也不牺牲自由，而是试图在最深的意义上为这种冲突寻求解决。因此他提出：神是一种自由的原因，它是一切其他事物的自由的原因。这就是说，神是唯一按照它的本质的必然性行动的。我们在这里找不到任何笛卡尔所说的那种神性的自由的痕迹，可能改变法则，甚或改变数学关系的神性的自由。在斯宾诺莎那里，神性的自由的概念中没有任何可变的东西的阴影。自由——它意味着：符合其自然本性的唯一必然性。根据神之中的存在之密度，它的自由是在一个更高的尺度上具有约束性，它比任何一种其他事物的必然性所能达到的更高。在这里，自由观念在神的自然本性之中与永恒的必然性完全吻合。没有脾气、没有变化，没有任何问题。

斯宾诺莎是思考绝对的卓越哲学家，并且由于他"在绝对中"思考，我们通常在相对的现实的层面上区分其至对立的概念，就这样被同一把火吞噬了，对立反面变成了统一。

自由和必然不再是对立的两极，而是在绝对中成为同义词。对神来说，自由就是按照它自己的必然性去存在，因此神是自由的，这与神是必然的是一回事。神的自由与它的必然性吻合，并且也与一切从它之中产生的必然性吻合。因此如果我们认为，来自神的东西所进行的强制，是与我们的自由相对立的必然性，那么我们就可以确定，我们在关于自己的自由的事情上欺骗了自己。我们的真正自由只能是神的必然性。并不存在反对神的自由，因为一切都是神，包括我们在内。

斯宾诺莎在这里区分了实体或神的两个方面，也可以说两种功能。Natura naturans 和 natura naturata。我们可以将它们翻译为"创生的自然"和"被创造的自然"。创生的自然对应于实体，它是自因，它是其自身的根据；被创造的自然则是从实体的必然性中流溢出来的，是它的样式。而必然性在神（实体）之中与神的自由相吻合，这是它的自然本性，它在世界中采取了必然性的形态。世界中的一切都是必然的。

"偶然性"是指可能发生，但也可能不发生的东西，或称"可能性"：这两个概念所描述的都不是现实的东西。它们的产生仅仅是因为我们对基于必然性的原因链条及其来源的无知。只存在必然性与不可能性，它们都是从神性的必然—自由中流溢出来的。

当我们谈论万物从中流溢的那种神性的完善时，我们必须理解，斯宾诺莎指的是什么。"完善"在这里并不意味着与某种价值框架、与目的因有关，也不意味着存在某个追求、人们把这个追求之物称为完善，也不意味着美的东西或令我们幸福的东西。不。当我们说："一切都从神性的完善中流溢出来"，这就是说，"一切都是必然的"。这样一种理解，即一切都从神的必然性的角度思考，就彻底消除了人类意义上的善恶之分。如果只存在必然性和不可能性，善和恶就消失了。这意味着，斯宾诺莎的伦理学在其核心处，拒绝了通常被称为伦理的东西。于是就达到了我们一开始所说的那种"理性的神秘主义"。既不是善，也不是恶：与几何学相结合的哲学摧毁了目的因，它只是一种偏见。善与恶之间的区别是来自我们的、来自我们的立场的相对性。从神的视角看来——而且这样说就已经是太过人性了——，对于那些理解神的必然性的人来说，就只存在完善性。

对笛卡尔来说无法解决的难题，在斯宾诺莎这里是很容易解决的：身体与灵魂的统一性问题。身体和灵魂变成了一个实体的两种属性的样式。身体广延的一种样式，灵魂是思想的一种样式。它们之间的从属性是很容易理解的，因为它们两者都属于一个实体。只是人们不能将它们理解为相互作用的，因为并不存在两种属性，也即思想和广延之间的某种交互作用。只存在身体中所发生的事情和灵魂中所发生的事情之间的平行，因为一切都发生在同一个实体中。斯宾诺莎说，理念的秩序和联结，与事物的秩序和联结是同一的。这是一种统一性、一种两个角度下同一的必然性，但并不是相互作用。在实体中，两者是同一的。身体与灵魂，在更深处是本体论上的一回事，它们是同一种存在。

我们想再次回到自由和必然性之间的关系，以便对它加以说明。

当任何一个人被追问时，他就会试图为他所做的某个决定给出理由。但他有时感到，即使没有这个理由，他的决定可能也不会有什么不同，因为这决定是根植于他的本质存在的最深的自由之中的。当出现这种情况时，他觉得所给出的理由即使不假，也是不充分的，因为没有达到最深处；并且他这样决定，是因为他就是这样一个人，他不可能有别的做法。那么，在这种意义上，自由就是人不可能是别的样子，这就是自由和必然性之间的吻合。我们能在我们的个人生活中制造这样一种经验，并且它恰恰表明，当我们知道，我们不可能做出别的决定时，这才是一个出于绝对自由的决定。通过这种方式，我们作为人类就经验到了自由和必然性之间

斯宾诺莎（1632—1677年）

的吻合。

如果承认必然性来自单一的实体，那么，谬误这个难题又是从何而来？我们又何以可能搞错事情？（就像我们记得的，在笛卡尔那里也出现了这个问题。）既然一切都是必然的，我们怎么可能搞错呢？斯宾诺莎回答说，谬误是一种部分的认识、一种缺陷。它不是任何积极的事物，它来自我们的思想拓展得不够深入、不够广泛。我们始终处在偏见和目的因的影响下。

根据斯宾诺莎的看法，存在三种形式的认识。第一种是感性知觉，它停留在普遍的东西中，相对来说是不清晰的，并且容易导致错误，并且正是因为我们处在感性知觉的层面上，才特别容易屈服于目的因。第二种认识的形式是理性的思想，科学就是在这里发展起来的。第三种是直觉的认识。理性的认识以话语的方式进行；而直觉的认识则一瞬间探进本体论的深度。直觉的认识将样式理解为从实体中产生的，它在其中看到了实体本身及其必然性。

在科学中、在理性的认识中，我们将一个样式与另一个样式联系在原因的链条中。在直觉的知识中则相反，我们不再将样式与样式相联系，而是将样式与实体相联系。由此我们就在样式的现实性中辨认出相应的神性必然性。直觉的认识是真正的认识。我们必须追求它。

斯宾诺莎和笛卡尔都自问，激情的本质和功能是什么。在那个年代中，激情非常有力，但意志和自由也非常强有力，于是就产生了巨大的对抗。因此这值得我们去倾听，并且使自己得到宽慰。

对斯宾诺莎来说，灵魂的激情是一种认识的局限，是一种被困在无知之中的状态。也就是说，自由并不在于屈服于灵魂的任何一种激情，而是通过对必然性的洞见超越激情。

这里就有某种非常深刻的东西：当一种激情本身触及一种不容改变的必然性时，它就瓦解了。激情总是被一种残留的希望所滋养，也就停留在可能事物的空间中。对于那些能够抓住必然性的人来说，这并不是一个用强烈的意志来克服激情的问题。意志力是事先就需要的，恰恰是在抓住必然性的时候。当我们走到这一步时，激情就已经被战胜了。

这就是自由。按照斯宾诺莎的看法，自由意味着快乐和愉悦。自由理解神的必然性，它将自己等同于必然性。于是我们就能够——就像斯宾诺莎所说的——，在永恒的视角下（sub specie aeternitatis）观察。这意味着：在神的永恒必然性中，由此，灵魂的永恒性就获得了它的意义。通过神的必然性（它统治着一切有死的事物），一切都是永恒的。

我们会问自己，这是一种内在的哲学，抑或超越的哲学？人们一般会由于它的泛神论而想要将它看作一种内在的哲学：神既不在世界之前和之上，也不在世界之外。但在这种内在性之中还有一种超越性在统治着，这样一种超越的东西通过存在的最深处说话，因此人们又能将这种哲学视为最超越的。

我们最后想简单看一下《伦理学》的最后一部分中的命题42，它所讨论的是人的自由。

"幸福不是德性的报酬，而是德性自身；并不是因为我们克制情欲，我们才享有幸福，反之，乃是因为我们享有幸福，所以我们能够克制情欲。"

接着斯宾诺莎称之为证明："幸福在于对神的爱，而对神的爱起于第三种知识，而这种爱必定是基于主动的心灵。所以幸福就是德性自身。——这是须得证明的第一点。——再则，心灵愈能享受这样神圣的爱或幸福，心灵控制感情的力量将愈大。并且因为人类克制情绪的力量只在于理智，所以没有人会由于能够克制他的情绪，因而享受幸福。反之克制情欲的力量乃出于幸福自身。——此证。

附释。现在，我已经将我要说的所有关于心灵克制情感的力量，以及关于心灵的自由意义充分发挥了。由此可以明白看到，智人是如何地强而有力，是如何地高超于单纯为情欲所驱使的愚人。因为愚人在种种情况下单纯为外因所激动，从来没有享受过真正的灵魂的满足，他生活下去，似乎并不知道他自己，不知神，也不知物。当他一停止被动时，他也就停止存在了。反之，凡是一个可以真正认作智人的人，他的灵魂是不受激动的，而且依某种永恒的必然性能自知其自身，能知神，也能知物，他绝不会停止存在，而且永远享受着真正的灵魂的满足。

如果我所指出的足以达到这目的的道路，好像是很艰难的，但是这的确是可以寻求到的道路。由于这条道路那样很少被人发现，足以表明这条道路诚然是很艰难的。因为如果解救之事易如反掌，可以不劳而获，那又怎么会几乎为人人所忽视呢？

但是一切高贵的事物，其难得正如它们的稀少一样。"*

这就是《伦理学》的最后一句话。

对斯宾诺莎来说，最美丽、最卓越的东西就是他称之为"对神的精神之爱"。这种爱是精神性的，因为它指的是，去理解神的必然性。它是爱，因为如果人们一旦理解到神的必然性，人们就会想要与它结合。并且它是对神的爱，因为神与现实的整体性是相同的。

---

* 译文沿用［荷兰］斯宾诺莎：《伦理学》，贺麟译，商务印书馆 1997 年版，第 266—267 页。——译者注

莱布尼茨（1646—1716 年）

与斯宾诺莎那种内向、专注反思的生活相比，莱布尼茨刚好相反，他是一个在自己时代的所有领域都积极活动的人。他于 17 世纪中叶出生在莱比锡，在法国、英国、荷兰都求学过。在荷兰，他与斯宾诺莎交上了朋友。他四处交游。作为数学家，他发明了微积分。在他那个时代的科学中，就没有他不熟悉的。他也从事政治、国家事务、经济，这在当时是相当罕见的。理论和实践在他那里是互相激发的——哲学、政治。他是公爵的顾问。他也从事建筑学、工程学。对于教会问题，他也很关心；他试着让新教徒和天主教徒彼此接近。他主张宽容，就像莱辛以及当时的其他人一样。他与当时欧洲的所有伟大思想家都有密切的往来，因此人们会问，他怎会有这么多的时间——并且最后，他也为学生和后世做了大量的工作，他为自己的哲学写了一份小的概要，题目叫作《单子论》。

一个旁注：有一些作者，人们只需进入他的作品，而无需先理解这些思想的含义、它是在存在或思想的哪个层面上展开的。我们一点一点地进入他们，直到能够从内部效仿他们的做法。但也有另一些作者，他们的表达方式是如此简洁和严密，以至于人们不能略过其中的任何一句话，除非已经理解了它，不然的话，人们也就无法理解之后的内容。《单子论》就是这第二种作品。它很短，由很小的段落组成；我们必须努力抓住每一行、掌握每个词。

莱布尼茨的哲学与我们所知道的东西息息相关；同时它又有一些根本性的全新东西。在很多方面，即使他自己没有意识到，他也都是一名先驱者。他是一个非同寻常的、充满开创精神的人，且不止于此：他在不知不觉中，伸出向未来的触角。在他那里，有些哲学概念就像早期的观念一样，它们有朝一日会成为原子物理学或精神分析中的基本概念。

莱布尼茨处在一个转折点上，他属于那种最古老又最现代的人。他是一名全才。所有的知识领域都影响到他的思想，其结果不是一种混合，而是产生一种新的思想。

我们想起，在笛卡尔那里实体是广延本身，它与几何学的抽象的、空的空间不同，后者只是一种想象出来的空间。广延——而不是空间，对他来说才是物体的真正本质。

莱布尼茨也追问关于实体的问题——我们从米利都学派起就看到这个问题了。但对他来说，事物的实体并不是广延。事物的实体是能量。能量在这里是一种活动的原则，只要人并不阻止它的活动，它就始终在起作用。莱布尼茨并不是从静止出发，然后问运动是从何而来的。相反，他从活动出发，于是就要去理解，是什么东西能够阻止能量保持活动。妨碍了运动的阻碍物必须被分析。也就是说，出发点是一种原初的能量，它作为当下的东西，包含了整个过去，并且在某种意义上也包含未来。它充斥着未来的可能性。于是莱布尼茨就很重视一个具有重大意义的概念：潜能。（我们已经就亚里士多德的同一个概念讨论了很多。）能量是一种活动，它在自身之中包含着未来，只要没有东西阻止它展开的话。

为什么实体并不是广延，而是能量呢？莱布尼茨回答说，这样的话实体的就会是连贯的，它必须是一种统一性。如果实体并不意味着统一性，我们就总能将它拆解，并且如果它是可以拆解的，它就不再是实体。实际上，实体就是与虚无相对立的东西；并且只有那些不能拆解的东西，才能与虚无相对立。因此实体在本质上就是"一"。

因此莱布尼茨反对笛卡尔，他认为在广延中无法给出统一性的原则，因为究其本质而言，广延可以被切分直到无穷。（莱布尼茨是微积分的发明者，这的确不是偶然。）广延是可以切分至无穷的，由此它就必定是由复合的东西组成的、由或多或少受到限制的东西组成。从一个不可打破的、连续性的迷宫出发，这个研究的领域永无止境，并且在其中

　　　　哲学的惊奇：从发问开始的哲学史

存在本身终将瓦解。因此，在广延中没有统一性，它不可能建立起统一性，它不是真正的实体。它并不带来现实性、不带来存在。

于是，我们必须从一个不可分割的东西出发，而这个东西恰恰是不可延伸的。在莱布尼茨那里，这就是能量。不可分的东西就是能量，莱布尼茨用一个希腊词命名它，它的意思与我们所知的含义是相同的（原子 atomos 就是不可再切分的东西），它是能量的原子、"单子"（单一、一）。能量单一体，它是不延伸的和不可分的，这就是单子。

莱布尼茨这样定义：单子是一种能量的原子。它是一个没有广延的点。不可分割。处在空间中。实在，并非抽象。没有窗户。镜映着整个宇宙。

我们想一个接一个地在彼此联系中澄清这种说法。它们似乎彼此矛盾或排斥；但对于单子的恰当的"观念"来说，这种冲突是具有构成性的。首先，单子是点，因为在单子那里没有广延，也没有可分性。它们必须是不可分的，也就是简单的，以便形成存在的现实性的基础。

每一个单子应该处在空间之中，因为每一个单子——就像我们将要看到的那样——在莱布尼茨看来不只是描述了宇宙中的一个点，而且还是某种关于宇宙的视点；因此，根据单子所处的位置，它们的视点、它们对于宇宙的视角都是不同的。因此它是处于境遇之中的。究其本质而言——不是次要的或顺便的——它是一种对于宇宙的视点。

位于宇宙中，单子是实在的点——莱布尼茨说——，而不是一个抽象的点，就好像欧几里得几何学中的点那样，借助这种点，直线和三维空间就会被构造出来。但在这里谈论的不是构造，不是在谈数学。每一个单子都是实在的。

没有窗户：这是最让我们惊讶的。这一点上莱布尼茨与笛卡尔有彻底的不同。没有窗户，这意味着：单子并不向着外部那些它所不是的东西敞开。它确实向着它所不是的东西敞开，但这种敞开是向内的。从外部没有任何东西会影响到它。我们回想一下笛卡尔，对他来说广延的实体就是机械的领域；任何广延的物体本身都是没有生命的，它只能从外部被推动，它缺少任何内在的自发性。根据笛卡尔的观点，思维之物是纯粹的意志、纯粹的内部冲动，与此相反，广延之物受被动性约束，只有外部的冲击才能产生影响。这意味着，任何广延的物体部分、任何广延中的一部分，都是完全受外部世界摆布的，也只依赖于外部世界，而从来不依赖于它自身。

莱布尼茨则完全不同。他的单子"没有窗户"。它没有广延，因此是纯粹的，从外部没有任何东西能影响它。一切都发生在它内部。它并不是消极性，而是能量。

为了能更好地理解这一点，我们也许能将单子想象为一种意识。一个意识是点状的，也是非广延的（意识不能与大脑相混淆），也是不可分的（精神分裂中的人格分裂和双重人格是一种意识的疾病，也就不再是意识）。一切意识都是

　　　　　　　　哲学的惊奇：从发问开始的哲学史

实在的，它不是抽象、不是构造。一切意识都在特定的意义上"没有窗户"。人们可能认为，感性器官就是意识的窗户。但是，感性的窗户并不是直接从外部向意识起作用的。感性的知觉，比方说蓝，我们在神经系统中是找不到它的，蓝色并不在这里面。蓝色本身并不处在意识的内部。如果一个生理学家尽可能详尽地研究神经的结构和功能，他是不会在视神经中找到蓝色的。它是一种感觉、一种意识现象。一切的意识现象都不是从外部进入的。很多事情发生在意识的内部。人不可能从外部达到一个意识，也不可能从外部影响意识。

从外部影响感性器官的神经的东西，必须被意识内部化，这样才能变成意识的现象。只有这样，它才能作用于意识，并且变成对于意识"可理解的"。如果我跟您说话，我当然就需要您的听觉神经器官；但我不是对这个器官说话，而是对您的意识说话。只有在您的意识中，神经的冲动才变成声音，然后变成词语和意义。我所说的东西，必须渗透到您的意识中，以便在那里获得它的意义，并从内部影响您的意识。在一种严格的意义上，意识只对它自身产生影响。

莱布尼茨显然对意识的内在性以及与之相关的秘密感到惊奇。在他对单子的描述中，他以极大的力量表达了这种内在性和这种惊奇。由于这种彻底的内在性，单子就像意识一样，不受任何外部的机械的束缚。

单子没有窗户，却映现整个宇宙：对我们来说作为宇宙的存在——即使我们不知道它、很少能知道它，这些存在只是可能性、是不可知之物的空间，我们必定在我们的意识中拥有它；这意味着对我们来说，整个宇宙的存在，是被映现在我们的意识中的。

按照莱布尼茨的看法，在广延中既没有过去也没有未来，在那里只有当下。单子则相反：它在其当下中浓缩了一切过去的和未来的状态。因为它是一个能量的原子，这就是说：现实性和潜在性，它不只是已经发生的事、不只是过去，而且是可能性、未来。作为对整个宇宙的映现，它将宇宙中所有过去的和所有潜在的状态都全部包括在它的内在性中。

这就是为什么莱布尼茨为单子给出了这种惊人的定义：它是宇宙的一面永恒的鲜活的镜子。它是鲜活的镜子，因为在字面意义上就是它在活着，而且它是永恒的镜子，因为作为统一体、作为宇宙的纯粹的实体，它是不可摧毁的。并且由于单子是作为鲜活的和不断前进的镜子、是对宇宙的知觉，它最终会掌握宇宙，就好像意识所做的那样。单子本身并不是意识，但它和意识相似。它相当于意识、跟意识属于同一种类型。或者换句话说：我们可以以意识为模型想象单子。

我们已经看到，单子是对宇宙的感知。但它并不是同等地感知宇宙的所有部分，它的感知具有不同的清晰性。莱布尼茨根据接收信息或感知上的清晰和明确的不同程度，他区分出"大知觉",以及模糊的知觉或"小知觉"。我们还要注意到,小知觉扮演着一个至关重要的角色,它执行一项非常特定的功能:它必须随着时间的推移保证每个个体的身份的同一性。例如莱布尼茨就很惊奇:我在夜间睡觉时对自己一无所知,但早上醒来却知道我是同一个人,这是怎么做到的?事实上这是一个巨大的谜;人躺下睡觉,忘记一切,一切都被打断,人不再知道他自己的生命——然后早上醒来,就好像这种中断没有发生过一样:我是同一个我。莱布尼茨说:当睡觉时,我们的单子还继续活跃,小知觉也继续发生。我们已经说过:莱布尼茨在种种不同的领域都是一名不可思议的先驱者。在这里,我们就已非常接近关于无意识的理论。

小的、难以察觉的知觉,这种说法在那个强调清晰的思想的理性主义年代,是一种超乎寻常的理念。也就是说,小知觉保证了连续性。我们也知道,莱布尼茨发明了无穷微积分。莱布尼茨是一个避免非连续性的人。他说:自然不做飞跃。这一切都是为了保证连续性。生命体的等级序列对他来说也是按照小知觉的清晰性来构成的。不只是人,整个宇宙都是由单子组成的。莱布尼茨区分了一种单子的等级序列。他将一个低的等级称为"完全赤裸的单子";它只有小的知觉,它没有比这更清晰的东西了,这就是植物的等级。然后是那种有清晰的知觉和记忆的单子,他在亚里士多德的意义上称之为灵魂,这就是指那些从身体的层面具有一个有生命的统一体的东西；这是动物的等级。最后，在第三个层级上是精神、理性；在这一层级上，单子能够达到永恒的真理。

但是，大知觉和小知觉之间的区别（或者清晰的知觉和模糊的知觉之间的区别），在莱布尼茨那里还扮演着一个更为重要的角色。它提出了这样一个问题：存在无限多个单子；那么，每个单子是怎样个体化的？如果任何一个单子都映现整个宇宙，那么我们就必须说，一切都是相等的，并且最终就只会存在一个东西，它在无数个样本中重复，而这就没有任何意义。以下就是莱布尼茨的原创性思想之一：他借助关于清楚的或模糊的、混乱的知觉的理论，解释了单子的个体化特征。

由于每个单子都处于空间中某个位置，它就在宇宙中拥有一个特定的视点。它确实映现整个宇宙，但根据它的视角，宇宙的某一部分是清晰的、另一部分就是模糊的。它对宇宙的某一部分就有清楚的知觉，对另一部分就不清楚，这是视其在空间中的位置而定的。

使单子之间互相区别开并且使它们个体化的就是，每一个单子都有它独特的清晰和明确程度，这取决于它们对宇宙的各自视角。由此莱布尼茨就提出了一个原则。他称之为差异性原则：在宇宙中不可能有两个相同的单子。这是为什么呢？因为两个相同的单子就会以同样的方式映现宇宙，因此它们就拥有对于宇宙的同一个视点，也就是说会处于同一个地点，那么就只有一个单子。差异性原则不只是保证了单子的单一性，而且也保证了单子的唯一性。于是我们就会看到，关于按照空间中的位置决定视点的理念，在莱布尼茨那里是多么具有决定性。每个单子的唯一性和永恒的同一性是由视点决定的。

单子没有来自外部的链接，它们并不互相进行机械式的推动，它们并不感受外部，也不遭遇外部。但由于它们都映现着一个宇宙，作为单子的它们就在它们内部互相交流。

每个单子都追求清晰地映现尽可能多的宇宙。每个单子都是主动的、是一个能量的原子。作为能量，每个能量都在对宇宙的映现中追求更多的清晰性。那么，有没有可能存在一个单子，能够满足这种对于普遍的清晰性的渴望？满足的条件是什么？它必须得是这样一个单子，它并不被局限在宇宙中的某一个视点上，而是同时具有所有的视点。就只可能有一个这样的单子。莱布尼茨称之为单子的单子，它就是神。

我们看到了一种关于神的无处不在的全新意义。在这里并不像人们很长时间以来那样简单地说，神在任何地方。它涉及的是无处不在的一种现实有效性，它正是莱布尼茨的观点的核心。因为作为单子的单子，神在任何地方都存在并且发生作用，它对整个宇宙都有非常清楚的知觉。于是，实存与认识就在它身上重合。

这一点令人着迷：在许多不同的道路上有如此不同的哲学，又能从不同的原则出发寻求完善性，即寻求单子的单子——用莱布尼茨的话来说，或者一言以蔽之：寻求神。

也有一些哲学，它们的目的是理解为什么神拒绝我们。因为哲学追求整体性、普遍性、统一性，追求一个实体。哲学要么说，它如何达到这些；或者说它并不达到这些并且为什么它无法达到这些。但哲学道路的这种多样性却并不意味着它是无用的。它们所追求的意义——神的统一性，无论它是能达到的还是不能——，都在很深的层次上取决于人们寻求它时所走的道路，即取决于贯彻对于完善性和清晰性进行追求的那种思想。

现在，根据已经获得的清楚的知觉，我想要回到莱布尼茨的说法：单子没有窗户。在此回想这一点很有趣：我们和莱布尼茨一起，处于一个这样一个时代和环境中，宽容终于成了基本的美德。最深刻意义上的宽容，不是对各种不同信念的漠不关心，而是意识到，每个人只占有整个真理中的一个部分的视角，并且是出于这样一种洞见：人不可能对一个意识施加暴力，人能把别人扔进监狱、杀了别人，但不可能以暴力的方式改变他们的意识。莱布尼茨的说法"没有窗户的单子"，也是由此产生的。

这在根本上与今天的一些理论相冲突，这些理论认为通过改变环境、社会条件、社会系统，就能改变人，就能创造一个"新的人"。在莱布尼茨那里则是相反的：一切都取决于在意识的内部发生了什么。对他来说，（单子的）意识是

　　　　　　　　哲学的惊奇：从发问开始的哲学史

一种堡垒，它从内部深处出发，抵抗外部世界。因为单子是纯粹的，并且没有窗户，因此外部的影响无法进入它们。

柏拉图说，灵魂不是理念，而是与理念有关，并且就此而言它是不可摧毁的。

在这里也一样：单子是单一的，它本身是人们无法改变的，它以它的方式生存，它以一种特定的方式相信；它生活和经历，它增长——它是能量——，但决不是从外部、绝不被外部世界改变。只有那些发生在原子内部的东西才是现实的。

也就是说，存在一种活动的原则，它在单子内部是构成性的。当我们说，它是对宇宙的知觉，指的并不是被动的东西，我们不能想象成山里的湖，它映现布满白云的天空。而是这样的：一种内在的冲动发生作用，单子被它驱动着去达到它自身实现的更大的清楚性和清晰性；莱布尼茨将这种内在的驱动称为欲求（Appetition）。

存在一种欲求原则，这对于单子来说是构成性的，并且通过这一原则它就从一种不清楚的接受过渡到一种更为清楚的接受。这是它的基本步骤。

我们应该如何想象这个整体、如何想象所有单子的共同存在？

在这里浮现了一个概念，人们经常以讽刺的意义使用这个概念，视之为莱布尼茨和18世纪的乐观主义的典型想法。这就是前定和谐的观念。

单子之间存在着前定和谐，这一点首先可以这样理解：单子不可能互相斗争，因为它的本质就根本不允许任何向着外部的行动。此外它们也指向同一种现实性；这就是说，任何一个单子都以它的方式、以它自己独特的个体化过程来前进，但它们——即使是以不同的清晰性——共同映现同一个宇宙。

那么，要如何在这样一种哲学中思考肉体和灵魂之间的关系？肉体和灵魂一起只构成一个单子，这在莱布尼茨看来是很困难的；它们实在是太不同了；那么人应该如何把握它们的关系？在笛卡尔那里这个问题已经被证明是非常困难的；我们还记得松果体，笛卡尔用它去弥合彻底的二元论。对斯宾诺莎来说则简单得多，因为在他那里，在唯一的神性实体的两种属性之间存在一种平行。

在莱布尼茨那里，由于单子互相之间具有本质的不可穿透性，这个难题就再次变得困难起来。在他那里，灵魂与身体之间的关系是通过前定和谐被规定的。他将身体和灵魂比作两座钟，它们始终显示同一个时间。它们如何才能一致呢？一座钟并不能影响另一个，就好像身体并不能影响灵魂，或者灵魂也并不能影响身体。要么有一个钟表匠，他总是按照一座钟调整另一座钟，要么它们是由一个很好的钟表匠制造的，因此它们总是显示正确的时间。对莱布尼茨来说，只有后一种解释是配得上造物神的。因此对他来说解决

哲学的惊奇：从发问开始的哲学史

方案就在于，完善性是从一开始就由神放进被造世界中的。神一开始就将灵魂和身体以一种预先设定的和谐方式创造出来。这就是前定和谐的含义。

现在，我们就在莱布尼茨那里遇到了这样一个思想，它与和谐密切相关，对于他的哲学之整体来说也非常重要，而这反过来又使他接近于亚里士多德：他再次拾起了目的因的概念。斯宾诺莎将目的因视为偏见而加以拒绝。在他的思想中涉及的是，对普遍的神性必然性加以肯定，并且在宇宙中所发生的一切事情中都读出这种必然性。

相反，莱布尼茨再次承认了目的因。这在他那里并不让人惊讶，因为单子是一种原子能量，它追求一种对于宇宙的更为清晰的映现（欲求）。"追求……"，通过单子的存在，这种追求对于世界的存在来说就始终是构成性的。就像在亚里士多德那里一样，一切都是被某种欲望推动着，从潜能向着行动过渡。在莱布尼茨这里也是一样：处于中心地位的是能量，它总是追求着、指向着，例如指向更多的清晰性。被追求的目标使得它所追求的那些可被实现的东西，成为了现实。因此，这目的就是一个原因。

目的因在宇宙中起着作用，甚至在单子的世界中也处于中心地位。莱布尼茨设定了一项原则，即充足理由原则，这正是对目的因的表达：任何东西的存在都是有充足理由的；这就是说，都是被某种它所追求的东西赋予理由的。

反过来，目的性原则又被第二种原则纠正，其中的逻辑方式是矛盾原则：没有任何东西能够存在，如果它与其他东西矛盾的话。矛盾阻碍实存。那么两个对象（事物）若要存在，它们就是可以组合的，这意味着它们有可能一起存在。矛盾是不可能的。存在一种通过目的因、通过充足理由原则，去追求更好事物的中心原则；但这一点又被对同时发生的可能性的要求所限制，这就是说，被追求的东西是不能互相矛盾的。

我们还会看到，当莱布尼茨谈到"所有可能的世界中最好的世界"时，他并不是在表达一种对于世界的完善性的天真判断，就好像他没在世界中看到过悲剧似的。所有可能的世界中最好的，这句话的意思是，再没有更好的、不矛盾的世界。

每个哲学体系都是"单子论的"，也就是说，在每个伟大的哲学体系中，一切都与一切相联系。存在某种伟大的哲学式的单调性，也就是说，人们在每一部作品中、在每一页上，都能一再认出它的创作者。

在莱布尼茨那里，我们也会说，"是的，我们在这此又认出他"，只要我们试着去看一看，他是如何在人类的层面上解决认识的难题。

我们如何认识？莱布尼茨回答说：感性只允许我们作出特定的论断，从中我们得不出任何原则，这就是说：确证的真理是能被推导出来的。作为数学家的莱布尼茨对于归纳的方法并不满意，这种方法是人们从事实——也就是从感性层面的论断——过渡到原理。数学则相反，它将我们带向必然的和普遍的真理，这是我们通过感性不可能达到的，而只能通过理性达到。我们举个例子，这个例子之后也会有帮助。这样一个命题，三角形的三个角之和成180°，它对于所有三角形都是成立的。但我们肯定无法通过画不同的三角形，钝角的、锐角的、直角的等，然后用量角器测量它们的角，来获得这个命题的确定性。不是这么做的，因为我们从来不可能通过画出一个三角形来证明，这个命题对那个三角形不成立。

因此，我们只能通过对"三角形"这个概念的理解，而不是通过感性的论断，才能达到必然的和普遍的真理。这又是如何进行的？

莱布尼茨接续笛卡尔的想法；他先是预设了我们拥有与生俱来的理念，这是我们无法从外部得到的。这个观点在一种没有窗户的单子体系中当然不让人惊讶。这些与生俱来的理念从精神走向精神。这就是说，在任何经验之前它就已经存在于那里，只是处于潜能的状态。这与柏拉图的回忆说相去不远。但莱布尼茨并不谈回忆，因为单子既不被生出来的，也不经历死亡，它是永恒的。于是理念在其自身中是潜在的，并且由于欲求的原则通过一种内在的发展而成为现实。这是一种自发的、内在的发展。这种与生俱来的理念的体系，正是人们称之为科学的东西。任何科学都追求对与生俱来的理念的体系化。那么莱布尼茨是在说经验毫无用处吗？绝不是。他说，经验会有帮助，它有助于将并不清楚的知觉变清晰。经验有其有效性，但它并不能提供必然性和普遍性，而后者是科学所不可或缺的。

单子是永恒的，我们已经说过。但并不是古代意义上的永恒：它们是被创造的，并且在它们之间存在一种前定的和谐。这两点都暗示了一种上帝的创造。于是，我们就在莱布尼茨那里遇到了神的概念。我们在他那里甚至又发现了本体论证明。但他完全改变了这种证明，因为思想的环境已完全不同了。上帝存在的本体论证明说的是：上帝的概念意味着完善性，而这就包括了实际存在。因此若要说上帝并不存在，就是矛盾的。这是上帝存在的本体论证明的逻辑形式。

在莱布尼茨那里，这种证明看起来有所不同。它是矛盾原则和充足理由原则的一种结合：没有任何存在物能像上帝那样有一种如此强大的充分理由去实存。另一方面，它不包含任何矛盾，也不存在任何与它相矛盾的东西，因为也需要同样强大的存在物，才能与它相矛盾。但并不存在这种东西。于是它去实存的充足理由的效果，就不会被任何东西否定和限制。换句话说：充足理由对上帝有最大的效用，因此，因为上帝是可能的，它就必然实存。他进行了重新思考，但依然是同一种证明。

所以神是永恒、普遍、必然的真理的基础。人在任何单子中都找不到单子自身的完善性；除非它是神。一切其他存在物都是随机的或偶然的存在物，它可能存在也可能不存在。如果它们没有被一个必然的实存所承载，即被神所承载，那么它们就并不具有现实性。同时神也是前定和谐的源泉。

因此神对于其他一切都是不可或缺的。对莱布尼茨来说，这个证明根本上在于：指出神是不可或缺的，并且没有东西能够阻止它的实存。于是它就存在。

在莱布尼茨的体系中，神是单子的单子。因此它本质上是活动，它是创造之神。它将可能的东西过渡为现实的东西。但莱布尼茨与笛卡尔不同，在笛卡尔那里，神是一个如此全能的意志，以至于它能够改变永恒的真理：而这在莱布尼茨那里是没有的。在他那里，神与它自己的必然性相等同。它不能改变永恒的真理。从莱布尼茨的神的观念看来，笛卡尔式的想法完全是荒谬的。

神的世界中的必然性，并不是斯宾诺莎式的几何学的世界，这种世界被视为在永恒的视角下。在莱布尼茨那里，我们则始终处在追求着什么、目的因的层次上，因此也就处在时间之中。因此它不是一个无时间的、无发展的必然性，而是一种伦理的必然性；一种对于更好的事物的选择，但不只是通过单个的单子选择，而且也通过神。神选择最好的。这就是莱布尼茨那句名言的由来，这句话还被伏尔泰嘲笑过：神创造了可能的世界中最好的世界："可能的"在这里意味着：没有矛盾。

莱布尼茨（1646—1716年）

如果神创造的是一个完善的世界，这对于莱布尼茨来说意味着什么呢？所有单子就都只剩下清晰的接受，也就是拥有清晰的知觉。每一个单子都会是一种对于整个宇宙的清晰且充分的反映。它们就会与单子的单子相等同，即与神相等同。那么就只会有单子的单子，而没有创造。这是一个根本的矛盾。

　　神就不会将任何东西从自身中分离出去，就不会创造世界，也不会存在被造物。于是，一个完善的世界的理念就是一种不可能性，因为在完善的世界中一切都处于完善的清晰性中，就好像是在神之中一样，而这是矛盾的。于是正确的表达就是：神创造了可能的世界中最好的。这不像人们想象的那样是一个近似的说法，而是一个非常精确的表达。莱布尼茨想说：人们想要一个世界被创造出来，想要一个世界是存在的，那么人们就必须允许被造物有其界限和前提条件。在这一意义上，神创造了可能的世界中最好的。

　　随之而来的是对"恶的难题"的回答：恶来自非完善性、界限，是任何一个被创造的存在者的实存之条件。因为被创造物本身就带有界限，是所谓在被创造"之前"就已经携带的——不然的话被创造物就会和神相等同。

　　善来自神，恶来自被造物。

　　这种恶对于被创造者来说，甚至是善的前提：因为如果不存在缺陷，也就不存在欲求的原则，即对清晰性、意义性的追求；也就不会有单子的生命、没有欲望、没有自由。

英国经验主义

约翰·洛克 (1632—1704 年)

我们转到英国哲学，同样气候也转变了。

我们在这里发现了两个典型特征：1. 在知识的领域，人们将感性经验视为基础性的；2. 在伦理的领域，他们将人在社会和国家中共同生活的方式视为决定性的。

于是，英国的经验主义和公民意识是紧紧联系在一起的。在欧洲大陆，大部分哲学家感兴趣于这两者：知识和行动。一旦他们在思想中达到了绝对，他们就想要从中推导出一种共同体生活的伦理。英国人则相反，他们发展出了成为一名值得尊敬的国家公民的能力；同时他们又对与绝对的东西的任何关联都抱有某种反感。因为在绝对中有某种排他性的东西，某种与自身并不符合、但与在一个国家中的正常生活相符合的东西，他们倾向于通过排斥绝对的东西来达成国家公民性中的妥协。因此，他们的论证理由更多的是建立在论断、经验或契约、协议的基础上，这些东西并不表示任何绝对的东西、不是为了永恒而设立的，但人们可以在一定程度上适应它。我们从中察觉到一种对相对的东西的偏爱，而且很奇特的，这种对相对性的感受，也许与一种对任何自由决定的历史具体性的深刻感受很契合。

由于我们想要追随从莱布尼茨到康德的那条特定的、连续地发展起来的思路，并且不想打断它，我们在这里就不会展开讨论英国思想家的社会思想和政治学说。

尽管洛克生活在 17 世纪下半叶，但他颇有一些特质，是与 18 世纪的思想家相联系的。他大学时研究医学。

就像其他英国思想家一样，他反对那种认为观念是与生俱来的柏拉图式理论。他不信这些。笛卡尔接受这些理念，莱布尼茨以他的方式同样接受。洛克则辩论道：如果精神并不被自身意识到，那么没有任何东西会存在于精神中。我们在这里也看到了一种对于莱布尼茨的小知觉的断然拒斥，根据莱布尼茨的看法，这种小知觉保证了单子的连续性和统一性，却不必是意识上清晰的。洛克则只承认意识，这也是很典型的。对他来说，说某物是意识的存在却并没有被意识到，这是矛盾的。他拒绝重新回忆、潜在性等观念。因此他也拒斥一种关于原初的绝对认识的思想，这种思想是在一种尘世之前的生活中就被给予我们的。这一切对他来说都是不存在的。

因此，灵魂从一开始就是一块白板。洛克想让哲学家们的眼睛向现实世界敞开。因为我们的一切观念都是后天习得的，而不是与生俱来的，并且它们都是通过感性的感觉而习得的。

观念的唯一来源是经验。有两种经验：外部经验，这是我们通过感性的感觉得到的，以及内部经验。精神不能在没有感觉的情况下工作——如果它没有获得感觉，就会空转；因为在灵魂中一开始什么都没有。洛克说，在感觉之前，我们从不会思考。先有了感觉，然后我们才思考。因此我们首先有感觉，他将之称为"简单观念"，观念在这里是作为观念、作为认识的原材料；在这之上，精神通过它的工作生产出"复合观念"，也就是通过将各种感知加以比较、抽象等等。

在此，我们肯定会回忆起唯名论和唯实论的概念。按照唯名论的理论，普遍概念只是一种声息、一个印象、一个词；在它看来只有个别的事物是存在的。而在另一边，唯实论则说，普遍概念是实在的，比如马本身。洛克是一个坚定的唯名论者；这很能理解，因为他把一切都只建立在经验的基础上。

在经验中只有个体的东西（个别事物）。我们永远不会遇到作为属的"狗"，而只会遇到一只完全特定的狗。洛克说，事实上只有个体是存在的，但我们的精神执行一种操作，去进行抽象。而通过从一定量的个体存在物中提取出共同的特征，从而建立抽象的能力，这是人类精神的一种特权。进行抽象的能力使得人们可以说话，并且解释了说话这一现象。因此概念就是抽象，它总是描述普遍的特征，并且如果我们有能力拥有语言，这正是因为我们能够进行抽象。

现在洛克发展出一个理论，它因对后世影响巨大而变得非常重要：一个关于物体具有两种类型的质的理论。

第一种质是简单的和实在的观念：坚固性、广延、运动。它的属性是实在于物体之中的。但物体还有第二种类型的质，比如颜色、气味、声音等等。这第二种质是通过简单观念（各种感觉）创造出来的，但它是我们感知它的方式的产物，因此它并不存在于物体之中。在这里我们就看到了一个关键点，它在之后也具有决定性。

第一种质在物体之中是现实的，就像我们列举过的：广延、坚固性、运动等等。而第二种质——我们列举了气味、颜色、声音——来自物体对我们的感官所造成的影响；它们是由第一种质产生的，但却是通过我们感知、加工它的方式产生，因此并不存在于物体之中。

洛克在这里——只在这里——非常接近笛卡尔。笛卡尔说：在广延中、在广延的实体中，只存在广延和运动，其他东西都并不属于现实性。

但在洛克这里更重要的是，他不只是否认物体具有第二种质，而且在他看来也不存在就这个词的传统意义而言的实体。

到目前为止，我们一直将实体视为在一切变动的东西中保持持存的东西、承载质的东西、保证存在物之持存的东西，也就是说将实体视为基质（substratum）*。对洛克这样的经验主义者来说，这是一个过于绝对、远离经验的预设：没有人在经验中遇到过实体。因为只有经验为我们创造了我们能对之加以思考的东西，所以我们必须说：一种基质意义上的实体是不存在的。作为存在本身的意义上的实体、作为存在本身的实体，是不存在的。它只是一个欺骗性的图像、一个幻影。

　　洛克在这里区分了质和观念。观念是存在于精神中的，质是存在于对象中的。唯一真实的质就是第一种质。第二种质本身是很难说的，它不是真正的质。它取决于我们的感觉器官；通过我们的方式对第一种质加以感知，它才被生产出来。它们其实是观念。我们已经说过：在习得的观念和现实性之间并不存在确定的一致性，因为现实性只是从第一种质中产生的，但我们无法将第二种质与对象分开。比如，我们不能将一块布的红色从这块布中分离出来；并且布的红色是一个观念，而不是第一种质，这是和诸如它的广延之类的东西不同的。

　　我们可以反驳洛克：我们是从哪里有了诸如永恒性、无限性、不可衡量性之类的观念呢，它们显然并不是从经验中产生的？洛克可能会回答：这些观念并不是积极的观念，不是在精神之中处于当下的观念，它们只是消极的观念。这是由于，我们的精神可以超出任何观念；它也就超出被给定的

---

* substratum 的字面意思是"站在下面的东西"。——译者注

东西。它超越哲学，但它并不会因此而赢得真正的关于永恒性、无限性、不可衡量性的观念。它们是伪观念，它不与任何现实性相符合，并且它只表明我们超出了现实性。

种、属、本质性也不是实际的存在物，它们是一些抽象的、人造的概念，它们是为人的精神服务的。洛克说，一切实际存在的实在事物，除了上帝之外，都处于变化之中。那么，当我们形成持存的观念时，它并不是实际的对象，而是反思所作的人为虚构。例如，我们的认识不会超出我们的观念以及它们之间的一致性或不一致性。因此洛克是一个经验论者，他知道，我们在经验中并不能达到事物实在的样子。我们并不是按照事物本身的样子认识它的，它们独立于我们之外。我们的认识本质上只是通过第二种质进行的加工和理解，是在认识我们的精神所分泌出来的东西。这不是说，我们的认识是没有价值的、要把它扔掉，不是说它没用，而只是说外部的现实与认识的内容本身并不是一回事，后者是我们加工出来的；我们创造出一种感觉之间的连续、抽象和观念，但我们并不是按照事物的本身去认识它们。

这将我们带向一种限制性的哲学。洛克说，人的精神可以非常有意识地拒绝某些特定的做法；哲学必须去除那些超越性的难题。它必须将自己限制在经验的之中。它必须认识到，其实它并不能认识那些无法进入感觉经验中的东西。灵魂存在着，但我们不可能知道它是什么；因为它对我们来说不是认识的对象，我们对它没有任何感觉经验，因此，诸如

哲学的惊奇：从发问开始的哲学史

它是物质的还是非物质的问题，就是一些我们无权去问的问题。这些难题处在我们的能力范围之外。

于是我们就远离了之前的形而上学。但另一方面它们却又很接近。洛克是从它们的学说出发的且为它们服务，他就站在这种传统的中央，并且在某些点上他同意这些，只不过是以不同的词语。

正如之前所说，我们会撇开洛克关于政治、社会和伦理的思想。最后我们只想强调：经验主义在这个时代与数学一起广泛传播，并且成为不断发展的现代科学的基本要求，它自身同时又是批判性的和界限性的。它是一种哲学层面的经验主义；它追问自己的适用范围并且很强调，就其本质而言什么是它所不能达到的。

即使洛克抛弃了物体之实体，在他的思想中也依然存在实在的东西，这些东西本身是不会被经验到的，也就是不会被认识的。

通过这种方式，就产生了一种"否定的本体论"，它在之后带来了非常重要的结果。在这里，经验主义不只是一种认识的方法和理论，还包含了一种哲学上的惊奇；它惊奇于经验的可能性本身。

乔治·贝克莱（1685—1753 年）

之前我提到过，在那些首先批判一切和怀疑一切的时代，大多不会产生伟大的包罗万象的学说和体系，但作为启发性的时代，会产生丰硕的成果。如果没有它们的话，那些伟大的东西可能不会存在。也许这一点也适用于我们现在所讨论的英国经验主义的时代。

贝克莱大约出生于 17 世纪末，他是一名 18 世纪上半叶的思想家。除其他各种理论外，他还写了一些关于视觉的理论，展现出他对于感官知觉的本质的兴趣，这是一篇关于人类的认识原理的论文，也是一篇很容易阅读的对话录；它生动、有趣、令人惊讶；他称这篇文章为《海拉斯与斐洛诺斯的对话》。

贝克莱从洛克出发，又超越了洛克。在洛克看来，第一种质比如广延、形式和运动，是属于现实性的；对贝克莱而言，它们却像第二种质一样，也并不存在于事物本身之中。它们只是通过感知的过程存在，只对于感知到它们的人而言存在。

贝克莱说，广延、形式、运动要么通过感官被感知到，要么不被感知到。显然它们是通过感官被感知到的，不然的话它们根本就不会出现在意识中——除此之外它不会有其他来源。

因此，第一种质也像第二种质一样。如果第一种质并不通过感官被感知，那么我们就会陷入瓶颈，因为这意味着：颜色是一个事物的副本，而这事物本身是不可见的，因为它是一个广延。如果广延是不可见的，那么颜色也并不是可见的。人们就不能形成关于质的两种范畴，这是不成立的。在第一种质和第二种质之间并没有实在的区别。我们视之为可被感官知觉到的事物的东西，其实是观念。一切都只是被感知到的东西，它对于一个进行着感知的主体才存在。

由此贝克莱就得出了其著名的双重表述：存在即被感知（esse est percipi），或者：存在即进行感知（esse est percipere）。存在本身并不实际存在，而只是作为被感知到而存在。并且，既然要被感知，那么就必须有某个人在进行感知，于是贝克莱说了第二句话：存在是进行感知。对我们来说，可以理解的实存形式就只有两种，也即进行感知的形式和被感知的形式。如果我们想象一种现实性，它既不进行感知也并不被感知，那么它也就是一个幻象、一种荒谬。观念（感知）绝不会是任何事物的原因，它对于我们的感官来说是完全被动的。观念的原因并不是事物，而是进行着感知的精神。精神是一种简单的存在物，一种不可分的、活动的存在，它能够产生感知，并且感知到这种感知。但我们并不能追问一种"精神的观念"，因为这是矛盾的：观念意味着消极性，精神意味着积极性。

贝克莱说：观念就是事物本身。今天我们会说：关于事物的观念就是事物（本身）。或者换句话说：事物无非是作为我们关于事物的观念。这样一种观点被称为绝对观念论。

对贝克莱的第一次大规模的反对是显而易见的。经验告诉我们：无论如何，我们不能自主地决定我们现在想要拥有怎样一种感知。如果我们现在想要想象，我们躺在热乎乎的沙滩上，这显然不会成为现实。也就是说，我们的感知是强加到我们身上的。在贝克莱看来，它们是被一种比我们更强的意志、精神强加到我们身上的。在这里，他就引入了上帝。人的精神就并不是最终的主管机关。是上帝根据严格的规则将感观的观念放到我们身上，这些观念构成我们的经验世界。然后我们通过经验，在研究中发现这些规则、这些法则。感官的世界表现出一种法则的秩序，这却并不意味着它具有任何一种精神之外的现实性。

这整个观点的迷人之处在于，它撞到了一个边界。贝克莱走得如此之远，以至于他否定了精神之外的任何现实性。精神不再有所谓的对象。但由于这是一个无法坚持到最后的立场，他就需要神的全能的干预。不然的话我们就会处于一种彻底的任意性之中，处于唯我论之中：只存在一种唯一的意识，它在虚无中可以做任何它想做的。这种绝对观念论的立场是根本站不住脚的。贝克莱一直被视为绝对观念论（或绝对唯心主义）的旗手。但在他那里其实也并不绝对，并且根本不可能绝对，因为他对于他所思考的思想来说是破坏性的。根据这种思想，人就落入了彻底的任意性，因此就完全没有意义。但去理解一个人类的精神能走到多远，这却是很有意义的。

上帝将我们从这种荒谬中拯救了出来。在这里必须存在上帝，如此我们才会从荒谬中被拯救出来。贝克莱又补充道，还存在自然的法则，它的稳固规则是内在于上帝的精神的，而不是外在于它的精神。

上帝的严格规则。在贝克莱那里，可感知的宇宙并不是一个梦，它不具有梦的消逝性。他相信宇宙，只是这个宇宙失去了所谓独立的稳固性。不再有物质的基质、不再有"实体"、不再有宇宙本身。它来自观念（感知），并且它变得柔软，在一定程度上是透明的，即使贝克莱承认它的坚固性。我之前已经在谈到英国经验主义时提过这一点。经验主义者将我们的全部认识都拉回到经验上，于是他们最终得出结论说，经验本身就非常奇怪地易受想象力的影响。

根据贝克莱的说法，只有通过绝对观念论才能战胜怀疑主义。如果人们承认事物是自为的存在者，是与我们对它们的感知相分离的，那么就会引起彻底的怀疑：人不再能解决现实性本身和对我们而言的现实性之间的二元论难题。如果我们接受这种二元论，那么我们就必须承认，我们对于现实性本身根本什么都不知道。然后我们就不再能认识任何有效的东西——一种无法忍受的处境。但如果我们说，存在意味着被感知的程度，那么感知就是存在，于是认识再次变得有效。因此从根本上说，贝克莱是通过绝对的观念论来捍卫科学的价值。

如果人们假设了一种彻底的一元论，这就意味着，要么是绝对的唯心主义，要么是绝对的唯物主义，最终人们不再能在唯心主义和唯物主义之间作出区分。如果思想只是固执于其中一个极点，如果两者间的对立消失，那么人们用什么名字称呼它，根本就是一样的。术语的二元论意味着同时具有这两种意义。一旦这两个术语中只有一个在发挥作用，它们两者就立刻都瓦解了。

大卫·休谟（1711—1776 年）

接下来的简短的一章难免会给读者留下这样的印象：我们在这里并不是单纯地讨论休谟自己的思想。虽然他毫无疑问是一名伟大的和重要的哲学家，但我必须承认，这种印象是有道理的。就像之前说过的，我并不尝试提供一个关于哲学的完整画廊，而只想在思想史中投下几束不连续的、不完整的高光，以使得西方哲学中的一些本质性的创新之点被充分地照亮并使它们易于理解。因此我们在讨论休谟时，只谈那些对于理解康德来说必不可少的内容。而关于休谟本人和关于另外两位英国的经验主义者，我们的介绍显然是非常不够的。

休谟是 18 世纪的苏格兰思想家。他提出的问题与另外两位经验主义者一样：认识何以可能、人们在认识中究竟知道了什么、认识的边界在哪里？经验主义者的观点是，认识的唯一来源是感观知觉，也就是经验，它是与被给定的东西的相遇。（但在贝克莱那里，在感知和进行感知的精神之

哲学的惊奇：从发问开始的哲学史

外，什么都不存在。）休谟以他的方式提出了这些问题。他接受了怀疑的态度并问道，人是否有能力解决本体论的难题，即关于存在的难题："存在是什么？"他的回答是：为了处理这个问题，人必须采取一种批判的态度。

在这里我们遇到了"批判"这个词，它在康德那里发挥了重大作用，以至于都进入了康德的主要作品的标题之中。在今天，这个词再次获得了重大的意义。

在哲学的层面，"批判"这个词具有一个非常明确的意义，这个意义就是在那个时代产生的。一种批判的态度就在于，精神审视自身，研究它自己的运作和方法，以便澄清自己的认识功能的本质、范围、有效性，而不是指向它所试图认识的各种对象。因此，这个词本身不太应该从道德的意义上去理解，就好像在苏格拉底那里似的，而是应该被理解为进行认识的主体。精神是如何寻求认识的呢？人类的理解力的本质是什么？人在寻求理解时所借助的基本操作又是哪些？

人们可能认为这会导致一种关于认识的心理学。但其实不是：事实上它的意图是通过这种研究，去发现人可以通过其认识能力所达到的东西的价值或无价值、边界和意义。因此，认识能力本身必须得到尽可能清晰的认识。根据人们对思想过程本身的了解的清晰程度，人们所赢得的那些思想的结果，就具有或多或少的有效性。如果这被称为对认识的批判，那么"批判"在这里意味着对认识本身的本质和范围的检验。

对休谟来说，就像对其他英国的经验主义者一样，所有的观念都来自感官知觉，即来自经验。观念按照特定的秩序互相结合和联系，例如相似性、空间或时间上的接近、因果性。我们将一些想法联系起来，是因为它们彼此相似，因为它们与某个和两者都具有共同性的东西有关，因为它们前后地或彼此相邻地产生。

休谟的主要问题是：因果关系是什么？它们是从我们的精神中产生的吗？只要我们的精神在运作，它就会携带着因果关系的概念吗？或者因果关系是从感官知觉中推导出来的吗？

当我们在经验中确立知觉时，两个知觉会彼此相邻，知觉 B 总是跟在知觉 A 之后。存在一种相邻和相继的关系。但如果我们说，A 就是 B 的原因，B 就是 A 的结果，那么休谟就会说，这中间还添加了一些东西。我们现在所说的就是因果关系，这意味着，B 必然地且总是跟在 A 之后、A 必然地产生 B。

这种必然性的因素是从何而来？休谟说，它不可能来自外部经验。在外部经验中我们只会看到 B 每次都跟随着 A，但不会看到 B 必然跟随着 A。在内在的经验中，我们一再地确认，我们的意志移动和使用身体，但这对于我们认识因果关系并无帮助。因果关系中的必然性既不来自知觉，也不来自逻辑或知性。因此它只能建立在我们的习惯的基础上，即经验中始终相继发生。

因果关系非常简单地来自对持续联系的经验。再一次：对休谟来说，因果关系最终是我们的经验的产物，也就是说两个现象始终一起发生，一个现象总是先于另一个现象，那我们就说，第一个是第二个的原因。这意味着，带有必然性因素的因果关系观念的起源，就是简单地从习惯中来的，也即在经验中毫无例外地习惯于持续的相继发生。

因此对休谟来说，因果关系并不在客体中，而是在主体的习惯中，它是主观的。

因果关系之被视为合理的，这既不是作为思考着的精神的一种必然结构，也不是作为以经验的方式（感官的或内在的）被给定的东西，而只是作为对始终相继发生的习惯的彻底主观化，这一点似乎明显地削弱了它内在应当具有的必然性。但这完全没有阻止休谟主张一种决定论，并且不只是在自然中主张它，而且也在伦理和历史中这样主张。人们可以将决定论原则理解为：一切都有一个原因，并且在同样的情况下，同样的原因会产生同样的结果。休谟也是这样践行的并且书写了一种决定论的历史，这就是说，这种历史书写致力于揭示人类行为的必然性和持续性。不仅是在动机中，而且在事件中，都能发现同一种联系和同一种必然性。

必然性。我们又回到了斯宾诺莎吗？显然不是。在斯宾诺莎那里，一切属性和样式中的必然性都是同一种永恒的、神性的实体的表达和显现——也就是形而上学的自然。这里，休谟涉及的则是对一种物理决定论的普遍化，它是在自然科学中被视为研究的前提假设。

如果没有休谟对因果关系的批判，康德可能就不会进行他自己的哲学思考。现在让我们看看康德是怎么说的。

哲学的惊奇：从发问开始的哲学史

伊曼努埃尔·康德（1724—1804年）

　　在这位重要的哲学家身上，我们会花更长的时间，因为他激烈且深刻地改变了哲学思想的视角和概念。如果我们忽略了康德，那么我们就几乎不能正确理解之后的哲学，其中还包括很多一开始是作为康德反对者而开始哲学思考的思想家。他们在康德那里获得了与他进行战斗的那种表达方式。

　　康德的一生跨越了18世纪的大部分时间。在当时，80岁是高寿。康德住在柯尼斯堡，过着极其规律的生活。他与笛卡尔和其他喜欢旅行并且对世界上的一切都好奇的思想家不同，他一直待在同一个城市。似乎他的思想中的大胆足以满足他对冒险的欲望。像他这样的思想家，将他的精力都集中在工作上。他们不允许自己有哪怕一点点的放纵。他们以工作为生，并且生活在工作中。这是一种对生命、对工作的忠诚，这使人坚忍并且不会陷入困境。

　　康德首先受到他那虔诚的母亲的决定性影响，之后又受牛顿和当时的科学尤其是物理学的影响。在哲学上他一开始特别关注莱布尼茨，莱布尼茨的思想主要是通过沃尔夫的学说变得著名的。

康德在前批判时期出版了一系列小的作品，它们非常成功。然后他突然沉默了。长达十一年他都过着内倾的生活，然后他就在短时间内出版了三部重要作品，《纯粹理性批判》《实践理性批判》和《判断力批判》。这是康德著名的三大批判。

《纯粹理性批判》出版于1781年，相当晚，当时康德57岁了。如果他在这个年龄去世，那么就不会再有康德哲学。

《纯粹理性批判》，批判的意思是：思想考察它自己，以便认识它自己的范围。理性这个词也必须被解释。康德在他的第一部批判作品中称为理性的东西，是指寻求认识的思想，也即理论性的思想，它在主体中执行认识功能。若要更准确一点的话，我们得这么说：纯粹理论理性批判，因为这里涉及的只是产生理论的那种理性，也就是追求认识的理性。并且，"纯粹"——康德对这个词有一种很特别的用法——意味着，理性本身并不是从经验中得到的，而是从自身中创造出来，因此它决不会与经验、与经验的结果相混淆。于是在这里批判的对象就是思想的纯粹形式，因为它在经验之前就决定了经验。——康德还使用另一个词，它所描述的内容并不完全等同于"纯粹"，但很相似，这个词就是先天（a priori），它与后天（a posteriori）相对立。先天指的是所有在精神之中先于经验的东西；后天指的是从经验中产生的东西。于是纯粹理性批判就是指：在先天的范围内，通过理论的思想，对理论的思想本身加以考察。

然后是《实践理性批判》。实践理性指的是与行动有关的理性，与决定、选择、行为有关。为了与之前的解释相对应，那么完整的标题是：纯粹实践理性批判。所"实践的"是理性，它在与行动的关联中决定什么是道德的行为，这就是说，我应该做什么。它以批判的方式考察自己，以便找出自己的意义、范围和界限。它也应当以批判的方式发现，在它之中，什么东西不是来自经验的，也就是说，什么是先天的或纯粹的。因此实践理性批判就是，在先天的范围内，研究理性如何对实践生活进行道德层面的澄清。

最后是《判断力批判》：我们必须澄清判断力这个术语。判断在逻辑领域作出的一种陈述，也就是说，一个陈述将两个概念联系在一起。只有当我们形成一个判断时，我们才能去说我们说的东西是真的还是假的。当我们说"桌子"时，它既不真也不假。"桌子是棕色的"就是一个判断。判断力批判就是在理性作出判断的范围内，对理性的自然本性进行考察。

现在，康德说休谟将他"从独断论的迷梦中"唤醒。这种"独断论"的迷梦是什么呢？是如同被关在一个巨大、连贯、自我保证的体系之中，就像莱布尼茨所建立的那样。人让自己生活在一种包含了这么多知识和证明了这么多科学性的哲学中。"独断论的迷梦"是批判的态度的对立面。康德一度毫无怀疑地满足于生活在这种固定的教条之中。

休谟则相反，他对知识本身提出疑问、对因果关系概念加以考察，这一点将康德从他的独断论迷梦中唤醒了。但康德之所以被唤醒，并不是因为休谟让他满意，而恰恰是因为这不让他满意。休谟提出了一个难题，并且以某种方式解决它，康德并不满足于这种解决方式。于是他醒了。这是一种对哲学来说很典型的过程。

康德对这样一个事实感到惊奇：居然存在一种科学——也就是说存在一种必然的和普遍的知识。

康德很敬佩休谟。休谟主张说，因果关系只是建立在习惯的基础上。康德则是一个要求非常高的人，他渴望一种数学的确定性和明晰性，它们是无可怀疑的，而这种要求并没有被满足：习惯并不足以成为任何一种确定性的依据。休谟的巨大贡献在于，他在一个将物理学奠基于决定论的时代中，提出了关于因果关系的基础的问题。在今天因果关系已经失去它对于物理学的排他性意义，但在 18 世纪，它却是绝对至关重要的。

康德现在说，人应当能够开创一种科学、一种确定性，这种科学不是建立在诸如习惯这样并不确定的东西的基础上的。

康德并不是在问有没有物理学？或者：有没有科学？这可能是人们在前几个世纪问的。在牛顿的年代，人们不再怀疑科学、物理学的现实性，它是一种事实。并且它排他性地建立在因果原则的基础上。那么，如果因果关系只是某种像习惯一样基础非常不确定的东西，那么就不会有真正的科学。但又确实存在科学。那么问题就来了：科学究竟何以可能？

这就是出发点，它对于康德来说尤为典型，但在哲学中也是相对普遍的——并且是合理的。人们从现实存在的事物出发，然后人就能过渡到这些事物成为它自身所必须满足的条件。尤其是在思考的领域、智性的领域更是如此：一旦我思考这些，那么这些思考的可能性条件就必须得到满足。

因此康德的问题就是："科学究竟是何以可能的？"康德所理解的"科学"，除数学之外还有物理学。我们处在一个数学被物理学超越的时代，而前者迄今为止都是一切科学的理想模型。当康德问科学是如何可能时，他是在寻求物理学的基础，他想要在思想的判断中，给予物理学以一种与数学相同程度的合法性和确定性。

人们该如何做到这一点？康德说，如果我们寻找一种作为现实的科学真理之条件的确定性基础，那么它就必须是必然的和普遍有效的。为了给物理学找到一个基础，使得它的发现被视为必然的和普遍有效的，我们就不能求助于经验，因为从经验中绝不会得出任何必然的和普遍有效的东西。即使我们以相同的方式经验了上千次，下一次也有可能不同。从经验出发，在逻辑上总是有可能得出，出于习惯而如此行事的事物，突然有不同的结果。因此我们不能从任何经验中得出与数学相对应的确定性的基础；它不能是后天的。我们必须找到一个先天的基础，一个内在于认识能力本身的基础，在其中，一旦精神开始活动，这个基础就会随之而来；并且只要开始思想，这种基础就始终存在。那么，为什么能对它肯定，并且能肯定它会继续有效，即使我们身处另一个星球或回到几千年后或到了很远的未来，它也依然有效呢？因为它属于精神思考的前提条件。

它是先天的。数学是纯粹的科学。

但我不想被误解。康德并不是想说，新生儿的精神中就已经有了所有的数学知识。显然，儿童必须去学习二加二等于四等等。在这里经验肯定是有帮助的，比如数手指。但康德所指的是：像二加二等于四这种确定性，作为一种自明性，它是不依赖于外部事物的，不依赖于手指或者小球，而是与进行着思考的认识器官相一致；并且无论在哪里，有人思考这个问题，他都会如此这般地思考。

《纯粹理性批判》

现在我将对《纯粹理性批判》进行更为切近的讨论，康德自己说，正是这种批判让他的思想完成了"哥白尼式的转折"。

每当我们说出些什么，我们都是在作出一个判断。墙是白色的，二加二等于四，等等。这些都是判断。

康德对判断进行了一种双重的区分。一方面有一种先天判断（从思想自身中产生），然后有一种后天判断（来自经验）；另一方面存在分析判断和综合判断。

先天判断是那些具有必然性和严格的普遍有效性的判断；它们本质上是像数学判断那样的。也就是说它们并不能从经验中产生，而必须先天地作为思想的前提。经验判断则相反，是那些从经验中产生的判断，它们既不是必然的也不是普遍有效的。当我们说，这堵墙是白色的时，这个判断就既不是必然的也不是普遍有效的；但这个判断可能是真的，如果我们指着一堵特定的白色的墙的话。这就是康德所作的第一种区分。

第二个区分涉及分析判断和综合判断。我们都知道，一个判断由主词和谓词组成，一般来说它们由一个助动词"是"来连接。例如："墙是白色的"。墙是主词，白色的是谓词，系词是连接主词"墙"和谓词"白色的"。

说一个判断是分析的，是指谓词只是在说明或者强调主词中已经包含的东西。例如，如果我们说：物体是广延的，我们本质上只是在强调物体这个概念中的一个组成部分，即广延。因为我们无法想象任何没有广延的物体。一旦我们有了"物体"这个概念，我们也就在其中有了"广延"。因此，除了对"广延"加以强调之外，我们并没有做什么别的。我们从主词中拿出了一个典型的构成因素，并且得出判断："物体是广延"，这就是一个分析判断。

综合判断则相反，在其中谓词为主词的概念增添了一些东西。比如，康德说，重量这一观念就并不包含在物体这一概念中，人们可以想象一个没有重量的物体。那么当我们说：物体是重的时，这就是一个综合判断。

在康德看来，先天判断和后天判断都可以是分析判断或综合判断。

现在，我们在得出分析判断时就不会遇到任何困难，因为它并没有教给我们任何新的东西，它只是说明了概念的内容。在综合判断中有后天的，在其中主词和谓词之间的联系来自经验，这是没有问题的。当我们说："墙是白色的"，我们是借助于我们的感官作出论断。但这样一种判断并不是科学的，因为它不可能是必然的，也不可能是普遍有效的。

因此，如果分析判断并不教给我们新的东西，而综合的后天判断又不可能是必然的和普遍的，这就意味着，只有综合的先天判断（它教给我们一些——新的——东西，并且是必然的普遍有效的）才可能是科学的。

如果我们问自己，"科学何以可能？"那么问题就会变成：先天综合判断何以可能？我们这就遇到了认识批判中的核心问题。认识本身是如何可能的？在这里我们领会到了康德的伟大转折。在此之前，对认识能力的寻找始终是主体围着客体转、以便认识客体的一种努力。康德做的则相反，他让客体围着主体转。他在主体中寻求先天的形式，只有这种形式才构成了客体，并且先天地使综合判断成为可能，而科学就是从中产生的。

康德观察认识的过程：认识有两个来源。一方面是感性能力，我们从中获得感觉的印象。另一方面则是知性，这是对象被思想的地方。康德想要研究，在感性能力和在知性中是否存在先天的东西，这些东西能够解释先天综合判断——也就是科学——是何以可能的。这就是《纯粹理性批判》所要做的。在感性能力中是否存在某种东西，它不是从经验中产生的？它的标准在于，它是否必然的和普遍有效的。如果存在这样的东西，那么它就不是从经验中来的。

"第一批判"中的第一部分，康德称之为"先验感性论"（transzendentale Ästhetik）。康德说：为了使我们的感觉器官能够对事物进行加工，它就必须被给定一些东西。被给定的东西就是印象，它是我们的感官以经验的方式得到的：颜色、气味、声音……一切都是后天的、经验的，但它是在一个特定的秩序中被经验到的，这个秩序通过感性能力被给予了印象。

我们举一个一点也不康德的例子——柠檬、黄色、酸。是什么使得我们将如此不同的印象，比如一个黄色的感觉和一个酸的感觉结合在一起？从黄色到酸之间显然没有任何过渡；黄色并不是酸，酸也并不是黄色。是什么让我们把它们结合在一起的？这意味着，我们赋予了我们的感觉印象以一种特定的秩序、一种特定的联系。康德告诉我们说，赋予了感性能力以感觉印象的这个秩序，并不是来自印象本身——并不是黄色、并不是酸产生了秩序——，而是我们以一种空间和时间中的特定方式，将黄色和酸结合在一起。由此康德就思考了空间和时间，并且作出论断：空间和时间是感觉经验的必然的和普遍有效的条件。

我能够在思想中排除掉空间和时间中的一切，但并不能排除空间和时间本身。我思考某个东西，总是在空间和时间之中。因此空间和时间就必定是感性能力的先天形式。空间和时间不是从经验中来的，而它们恰是一切经验的先天条件。（康德将时间称为内部感觉的纯粹形式，将空间称为外部感觉的纯粹形式。）

因此，康德认为空间和时间是我们的感性能力的形式，而不是独立于知觉主体而自存的东西，也不是某种从事物中得来的东西。空间和时间不是事物的属性，而是我们对事物的认识的条件，并且这些条件是先天的。时间是先后序列和同时性的条件——而不是从先后序列和同时性中产生出时间。由于这些先天的东西，我们就能理解为什么会有一种作为持存之科学的具有必然性和普遍有效性的算术，以及一种作为空间科学的具有必然性和普遍有效性的几何学。空间和时间是感性能力的先天形式。

但如果空间和时间不是事物的属性，而是我们的感性能力的先天形式，那么它会具有怎样的现实性？

在经验的层面，无论人在哪里获得怎样的经验，他们始终都会遇上空间和时间。在经验层面空间和时间就是现实的实在性，它们对于任何经验都是构成性的。另一方面，从先天的立场出发，当人们试图研究在认识能力中什么东西是独立于经验的——康德将这种研究称为先验的——，空间和时间就是理念的自然形式，因为它们属于精神。因此，空间和时间是经验的现实性以及先验的理念性：它在经验中处处都是现实的，但作为先验的理念性，又先天地是任何经验的条件。

这样我们就得出一个结论，它完全改变了我们与世界的关系。如果我们的一切经验都发生在空间和时间中，并且如果空间和时间并不是事物本身，而是我们对事物的经验的条件，这就意味着，我们只能以事物向我们显现的那样，去认识我们在经验中所遇到的一切事物。现象一词来自希腊语的phainomenon。这就是为什么康德说，我们只认识作为现象的事物，这就是说，像事物向我们显现的那样去认识。我们只认识现象。这和欺骗性的幻象不同：康德的现象概念所描述的是某种现实的东西，它不是独立于我们的感觉器官的事物本身，而是通过我们的感觉器官所显现的东西。向我们展示的世界，是一个现象的世界，而不是事物本身的世界。

这不是贝克莱的意义上的观念论，它并不是说，现实性符合我们的意识，或者它是与我们的意识相一致的。对康德来说，存在一种独立于我们的意识的存在，只不过它是我们并不认识的，而且是对我们来说不可认识的。

这是康德的"先验感性论"中本质性的部分，他在其中考查了我们的感性能力，也即我们的认识能力中吸收性的、接受性的部分，考查了其中所包含的先天形式。

　　现在我们讨论"纯粹理论理性批判"的第二部分，它叫作"先验逻辑"。它并不是一种形式逻辑的描述。先验逻辑也研究，在我们的认识能力中包含了哪些先天的东西；研究当我们思考对象时，先天的东西扮演一个怎样的角色。在先验感性论中涉及的是，当我们感觉（感觉能力）对象时，我们的意识中先天的东西发挥怎样的作用；而在这里则涉及，在对对象的思考中（知性）先天的东西又是怎样的。

　　感性能力是被动的，相反知性则是精神的一种主动的功能。它思考对象，这就是说，它在时间和空间中构造了感性知觉的综合。于是康德就问，当我们的知性对感性知觉加以综合时，它是通过怎样的结构运转的。康德是这样进行的：在本质上，知性的先天形式必须符合判断的各种范畴。

　　我们还记得，亚里士多德已经对判断进行过一种分类。康德再次大致采用了这种传统的分类。他将每一种认识的结构对应于判断的类型，它们就像纯粹的直观形式即空间和时间一样，并不是从经验中来的，而是先天的东西，并且属于纯粹认识。他把这种认识的先天形式称为知性范畴或知性概念。在他看来有四组范畴，每组三个。我们在这里不讨论细节。在这四组中，我们只提一下最为重要的一组，也即关系那组，在这里再次出现了一个最为重要的范畴——因果关系。这让我们又想起了休谟，康德说休谟把他从独断论的迷梦中唤醒了。休谟将因果关系追溯到习惯，这似乎并没有为康德提供足够的东西，去论证科学的判断必定是必然的和普遍有效的。

我们再次总结：由于科学是存在的，那么必然和普遍有效的判断就是存在的，并且如果它们是科学的判断，那么它们就必须为我们带来新的认识，即必须是综合的；并且由于它们必须是必然的和普遍有效的，它们就必须是先天的。

康德就问：先天综合判断何以可能？现在他回答：先天综合判断是可能的，这是因为，比如因果关系就是认识能力中的一个范畴，是属于知性的，那么它就是先天的，而不是从习惯中推导出来的。习惯当然也在其中扮演着一个角色，因为当我们在经验中作出论断，比如 A 总是跟随着 B，这种经验就会给出一个契机，去应用因果关系范畴。但是——这一点是决定性的——因果关系并不对应于习惯，它本身属于知性的先天部分，也就是说，它在认识中是必然的和普遍有效的。让我们紧紧抓住这一点：若要使认识得以可能，就必须存在感性能力，它必须在空间和时间中吸收某些东西；并且也就必须存在知性，这意味着借助先天范畴对感觉到的东西加以组织。在此必须理解，康德并不像其他人那样将经验主义和理性主义对立起来。在他看来感觉和知性这两者对认识来说都是必须的。不然的话就不会有认识。必须有某种东西被给予感性能力，范畴或者概念才能对它们进行

伊曼努埃尔·康德（1724—1804年）

处理。康德说：没有直观的概念是空的，是纯粹形式。因果关系本身是一种纯粹形式，它必须从感觉能力中接受它的材料。另一方面没有概念的直观是盲的，因为那样的话它们就不会被照亮、不会被构造、不会被组织。因此就有了康德这句著名的话：概念无直观则空；直观无概念则盲。

于是我们就触及了批判方法的核心难题。我们始终在谈论哲学的惊奇。从根本上讲，康德的哲学也是从惊奇中诞生：科学是存在的，而科学何以存在？

从我们所获得的结果出发，惊奇就以另一种方式表现出来。先天的纯粹概念或范畴是从精神中产生的而不是从经验中产生的，那么它们何以可能是客观的？这就是批判方法的核心难题。它何以与现实相符合？我们几乎没有思考这一点。但人们可以想象出一个世界，在其中精神的这些范畴从一开始就是失败的，因为其中的一切都是混乱的。我们可以想象，在其中就没有范畴与现实的符合。这样一个问题不会出现在那种一切都是从精神出发并且认为一切都是与生俱来的哲学学说中。它也不会出现在一种认为一切都是从经验中产生的纯粹经验主义的观点中。在这两种情况中，一切都只有一个来源，并且一切都是互相协调的。但在康德那里，存在两个来源、科学有两个组成部分，这两者都是不可或缺的和彼此极为不同的；其中一个来自经验，来自那些我们被给予的东西；另一个则来自认识能力的先天形式，于是就带来这样一个问题：概念何以能够拥有某个客观的适用范围？在认识论的层面，这是批判方法的核心难题。

康德是这样回答的——理解这一点非常重要，因为如果我们理解了这一点，就会理解其他部分——：去思考某个东西意味着，赋予这种东西一种统一性；思考意味着，构造出人们所思考的东西的统一性。这是同一个过程；并不是说之前就有一种统一性，然后人们将它思考出来；也不是人们构造了一个统一性，而没有进行思考。思考恰恰就是，建立统一性。赋予对象统一性恰恰就是意识建立的方式——它与意识的建立是同一个进程。认识的对象就是被置于意识面前的东西的那种被思考出来的统一性，并且，主体的统一性也就与客体的统一性对应着一同建立起来了。意识的同一性，是通过对那些被置于意识面前的东西加以思考所得出的内容，才产生的：也就是说，通过人们称之为客体的东西而产生。人们会说，纯粹理论的主体中最为深刻的东西，恰恰就是客体的那种被预设的统一性本身。人们称之为意识的客体的东西，就是一种统一性，它尚未被认识、尚未被完全建立，但它已经被预设为处于意识的对面，并被称为"对象"。意识将它自己那作为对象的统一性，又投射到自身。意识当然始终是对于某物的意识，并且它就会与这"某物"（对象、客体）相同一。然后这种预设的统一性就会通过认识能力的先天范畴被加工、表象、发展起来。这种对客体的统一性进行着预期的意识——似乎首先与对所有范畴的应用有

伊曼努埃尔·康德（1724—1804年）

关——就是康德称之为先验统觉的东西。

在康德看来，经验并不像在经验主义者那里构成认识能力，但也不像莱布尼茨那里存在认识能力与经验之间的前定和谐；在康德看来，是具有纯粹形式的认识能力，构造或建造了经验。因此人们就不该问，比方说，作为先天范畴的因果关系何以可能与经验的事物相关；因果关系先天地就处在现象之中，它是证明思维着的意识的统一性的纽带。精神并不创造事物，但它通过它自己所是的那种法则构造出自然，也就是说通过知性的先天范畴，这些范畴对于客体的统一性来说是具有构成作用的。这就是哥白尼式的转向。

由此产生的第一个结果是，物理的法则现在就可以是必然的和普遍有效的，因为因果性是一个必然的和普遍有效的范畴（先天的）。这就解释了科学何以可能。科学以这种方式为自己找到确证和担保。这就是说：在我们能够进行自然研究的范围内，我们在哪里研究，我们的知性就在哪里发挥作用，并且它在现象中发现了因果关系法则，这种法则作为范畴，对于现象来说是先天地具有构造性的。在某种意义上，我们自身携带着空间、时间、因果关系。我们在哪里思考，哪里就存在空间、时间、因果关系。于是法则就获得了必然性和普遍有效性。在这一意义上物理学就和数学相似，因为它是作为必然的和普遍有效的基础而存在于精神之中的。另一方面，如果研究也是在因果关系的帮助下走到无穷，并且宇宙也为人类精神的这种无限的科学研究打开大门，那么，我们在我们的研究中、在经验世界中，恰恰只会触及现象，而绝不会触及物自体。

我们通过我们的认识绝不会触及物自体。现象的世界对于科学研究来说是开放直至无穷的：因果关系的必然性和普遍有效性是通过先天的特征得到保证的。科学的认识是无限的。然而，它的知识范围被设置了一个界限，这条界限是不可跨越的、断然确定的并且它与研究的进步完全无关：我们只能认识现象的世界，而从不会认识物自体。

现在让我们总结一下。到目前为止，康德在主体的意识中考查了两种认识能力：在感性能力中，他指出了两种先天的直观形式——空间和时间；在知性能力中他指出了十二个范畴，其中最重要的是因果关系。在康德看来，我们所经验为自然的那些东西，只是通过意识的先天形式被给予的。因此我们在经验中遇到的只是现象。

自然只有通过我们的意识的形式才是可通达的，但自然并不是作为现实性被生产出来的。在存在的层面，我们的意识并不是创造性的（只有绝对的观念论才认为一切存在无非是意识）。因此就必定存在某种东西，它是独立于我们的知觉的。康德将这种"某种东西"称为本体或物自体（与之相对的则是现象，也就是说，指那些显现在我们的意识的认识形式中的物）。物自体对于理论理性来说绝对是不可认识的，它们就像一个未知的但又不可或缺的 X，如果没有它，那就什么都不存在。

现在，让我们继续进行《纯粹理性批判》的下一部分，康德称之为先验辩证论，并且在其中考查了认识能力的第三个层次：狭窄意义上的理性。在康德那里，理性这个词根据其用法具有不同的范围。作为"第一批判"的题目，它指认识能力的整体。但在这里，在"先验辩证论"的层次上，它则指认识能力的一个部分，在其中先天的理念使得超越界限的冲动保持生命力。先验辩证论也是在某种先天的东西的范围内谈论理性的狭窄意义。在感觉的直观形式之后、在知性的范畴之后，我们现在找到了理性的三个理念：灵魂的理念——作为内部现象的整体，世界的理念——作为外部现象的整体，上帝的理念——作为现实性和可能性的整体。

这三个理念的功能是什么？空间和时间使得外部的和内部的感觉成为可能。范畴则使得对象可以被经验到并且使它们可以与法则相绑定。这两者都是科学所不可或缺的，但它们还不够。在主体中还必须存在某种先天的东西，它催促人去进行认识，它也就让所有的先天形式运转起来，去为经验的多样性赢得越来越多的统一性。这恰恰就是理性的三个理念的功能。每个理念都描述了一种整体性，它从来不会被给予意识，但会被诉说，并且它本身就要求认识永无止境地进步。从根本上讲，这三者都表达了意识向着统一性行进的动力。

现在，康德提供证据表明，在三个伟大的理念——灵魂、世界、上帝的基础上，我们的思想与不可避免的错误交织在一起，康德将它描述为"先验幻象"。我们可以证明这些错误，却一再地成为这些错误的牺牲品，因为它们是先验的，也就是建立在先天的基础之上。

第一个理念是作为内在现象之整体的灵魂。当我们谈及灵魂时，我们就冒险进入了一个领域，在其中我们没有任何关于对象的经验。我们固然具有关于灵魂的种种方面的经验，比如想象、认识、思想、语词，但没有关于灵魂本身、灵魂作为整体的经验，这永远不会成为我们的对象。灵魂是一个理念。这就是说，它像所有三个理念一样，是调节性的而不是构成性的。我们向着它前进，我们想要把握它，它是一个引导研究的原则、它是调节性的——但它并不为我们构造任何客体，它不是构成性的。然而，我们总是一再地试图谈论灵魂，就好像它对我们来说是一个可认识的对象似的——而这是一个错误，康德称之为谬误推论。在"理性的心理学"中，人们假装存在一种关于灵魂的知识。有些哲学想要证明，灵魂是不死的，比如柏拉图。任何声称掌握这种证明的人，他们的做法都是假装灵魂是一个经验的对象。这是一种幻觉。人们论证不休，就好像人们对它有一种认识，但正因如此人们就误解了它的自然本性：它并不是理论理性的对象，而只是一个理念。在认识的层面我们并不知道灵魂应当是什么，我们对它没有任何直观，我们并不认识它。

伊曼努埃尔·康德（1724—1804年）

（从实践理性的层面看，事情则完全不同。）康德举了笛卡尔关于灵魂的不死性的例子来说明谬误推论。在康德看来，笛卡尔是冒了风险超出了理性的界限，因为关于作为整体的灵魂，理论理性根本不会知道任何确定的东西。

这对于第二个理念也是适用的，即关于一切外部现象的整体世界：我们从来不会在经验中遇到它。我们在世界中经验到的始终只有部分的现象，而从来不会经验到作为对象的整体世界。我们自己作为对象，对我们自己来说也是世界中的现象。我们当然就会拥有一种关于世界中、宇宙中的现象的必然和普遍有效的科学认识，但这并不是关于宇宙整体的。因此，如果理性的宇宙论断言说，它具有一种关于世界整体的学说，那么它就是超出了人类理论认识能力的界限了。康德为这种不可能性提出了一种证明，它是哲学史中最不同寻常的证明。这就是著名的纯粹理性的二律背反。

这些二律背反，并不是指一些要消除的简单的矛盾。它更多的是这样一种矛盾：当纯粹理性追求形而上学的真理，这种矛盾就必然会产生。理性会遇到四种二律背反，并且这种认识对于哲学至关重要；在哲学史中第一次出现了关于必然的错误的概念，这种错误是与我们精神的自然本性不可避免地联系在一起的。康德列举了在哲学史的进程中论及宇宙时可能出现的四种断言。

第一组选择：世界是有限的，或者：它是无限的。（我们记得：当我们谈到文艺复兴时，我们一方面提到了开普勒，关于世界的无限性的新理论让他震惊；另一方面，乔尔丹诺·布鲁诺则对一个无限的世界的想象深感振奋，因为对他来说这才配得上上帝。）

第二组选择：世界是由简单的元素组合而成的，或者：它是由无限可分的物质组成的。（由简单的元素组成：这是古代就有的原子论，并且以多种形式重现。）

第三组选择：世界是完全由因果决定的，或者：也存在一种自由的因果关系。这就是说：自由的行动是可能的，它自己就是原因。如果我们能够采取一种自由的行动，那么这个行动就没有特定的原因，相反：它开启了一个新的因果链。也就是说：宇宙是完全被决定的，或者：存在自由行动的可能性。

第四组选择：世界中的一切都是随机的、偶然的，或者：在宇宙中存在某种必然的东西。我们想到了斯宾诺莎：神是它自己的原因，也就必然会存在。或者说，只存在随机性，并没有必然的存在物，一切都是随机地开始存在。

这就是四组选择，它们与历史中对于哲学的惊奇的回答是如此不同，人们可以说，这四个难题对于世界问题来说是非常根本的。它们就好像是不同的哲学论点的争锋焦点。

现在，康德证明了——这至关重要——每一个论点及其反面观点。人们每次都可以通过反驳反面的观点来论证一个观点，或者也可以通过反驳一个观点来论证反面的观点。因此，如果我们读过《纯粹理性批判》中关于二律背反的这几页，那么人首先会像从前的人一样聪明。人们看到，既可以证明世界是有限的，也可以证明它是无限的；可以证明它是由原子或者简单的元素组成的，也可以证明它可以被切分至无穷；人可以证明世界是完全被决定的，但也可以证明存在自由的行动。困惑达到了它的顶点。

现在，康德的决定性答案就来了：前两个命题和反题——也就是世界的有限性和无限性那组，以及元素的简单性和无限可分的物质那组——无论正题还是反题都是错误的。第三和第四组二律背反——两个正题和两个反题——都是正确的。

为什么会这样呢？这可不是变戏法。康德是这样解决这个难题的：前两个二律背反对世界的讨论，是当世界对我们来说是一个处于它的整体性之中的现象，也就是说，是一种可能的经验对象。但由于世界对我们来说不可能是现象，因此我们就是在讨论一个不可能的对象。关于是有限的还是无限的问题，只能与空间相关，只有在与空间性的关系中这个问题才有意义。由于作为整体的世界并不是对象，它就不受我们的直观形式（感觉的先天形式）约束；于是它就不是空间性的，那么对它的界限的追问也就没有意义。两种回答都是错的，因为它们都与一个对象有关，而这个对象根本就不可能存在。整体世界其实是一个理念。

那么，为什么人们会得出如此矛盾的回答呢？因为人们并没有尊重现象和理念之间那种先天的区别。如果世界是一个现象，那么它就像一切现象一样，是有限的，并且我们就似乎可以证明它是有限的。但事实上，世界并不是现象。如果世界是一个理念，那么它就是——像一切理念一样——无限的，那么我们就能指出，它是无限的。但我们是在处理一个跛脚的、矛盾的概念，世界这个概念其实是作为现象—理念。我可以证明这个双重意义的"世界"是无限的，如果我把它理解为理念的话；也可以证明它是有限的，如果我视之为现象的话。但它不可能同时是理念和现象。

对于简单的元素或无限可分性这一组来说也是一样的：如果世界是现象，那么我们可以说，它作为物质是由简单的原子组成的；但如果我们将它的空间视为形式，那么这种空间就可切分至无穷。但由于世界并不是现象，因此这两种观点都是错误的。如果将它视为理念，那么我们可以不断对部分进行切分，如果将它视为现象，我们就会碰到界限。在两种情况下，我们都是在用伪概念思考。

康德举了一个例子：如果我们问，一个正方形的圆是圆的还是方的，我们就能证明，如果我们使用圆这个概念的话，它就是圆的，如果我们用正方形这个概念的话，它就是方的。但并不存在正方形的圆；所谓"现象世界"也是如此。世界其实并不是现象。

现在来讨论后两个二律背反。这两个互相矛盾的主张是——关于世界是完全被决定的观点，以及关于自由的可能性的观点：关于必然的本质的观点和关于无尽的偶然性的观点——在康德看来这两者都是真的。但在这里也涉及最为明显的矛盾，就像前两组二律背反一样。这是为什么呢？这里的情况取决于，我们是将世界作为现象加以思考，还是作为物自体加以思考。如果我们将世界视为现象，那么一切当然就都是被决定的。我们已经看到了，作为我们的思想的先天形式的因果关系是必然的和普遍有效的。因此，我们在经验中所遇到的一切都是被决定的。如果我们将世界理解为现象，那么在其中统治的就是绝对的决定论，因为"因果关系"范畴延伸至世界中的一切，并且对于进入经验的东西都是有效的。但如果世界被视为物自体，那么它就不再服从因果关系的普遍统治了，因为它不是现象。这样的话就会发生自由的行为，这种自由的行为不是现象，因此也就不会在我们的认识能力的经验中发生：一个自由的行为是无法以这种方式被确定的。如果我们认为，我们在经验中看到了一个自由的行动，那么我们就超越了我们的可能性，这种可能性仅仅延伸到现象。比如心理学家试图将任何一种自由的行动解释为某个原因的结果，因为他们将自由的行动理解为现象，在现象的层面他们确实是对的。但这种解释排除了自由存在的可能性。关于偶然性和必然性也是一样的。一切现象都是偶然的，一切现象都通过某个另外的东西才存在。但由于世界并不是现象也不可能是现象，我们就不能排除一种必然的存在物的可能性。只不过这种必然的存在物并不是现象。

哲学的惊奇：从发问开始的哲学史

人们并不会在经验中遇到它。

因此，康德说前两个二律背反双方都是错误的答案，后两个则双方都给出了正确的答案，也就是说，一方是应用于世界中的现象，另一方则应用于那些绝不会成为现象的东西。当我们的理论理性将它的先验形式应用到现象上时，它会完美地发挥作用。但如果它想要去认识处于现象的彼岸的东西时，它就没有保持这些条件。借助于纯粹理论理性，我们只能认识那些在经验中遇到的东西，也就是说，认识那些服从于我们的认识的先天形式的东西。

现在，我们想简短地看一下，康德如何解释第三个理性的先天理念，即上帝的理念。在这里他的做法也是相似的。康德说，在理性的神学中，我们的做法就好像上帝是认识的一个可能对象那样。那样的话上帝就必须是现象。但上帝并不是客体、不是现象，而是对于认识能力而言的一个理念，即是调整性的和非构成性的。康德举了上帝存在的本体论证明来说明这种错误，我们在安瑟伦那里看到过这种证明。阿奎那已经拒斥过这种证明，笛卡尔又接受了它。

康德也拒绝它。为什么呢？因为这种证明是建立在想象的基础上的，实存被包含在上帝概念的"完善性"之中。对此康德强调说，无论关于一个对象的概念有多么包罗万象，我们都可以超出它，以便将实存归给这个对象。"就感性对象而言，这是通过与我的任何一个根据经验法则产生的知觉联系在一起才发生的；但对纯粹思想的客体来说，根本就没有工具可以认识它的实际存在……"关于某物是否实存，我们只能说，是否有一个直观填充进这个概念；因为没有直观的概念是空的。我们对上帝没有任何直观，并且我们也不知道，我们说这个概念时指的是什么，当我们说上帝——一个理念——时究竟在说什么。因此我们既不能证明，也不能反驳上帝的实际存在。传统的形而上学想要给出对上帝的实际存在的证明，它就跨过了理论理性的界限。它只是让我们估摸什么是可能存在的；但它不能证明这就是存在的：就好像反过来，我们也不能证明它就不存在。

我们只能在现象世界中具有认识。在超越现象的本体世界中，并不存在理论理性的对象。

这样，康德就又回到了他童年时期的信仰，他那信仰严格且虔诚的母亲向他传递了这种信仰。不可能认识上帝和证明上帝，但从这种不可能性中康德并没有得出上帝并不存在。相反，他澄清知识的范围并为它严格划定界限，以便为信仰留出地盘。人被要求在现象的领域中追求知识。在那里他没有找到任何界限，因为他的理性所走出的每一步都必须承认认识的无限任务，那就是再次去认识——在知识中，他从不认识整体性。因为理念是调整性的而不是构成性的。而一旦人们跨入了整体性或本体的地方，就不再有知识。在那里人被允许去相信。这意味着：通过相信，人就并不处在理性的矛盾之中。并且这并不意味着：存在一个领域，在其中

哲学的惊奇：从发问开始的哲学史

理性是起效用的；还存在另一个领域，在其中理性是无效的。但由于我们的理性已经向我们揭示了它的界限，那么停留在这个界限之内就是合理的。而在人们既不能证明也不能反驳的地方，人就相信——这就是说，人可以相信或者不相信。再提一次康德这话："我必须扬弃知识，以便为信仰留出地盘。"

《实践理性批判》

康德的哲学集中在三个问题上："我可以知道什么？我应当做什么？我可以希望什么？"

《纯粹理性批判》回答了第一个问题：我可以知道什么？我们已经理解了对这个问题的回答。我可以知道——并且寻求将这知道拓展到无穷——一切进入现象的东西、一切经验的对象。我从来不能创造对象的世界。因此我不能知道那些不是现象、不是经验对象的东西。这属于另一个领域。

《实践理性批判》则试图回答第二个问题：我应该做什么？它所涉及的是与决策、决定有关的理性，也就是一个自由的主体的道德行为。但这里并不是要具体地考察道德原则、讨论它允许什么或禁止什么——这取决于文化、时代、地域等等。康德想做的是，确定先天的条件，也就是寻找道德决定的普遍有效条件。

就好像《纯粹理性批判》并不是在研究物理学的法则，

而是研究一种对于现象的认识要在怎样的先天条件下才得以可能，在这里也是要去认识一种道德的决定得以可能的先天条件。

康德告诉我们，道德价值是直接作为先天的东西被人们体验到的，这就是说，它并不以经验为中介。在康德看来，道德价值并不想要追求一个值得争取的外部目标，它不只是在某些特定的条件下才成立，而是本身就有效。

我们想在这里停留一下。我们生活在一个和这种观点完全相反的时代。我们时代的大多数人的精神定位恰恰是倒过来的。他们通过设定起来的目标寻求对道德价值的论证，或通过在道德领域之外的给定条件来澄清道德的价值。

康德则以最为纯粹的方式代表了这种态度的反面。例如，马克斯·韦伯的著名理论就建立在早期资本主义时代关于"工作"和"节俭"的伦理的、清教徒式的价值赞赏的基础上。康德会说，如果社会学家和心理学家去研究，为什么在一个特定的社会中人们将节俭和勤劳解释为美的，他们的这种立场很有趣——但他们为什么这样做？他们关注的是一个事实，并且追问原因。作为研究者，他们确实有权去寻找一个社会现象的原因。但他们所做的却处于经验研究的范围内。对那些美德的认可是作为现象受到观察，以便获得一种对于社会的客观知识。但这并没有澄清，一种道德的价值本身是如何影响人的自由的。他们可能解释了，为什么在某一个特定的时代"工作"和"节俭"是道德价值，但没有解释

　　　　　　　哲学的惊奇：从发问开始的哲学史

为什么有些人遵从这些价值，尽管这些价值是与他们的欲望相矛盾的。在人们可以在经验的层面确定的东西之外，还有一些东西是在道德决定中下命令的——康德接着说——但社会学家并没有解释这些东西。但这才是最重要的一点。研究者建立一种道德并且描述它。但他自己可能完全不采取这种道德。康德则说，人们应当遵从一些道德价值，无论其结果如何，而只是因为它是道德的，这是在谈完全不同的东西。

还有一个例子：如果一个人类学家到了一个部落，其中的文化对他来说是完全陌生的，并且与他自己的文化完全不同，那么他能确定有哪些经济的或气候的因素规定了这个部落的伦理和风俗。这当然在科学上很重要。在经验确定和事实解释的层面他可能是完全正确的。但这个部落的人强迫自己去做那些为了抵抗这风和气候所必须做的事情，却并不是出于那些他认为是从外部决定的理由。他建立了一种道德并且描述它——但和部落的成员不同，他自己并没有采取这些道德。现在，他们对道德的接受就并不属于现象的领域。为什么人们同意这种或那种道德价值，这是一回事；而决定选择某种道德价值本身，这是另一回事。而康德要讨论的就是道德的决定。对他来说，只有当一个行为完全是由道德法则本身所触发的时候，这个行为才是道德的，并且这行为是不管任何外部目的或结果的，比如为了赢得同胞的尊重之类。"我应该"，这就是唯一的道德动机——一种召唤。

它针对的是我们心中的某种东西，康德称之为善良意志。善良意志是指我们内心意愿着与道德价值相一致的东西。我们的喜好则相反，总是想将我们拉到完全不同的地方，它是依赖于外部事物的。意志则介于两者之间，如果它意愿着与道德价值相一致，它就会成为善良意志。这就是说：善良意志为自己立下法则，康德称它为自律（Autonomie）。但自律绝对不是我们想要在何地、何时、做何事的任性。自律意味着 autos＝自我，nomos＝法则：意志给它自己立法则。并且这种法则就是遵循义务："我应该"。

在康德那里，遵循义务绝不意味着对自由施加强制，相反，它恰恰就是自由本身。自由意味着我们具有自律的能力，通过这种能力我们就获得了解放，不再是感觉或感情的玩物，而是可以通过这种善良意志，将对义务的尊重赋予自己。

这也与今天的观点完全相反，今天的看法将一切名为义务的东西都看作强制甚至操纵，并且将我们的情绪、我们自发的感觉视为真正的自由。对康德来说恰恰是相反的。感觉和感情是现象，因此它们就像一切现象一样服从因果性。于是就意味着，服从感觉就是服从经验的世界，在其中统治的东西恰是与自由对立的。于是，谁若意愿自由，就只能通过他自己的善良意志来达到自由，这意味着通过一种为自己赋予义务的法则来达到自由，然后他就遵循这种法则。这就是自律的意义。

康德在这里所说的是本体性的东西（noumenal），也就是完全独立于经验的限定性的东西。无论处于怎样的外部环境，善良意志都可以在这个情境中做义务所要求的事，由此，主体就成了自律的、自由的。我们以苏格拉底为例：他喝下毒酒，他拒绝逃跑，直到最后一口呼吸，这给予了他的死亡以道德的意义。也就是说，他直到最后都遵循义务的自律法则。苏格拉底直到最后一秒都是一个自由的人。在这一意义上，自律是绝对的和不可瓦解的。它作为本体是无条件的。

康德在这里区分了实践理性的两种命令：定言的和假言的命令。定言命令是道德法则的纯粹命令，这意味着来自先天的纯粹统治。当一个人说："我应该，因为我应该"，这没有其他的理由。这个"我应该"并不像人们经常以为的，意味着道德的人根本就不考虑其行为的后果，而是指，他在作出决定时只考虑这个结果是否具有一种道德层面的特征。重要的并不是结果是否让人愉快或如人所愿，而只是它的道德性质。因此，定言命令是一种义务的纯粹强制。纯粹意味着，规定我的行动的是道德法则的先天的、无条件的强制（没有经验因素）。经验因素混杂进我的决定，就会破坏定言命令的自律性，并且，在空间和时间中的后天的经验性考虑就取代了它的位置——至少是部分地；也就是说，对条件的考虑取代了无条件的义务。

在康德那里，这个条件被称为：假言命令。

当我说："我应该，因为我应该"时，人们可以举出各种可能的理由去反对它，从经验上讲，它们都是正确的，但另一方面它完全没有改变：我应该，因为我应该。

作为这种命令的化身，我们可以举安提戈涅的例子。伊斯墨涅向安提戈涅列举了如果她不顾国王克瑞翁的禁令、硬要埋葬她的兄弟波吕尼刻斯的尸首的话，会发生怎样可怕的后果。根据伊斯墨涅的描述，这件事会带来非常可怕的结果，是会让安提戈涅死掉的；并且事实也确实如此。安提戈涅努力回答伊斯墨涅说：她无法在现象的层面为自己辩护。她援引的是"神的不成文的法则"。这种不成文的法则恰恰就是康德式的道德法则的先天性，这就是说：道德主体的最后的、无条件的自由就在于，"这样做，因为应该这样做"。这就是定言命令。

相反，假言命令则是一种类似于医嘱的东西，因为它总需要对某个特定的要求作出回答。但它只是在有条件的、特定的前提下，并且是指向经验的结果时才是有效的。就理性这个词的通常意义而言，我们可以说它是"理性的"。如果事情是这样的话，如果我想要达到这样或那样的结果的话，我就必须这样或那样做、这样或那样选择；这就不是定言命令，也不再具有道德的绝对性；经验的东西就优先于先天的东西。在康德的《实践理性批判》中，这种区别是非常根本的。顺便提一句，康德——就像多数伟大的哲学家一样——对于人在作出决定时所处的境况和加诸于他身上的权力，绝对没有什么幻想。康德说，如果人做好事、如果人遵

　　　　　　　哲学的惊奇：从发问开始的哲学史

循道德的法则，那么只是出于义务、出于对法则的尊重而强迫自己这么做，不是出于纯粹的爱。

我们站在了之前讲过的奥古斯丁的思想的对立面。他说："去爱和去做你意愿做的事。"如果你爱它，那么你做的事，都会做得好。对康德来说则相反，人没有能力出于纯粹的爱去做善的事。如果他决定做善的事，他就必须绝对地决定，这种力量是如此的强，以至于他想要摆脱它。他必须绝对地、出于义务、出于对道德法则的尊重、凭借无条件的强制，去做这件事。如果有人想象人可以出于纯粹的爱而履行他的义务，那么，在康德眼中，这就是道德上的盲目。

在《纯粹理性批判》中，康德在认识的形式和质料之间作出了区分。我们在道德的层面，即在《实践理性批判》中也遇到了这种区分。道德行为的形式是法则，是"应该"的绝对必然性。道德行为的质料是结果，是经验的后果等等，也是特殊的规则的内容，它取决于地点和时间。就像在《纯粹（理论）理性批判》中一样，实践理性的特征，先天地就是必然性和普遍有效性。道德法则先天地是必然的和普遍有效的。我们必须正确地理解这一点。具体的道德规则可能在历史的进程中随着不同的条件而变化。但赋予这些规则一种道德法则的力量，则是某种必然的和普遍有效的东西。

在这里我想引用康德著名的一句话并做一下解释。康德说："你要这样行动，使得你的意志的准则在任何时候都能被当作一条普遍立法的原则。"

我们首先注意到，这个说法相当复杂："你要这样行动，使得你的意志的准则在任何时候都能被当作一条普遍立法的原则"。为什么说"你的意志的准则"？为什么人们不说——人们经常这样做——："要这样行动，使得你的意志在任何时候都能被当作一条普遍立法的原则"？人们也能进一步简化并且问：为什么要说"你的意志"？这句话可不可以简单地变成："要这样行动，使得你的行动或你的决定任何时候都必须被当作一条普遍的决定，无论情况如何"。人们总是能把康德解释成，似乎一个人的决定可以提供一种普遍的模板；就好像他的决定并不是在空间和时间中与一个历史背景相联系的。决定并不是在空空的空间中作出，对所有情况都无动于衷，它并不像一个三角形那样在几何学空间中的任何地方都一模一样。

让我们试着解释康德这个说法的含义。

"你要这样行动，使得你的意志的准则……"这里的"你的意志的准则"指的是：当你这样或那样决定你的意志时所采取的那条原则。也就是说，行为本身是不能被普遍化的。这话并不是想说，存在普遍行为的所谓模板，就像人们在一台电脑里做的那样，这个模板就能带来符合样板的决定；事情绝对不是这样的。行为肯定是根据不同的条件而有所不同。构成道德性、构成任何行为的道德属性的东西，并不是行为本身，而是意志执行相应的行为时所依据的准则。

并且这种准则对于定言命令来说是必然的和普遍有效的，它不可能是错的。它是道德法则的一部分，义务就在其中表达自身。比方说：为了真理或正义的价值，我们意愿执行一个特定的行为。真理的价值、正义的价值在任何时候都是可以被普遍化的。但如何将这种价值转化为具体的行为，则要根据经验的情况每次都有所不同。因此康德就谈到道德的"质料"，这就是指那些事实性的内容，它产生并存在于经验的历史性之中。我们看到，准则的概念是非常重要的。每个人，无论处在怎样的环境下，都应当采取这样的准则，它作为道德形式，可以合法地被当作一种普遍的立法前提。

义务并不强加给人任何完成了的模板。因为一个完成的模板是和主体身处其中的情况无关的。但这并不意味着，在道德中一切都是相对的，仿佛里面没有任何必然性和普遍性。必然性和普遍性是来自人的那些处于时间性的彼岸的东西，也就是与他的行动准则有关，这些准则任何时候都是出于善良意志的。这种准则是必然的和普遍有效的，并且在康德看来它就是道德性的形式。然而这种形式绝不是没有道德性的质料的，这就是说，绝不是不考虑经验条件的，一个行为必须在经验条件下被规定。我们再读一次康德的原话："你要这样行动，使得你的意志的准则在任何时候都能被当作一条普遍立法的原则。"康德要求说，我们在任何行动中所依据的准则都应当是普遍有效的，它可以始终没有例外地成为一种世界性的立法的原则。就是这样明确了先验道德及

伊曼努埃尔·康德（1724—1804年）　　　　　　235

其绝对要求所具有的必然性和普遍性的特征。

现在我们知道了什么是人的道德行为：根据某种假设性的命令行事，也就是说他们朝着一个经验性的结果，按照达到目标的手段来行事；或者，如果他们重视自己作为"道德主体"的地位，他们就渴望一些现成的规范，以保证他们的行为符合道德。但他们并不想像康德要求的那样付出努力，也就是说，不想深入到道德的永恒性中，以便从这种意志的法则中得出特定情况下的正确决定。

康德非常清楚，假言命令几乎总是（总是？）干预决定。尽管如此，他还是想表明：在一个决定中真正与道德有关的是什么、什么是为道德之名而做的，这就不是假言命令的效果了，也不是根据特定的目的选择手段，不是在具体情况中对成效的考虑，而只是唯一的一点：将一种绝对的、无条件的要求，即一种先天的准则应用到具体的情境中。

我们还想引用康德的一句非常重要且经常被误解的说法："你能够，因为你应该"。人们一度相信，这个说法意味着一种——这对康德来说是完全不符合的——对人类的弱点的无视。不是这样——"你能够，因为你应该"在这里说的完全是另一回事。康德指出了这样一个事实，无论我们是否履行义务，义务的概念对我们来说都具有一种意义。就连那些决定不做其义务所要求的事情的人，都完全知道他没有履行他的义务。或者他可能作弊。而当他作弊时，他也再次认识到义务这个词对他来说具有一种意义。他应该这样做，

　　　　　　　　　哲学的惊奇：从发问开始的哲学史

而不是那样做。

现在康德就得出结论，义务这个词对我们来说是有意义的。而之所以有意义，只是因为我们有做决定的可能性。如果我们没有这种可能性，那么"应该"这个动词、"义务"这个词就没有任何意义。道德的意义必然具有一个前提条件，那就是我们可以这样或者那样决定。选择的可能性意味着自由。从根本上讲，"你能够，因为你应该"意味着：你是一个自由的存在者，因为你在自身中找到了对于义务的感觉。

你也许会断言，你不是自由的。你借助心理学、生理学、社会学去说明你不是自由的，因此你对于你所做的事是无辜的、不负有责任的，就像动物一样。那么"义务"这个词对你来说有意义吗？如果有，那么之所以有就是因为你是自由的，不然的话就没有意义。"你能够，因为你应该。"无论你想不想，只要应该这个动词，也就是义务，对你来说有一种意义，那么你就无法拒绝这样一种善良信念：你是一个自由的主体。你能够，因为你应该。这就是这句话的意思。这句话毋宁是对于事实的论断，而不是道德的说教，它在一定程度上涉及人类存在的基本情况，并且使得我们不可能放弃我们的自由。你拥有自由的可能性，因为你拥有对义务的感觉。

当讨论康德的伦理学时，人们经常会谈到实践理性的三

伊曼努埃尔·康德（1724—1804年）

个公设。这是什么意思？我们可以在欧几里得的几何学中找到公设。一个公设就是一种原则，是人们一开始就为一个思想体系设定的东西，如果没有它那么这个体系就无法被证明。但它又不同于公理：人们不能证明一个公理，人们将它视为自明的。公设并不是自明的，但它对于整个操作的结果来说是不可或缺的。它是一种约定，但人们必须必然地允许这种约定。实践理性的三个公设，这是三个前提条件，如果没有它们，那么实践理性的义务就没有意义。它们从根本上再次回答了康德在哲学上的惊奇：无条件的义务是何以可能的？

由于"你能够，因为你应该"这个说法，我们就已经遇到了一个前提条件。这就是自由。如果我们不允许自由，那么实践理性的义务强制就没有任何意义。这是实践理性的第一个公设。

在这里我们必须提醒自己，我们是处在《纯粹理性批判》结尾处的情况中。我们在研究认识的先天形式的前提条件。我们正在讨论著名的二律背反中的这样一个论题：在世界中存在自由，以及这样一个反题：在世界中一切都是被决定的。康德是这样解决这个矛盾的：在经验的世界中，始终是因果关系的原则在统治着；但这只是在现象的层面有效。我们在讨论《纯粹理性批判》的最后还引用了康德的一句话，他说必须为知识划定界限，以便为信仰留出地盘。为知识划定界限，是因为知识只与现象有关，并且因为现象并不

哲学的惊奇：从发问开始的哲学史

是整体的存在。它只是我们通过我们的理性中的感性能力、知性和三个理念的调整性功能的先天形式，而被把握到的那一部分东西。

现在，实践理性（有了它道德就成为可能）则将自由设定为前提。这种说法与《纯粹理性批判》中所说的（也就是在现象的层面有着因果关系的普遍统治）矛盾吗？不，自由并不与之矛盾，因为自由被设定为并不是现象。（如果它是一种现象、一个经验的现实性，是人们能够在现象的层面遇到的东西，那么它也就会像其他一切东西一样服从因果关系了。）

我们看到：自由并不是现象。但我们知道，它是存在的——因为它就是"义务"的前提条件。它就是那个关键点——也是唯一一处——，我们在这里遇到了康德哲学中的一个本体。"遇到"其实也不是正确的词，因为我们不是像遇到一个现象一样遇到它，而只是在行动中、在道德的决定中与它相遇。在我们作出道德行为和决定时，我们是自由的。但一旦我们想要作为一个行动着的或作决定的主体观察自身，这就意味着我们像心理学家一样将自己的行为设定为对象，我们以客观的方式观察自己，那么我们就再次成为对于我们的认识能力而言的现象。我们的行为、我们的意志就成了现象，我们在空间和时间中观察它并且通过因果关系对它排序和连接。我们在《纯粹理性批判》中找到的所有普遍有效的东西，在这里也就都有效。这意味着：即使某个人是通过严格地服从纯粹的定言命令，出于义务意识做出一个行动，他也并不能够享受那些本身是自由的东西。因为一旦他想要欣赏他的自由，他就从本体界转移到了现象的层面。我们看到，康德的哲学提出了多么高的要求，同时又是多么禁欲苦行。在《纯粹理性批判》和《实践理性批判》之间并不存在矛盾，在作为实践理性公设的自由和现象世界中因果关系的普遍统治之间并不存在矛盾，这一点建立起了纯粹理性——它是在这样一个前提之下建立的：自由的可能性是一种本体。也就是说它并不是认识的对象，我们既不能将它变成客体，也不能从中获得满足。

因此，自由就是实践理性的第一个公设。《纯粹理性批判》使我们得以接受这个公设，而不会与我们的知性相矛盾。但这里并不证明它是存在的。《实践理性批判》也没有证明这一点。这里涉及的并不是证明。它只是向我们表示，自由是一个前提，有了它道德性（它在人类身上是实际发挥作用的）才具有一种意义。一种关于意义性的条件，即一个公设，它并没有证明也没有反驳并且也是不能反驳的，但它对于道德程序来说是必要的。

现在我们想要过渡到实践理性的第二条公设。但必须先做些准备。

康德并不是那种用特别乐观的眼光看待世界的人，他更多的是在其中看到了阴郁的色彩。

　　　　　　　　　哲学的惊奇：从发问开始的哲学史

他并不相信内在固有的正义。固有的正义意味着，一个好人就会在尘世中得到回报，相反一个坏人则会被惩罚。这也就意味着，要求一个人出于纯粹的应该的义务行动，就会被认为是坏的，因为如果人能肯定获得回报，这就意味着纯粹道德性的终结。固有的正义就会与定言命令的无条件性相对立。更有甚者：义务是艰难的，人并不是出于爱好而那样做，它是费力的，我们因它而受苦。因此对人来说有一种义务和幸福之间的分裂，并且义务总是要求幸福被牺牲掉。

在我们的道德意识中，康德说，就存在某种东西，它必须在某处给出义务和幸福之间的一种协调。但由于这种东西在尘世中是不存在的，我们就被迫去打开一个超出经验世界的维度。因此就得出了实践理性的第二个公设，灵魂的不死性。

这个不死性在康德那里始终非常神秘。它并不意味着在另一个世界中的报答或惩罚，而只是在本体的维度中、在经验的维度之余，打开了一种义务和幸福交汇的可能性。它可以给出一种幸福的义务，也许是一种幸福本身，但在一种完全不同于客观经验的维度上。并且，按康德的看法这在尘世的层面是不可能的，因此就必须在灵魂中假设某种东西，它是超越于现象世界的，也就是说首先是超越于时间的。如果灵魂超越于时间，那么它就是不死的。有死性意味着，在时间中找到一个终结，并且在时间之外没有希望。但灵魂的不死性并不意味着我在礼拜二死了然后在礼拜三又活了，只不过是在另一个地方活。它更多地是指，在本体的世界中不存在时间，并且在这一意义上灵魂的不死性是通过它作为公设的自由而被接受的。只有这种不死性才打开了一种义务和幸福之间可能的和解的视角。但这样一种可能性对于道德的连贯性来说是必要的：道德确实要求正义。

经常有人声称，《纯粹理性批判》中的康德在科学的意义上是非常现代的；但他在《实践理性批判》中又变回了一种道德化的神学家，并且发展了他以前严格禁止的慰藉思想。之后的思想家经常想单方面借鉴《纯粹理性批判》或《实践理性批判》，用一个排除另一个。我的看法则相反：在康德那里三部《批判》是相辅相成的，其中的每一部都构成另外两部的条件，它们赋予彼此真正的哲学意义。人们应当将它们整体接受，不然的话，那就不是康德了。

也就是说，第二条公设与《纯粹理性批判》并不矛盾，也没有得到《实践理性批判》的证明，但它必须被接受为它的意义的条件。于是灵魂的不死性就不能在时间的连续性的意义上理解，而是要在灵魂的本体性的意义上理解。

现在我们来谈实践理性批判的第三个公设。我们回忆一下：《纯粹理性批判》解释了，我们是如何通过范畴构造客体的统一性的，并且在调整性的理念的帮助下发展到现象的那种无法达到的总体性。同样的，《实践理性批判》也要求价值的协调，也即一种构成道德的所有因素之间的协调。这种超验的协调就是上帝。康德一再对我们说：我们不能证明上帝。

康德在《纯粹理性批判》中研究并拒绝了传统的上帝存在证明，因为这些证明的做法都是将上帝当作一个现象。我们并不拥有关于上帝的清晰概念。若要拥有这种概念，我们就必须对它有一个直观，但我们没有这种直观。也就是说，我们无法就上帝说出任何有效的东西，它既不能被证明也不能被反驳。我们只能确定，它的存在为整个道德实践带来了意义，也就是说它是道德性和自由发挥功能的前提。

因此，上帝就是第三个公设。《纯粹理性批判》为信仰留出了地盘。在涉及本体的东西时，信仰就有权主张自己；因为科学的对象只是现象。如果《实践理性批判》建立了三条公设，那么它就不涉及一种知识，而是涉及信仰，但它并不与知识相矛盾。这就是康德的批判的理性主义。

在现象的世界中，康德既不向我们承诺报酬也不承诺满足，既不承诺良知也不承诺确定性，他只是给了我们一种没有矛盾地去信仰的可能性。并且他解释说，这种信仰本质上是当下就存在的，就像我们在严格地考察道德行为时所看到的那样。

这里还要强调一些很典型的康德式的东西——即使不是他所特有的。康德称之为义务的东西，也即这种"应当"的绝对义务，它同时就是自由的同义词。

在这里，我们遇到了之前就已经在另一种语境中、以另一种语言谈过的东西，也就是在斯宾诺莎那里。我们在研究斯宾诺莎时就尝试过理解自由与必然性之间的协调一致。在那里自由无非是一种"是"，是对必然性无条件地说"是"。在这里则涉及一种哲学的观点，我们已经在大部分伟大的哲学家那里遇到过它的各种形态。这恰恰与我们今天经常称为自由的东西相反，今天我们把自由理解为，人们可以以其想要的时间、地点、方式，做一切他想做的事情，简单讲来，完全的任性。

任何这样认为的人，都会将义务视为自由的对立面。而康德会说：如果你们在任何时候、任何地点、做任何你们想做的事，那么你们就会受到现象世界中的因果关系驱使，通过自己的身体、感官、感觉，你们也就属于这个现象的世界。你们就会完全被束缚在自然的轨道上（在康德的意义上），并且你们也就让自己被因果关系压迫——这会夺走你们的自由。真正的自由在于遵循义务，因为唯有必然的和普遍有效的义务是能从现象界攀升到本体界的，并且它使那些超越现象的东西渗透到可以允许自由的地方。自由——在康德看来——意味着，主张自己的意志的自主性，而自主性则意味着按照那无条件的道德法则行动。

判断力批判

《判断力批判》比另外两个批判更加难以理解，也难以简短地解释清楚。但为了正确的理解康德，就像之前说过的，我们必须将"三部批判"视为一个整体，它们是彼此的条件：《纯粹理性批判》研究了我们的认识能力，《实践理性批判》研究了道德决定何以可能；第三批判《判断力批判》则最终提出这样一个问题：我们究竟何以具有形成判断的能力。

在第三批判的准备工作中，康德已经就合目的性、最终目的问题进行了追问。当我们谈论莱布尼茨时就已经强调过，他的整个哲学是建立在一种关于最终目的和前定和谐的理念的基础上的。可以说，从莱布尼茨的宇宙中诞生的实体，就是目的性。我们还记得，在被休谟从独断论的迷梦中唤醒之前，康德曾取道沃尔夫而深受莱布尼茨思想的影响。

现在，我们在纯粹理性的范畴中，完全没有遇到目的性这一概念。人们何以将目的性也纳入范畴的体系之中呢？根据这个范畴的体系，在整个现象世界中都是因果关系在统治。在《实践理性批判》中合目的性也是不存在的，它在那里甚至是被拒绝的，因为——就像我们已经看到的——一种道德的行为是出于义务，并且也意愿着义务且从来不去它的目的中寻求它的合法性。于是就似乎显得，在康德那里（就像在莱布尼茨那里一样），运行着的是一种拒绝目的因的思想。一旦在道德性中存在一种目的因体系，那么这个目的就规定了行为，而不再只有义务在规定道德行为。但这个问题对康德来说是以一种非常困难的和双重的方式提出的，因为在《实践理性批判》中合目的性是被拒绝的，并且因为在《纯粹理性批判》的层面上因果关系是普遍有效的；那么，合目的性到底要在哪里找到一个位置？

在下文中，我将不再提到康德，这一点应当明确地指出。我相信自己忠实于他的基本灵感，但我将不以康德的方式表述；我们现在想要知道，为什么他在提出关于合目的性的难题的同时，也提出了关于判断力的难题。

当我们作出一个判断时，比如当我们说二加二等于四，或者说这堵墙是白色的，这时我们想做的是什么？我们希望这个判断为真。一个判断，也就是说，随便哪一种语言行为，是具有目的性的，它遵循某一目的，简单讲来，整个表达的领域都具有目的。人们说出些什么，都是为了表达些什么、描述些什么、指明些什么；若没有这种"为了什么……"，说话都会变得荒唐。当我们说出一个道德原则或一个科学真理时，我们就是在做判断，以使其具有意义；我们做判断的能力，就是目的性。

理解这一点很重要。合目的性与另外两个批判是如此的矛盾，但同时它对于它们又是构成性的，但我们之前没有提到它，现在康德则首先在一个对象的世界中寻找它，在其中合目的性似乎是可见的，并且这个世界让合目的性得以被相信，也就是说，相信意义本身就具有一种意义，换句话说，合目的性在理性中享有公民权。

我再重复一遍：这不是康德自己的说法，我只是在解释它，但我相信，我的解释是忠实于他的。

康德首先转向了现象世界并且问自己，在那里是否无法找到任何用因果关系不足以澄清的东西，因此它需要合目的性的解释。他遇到了生命体的世界，在其中部分不可避免地是为整体而存在的，整体也是为部分而存在的。于是康德就说，人们是无法用因果关系来澄清生命体的，但它又确实是自然中的一个普遍范畴。生命本身就包含了某种东西，每个部分、每个器官以及整个有机体都显然是为彼此服务的。并且这种器官为有机体服务并且有机体也为器官服务的功能、这种相互关系、这种以某种方式封闭在内部的合目的性，它存在于一个生命体之中，这显然是不同于因果关系的。在现象的自然中（在其中显然是普遍的和必然的因果关系在统治），还有另外一些东西，它将自己构成为封闭的合目的性，这就是活的有机体。它同时也是一个处在因果决定的海洋中的小小岛屿。尽管一个有生命的物体也必然要服从因果决定论，就像一切物体都服从物理的和化学的法则一样。但此外它还有一些东西：合目的性，它在整体和部分之间、在有机体和器官之间发挥作用。

　　然后，康德还转向另一种对象：在思考了作为生命见证的生命体之后，他考察了美。存在两种类型的美：我们在自然中遇到的美，以及在人的作品、艺术中的美。在两种情况中，我们都在美中经验到一种合目的性，这不是决定论式的，不服从一种固定的技术目的，而似乎是一种自由的目的性，它在我们身上引起了一种印象，似乎它是不断向前运动的。我们在美中感觉到一种无障碍的目的性、一种朝向……的感觉、一种生机勃勃的平衡感——或者在崇高感中，则相反，某种不均衡感将一些无限的东西向我们敞开。

在生命体中起作用的是一种向内的感觉：如果一个器官执行它的功能，那么它就有一个感觉，自己是为一个整体服务的。同样的，美赋予了当下一种意义。艺术品在某种程度上是一个意义的结晶体，一种没有目标的目的性。一种无目的的合目的性，就像康德所说的。

现在，我们不再展开康德对自然中的美、对崇高、艺术中的美的分析。我们只想找到一个特定的锚定点，比如某个标志，去让他变得可理解。我们在这里可以思考一下卡尔·雅斯贝尔斯所称的"密码化的书写"：存在生命体、存在艺术品、存在美，这一切都是一些标志，这些事实让我们可以相信意义、相信判断中的合目的性；让我们可以如其所是地理解，我们是有判断能力的、一个判断可以具有一种意义。

基本上，这不是一种解释，但康德将我们的语言能力与其他东西联系在一起。语言是一种不同寻常的东西；对康德来说，语言仅通过意义、仅通过意义的合目的性而存在——并且这种合目的性在宇宙中不再是完全荒谬的，人们能将它带向与生命体的内在合目的性的关系中，带向与自然和艺术之美中的合目的性的关系。这种关系本身就是某种标志，它使我们得以相信，这些思想不是完全错误的、孤立的、与其他人毫无关系的。在我看来，这就是《判断力批判》的本质功能。它试图回答康德的第三个问题："我可以希望什么？"

这样我们就讲完了三大批判。我还想就康德再说几句。对我来说康德是最伟大的哲学家。也许我们可以将柏拉图与他并列。康德是一位哲学的巨人，由于他的惊奇和问题的彻底性、由于他将人的基本处境置于自由的能力；由于他的清醒，这清醒使他不仅可以避免将相对的对象加以绝对化的妄为，而且使这种妄为成为不可能；由于他的理性的锐利眼光以及他的信仰牢不可破，我们要将之归功于，他让人严格地持守在人类的界限之内，同时又暗示了超越性。

任何进行哲学思考的人都不会绕过康德。但人们对待康德的态度却完全不同。康德之后的有些哲学家向他学习、获得了他所教导的东西；然后他们试图通过攻击其哲学中的这个或那个点来展现他们自己的原创性。可以说，康德已经成了哲学话语中的一个组成部分。当然，人们也经常对他加以充满敌意的或理由不充分的批判。康德在这里是对的，但在那里是不对的——这经常就是学院派对他的态度。

对他的作品的另一种态度就是，挑出他的作品中的某一特定的部分、将其他一切都放在一边，并且将挑选出来的部分发展为一些超出康德自己认为合理的范围的东西。还有一些人试图将康德从高处带向低处，即带到"启蒙"的世纪，

伊曼努埃尔·康德（1724—1804年）

这在今天经常被评判为肤浅的、理性主义的。康德经常被过分地理性主义化；有一种趋势是将他看成完全抽象的和空洞的，或者相反，通过断章取义把他解释成一个说教别人该做什么的道德主义者。

所有这些肯定都是错误的。康德真正让我们做的，甚至是苛求我们做的事情是：让我们深刻地进入他的抽象之中，直到这种抽象遇到了一个人在他当下世界中的具体处境。这种"具体处境"，也就是说，在这个世界中的此时与此地，他必须努力认识这种处境，在其中他作出决定，并且怀有希望，但他不必去确定有什么东西超越这个处境。

我已经强调过，康德的哲学太过抽象，以至于没人能将它完全具体化。比方说定言命令，它只是简单地说："你必须去做你的义务。"有些人就会说："这简直太抽象了，我陷入困境，不知道我应该做什么。康德没有给出建议，也没有表达意见，这样一种抽象的道德什么都帮不上；为什么他要如此抽象？"但如果康德告诉了他们应该做什么，他就是剥夺了他们当下的行为，以及他们超越性的行为，但正是这些行为将现象界的东西提升到定言命令的层面。他想带给人们完全具体的和实实在在的存在的自由。

我想再次回到一开始就说过的那三个问题：我可以知道什么？我应该做什么？我可以希望什么？

我可以知道什么？我能在一个无穷的进程中认识现象；因为在科学中没有极限。我也能知道我只能认识现象，因此我的知识是有限的。

我应该做什么？我应该在此地此时、在具体的处境中按照定言命令行事，这正是我的自由，因为自由将现象界抛到了身后，只保留了义务，并且通过义务的无条件性本身，而赋予我的行为以道德的特征。

我可以很好地考虑我的行为的结果，但我对结果的关注不应该被这种结果所统治。我更多的是根据我的意志的准则来判断这些结果。

我可以希望什么？我可以希望一切我关于现象的知识所并不提供的，可以希望道德法则所预设的东西：可以希望我的自由；可以希望灵魂的不死性，这意味着灵魂的本体性本质是超越时间；可以希望上帝的存在。以及首先，我可以希望一种意义。而被希望的东西，是不被认识的。既不被证实，也不被证伪。它是被相信。

从康德到德国观念论

康德从根本上改变了整个哲学气候，而不仅仅是在德国。在康德之后进行哲学思考，就与在他之前不一样了。这是为什么呢？

我们记得，康德在科学这一事实面前感到惊奇。科学是存在的，它必须由必然的和普遍有效的判断组成，也就是由先天判断组成。那么，这种先天的判断与经验要如何符合？

这就是《纯粹理性批判》的出发点：要找到与经验相符合的科学法则。这个难题是从何而来呢？康德比之前的任何哲学家都更明确地设定了主体与客体之间的界限——在知识中——，人们从此以后就称它为"主体—客体分裂"。

按照他的看法，先天形式和范畴使知识成为可能，但我们只能认识现象，而从不会认识物自体、不会认识本体。因此，就科学的结果而言，它是一种节制的哲学。科学研究永远不会停止、不会完成，而是必须不断前进。另一方面，他又始终否定可以有关于本体、关于存在本身的认识。只有当现实性在空间、时间和因果关系中对我们显现时，我们才能认识它。也就是说，在认识的层面有一种根本性的禁欲主义。另一方面我们还记得，康德又在道德的层面要求，纯粹出于道德感作出一个行为，以便它能称其为道德的行为。我们在这里也从来无法获得满足——如果我们去获得满足，那么我们就落入了自我观察，即回到了主体—客体分裂、回到了假言判断，这就意味着进入带有条件的经验世界：空间、时间、因果关系。这就会是一种对于内部现象的客观观察，而失去了任何通向自由的本体世界的道路。因此道德性的绝对要求是没有任何报酬的。康德只是提出一个希望：灵魂会超越时间，也就是说，在对时间的超越中拥有一种不死性；在某处，义务和爱好会在幸福中合而为一。并且我们允许自己希望上帝是存在的。

这是一种在人类的局限性之中充满怀旧的哲学。它并不是将我们提升到超出我们的局限性之外，在另一种处境中我们只会遇到无条件的义务。从这个意义上我们能说，康德哲学将自己视为人类的某种山脊。他的思想也许是卓越的哲学：它既不偏向科学也不偏向神学，它事实上是沿着哲学的山脊前进，一种非常不舒服的、禁欲苦行的处境。人们很难持守在康德所处的位置上；有那么多的禁令、有那么多的要求。在那里举步维艰；这也意味着：做一个人是很难的，如果看清了人类的局限性的话。总有某种诱惑，让人在裸露的山脊上沿这一边或那一边的山坡滑下去。这些山坡是什么呢？

康德之后的哲学家所走的一条山坡，就是排除本体。他们声称康德引入了本体，但这不是必须的。因为在康德看来，在经验中从来就遇不到本体，因此它对我们来说没有现实性。这些后康德主义者因此否认任何实体性的东西、完全否认物自体。不再有任何实证的、经验之外的东西。唯一合法的认识就是经验的认识。

这就产生了一种几乎绝对化和整体化的科学：但其实既不存在整体的科学也不存在绝对的科学；但科学可以合法地声称将成为整体的和绝对的。一切都还原为内在性。一切都是处在经验中的。超越性（在康德那里是指本体）被拒绝，它根本就不再存在。在道德的层面，现在要找的是有用的东西；有效的东西，就是有价值的。在实践的领域发挥作用的绝不是那种具有超越性来源的先天价值，而只有一些在个体的和集体的生活中被证明为有效的东西——这就足以构成一种关于伦理的经验性观点了。

这就是山坡中的一条。这条路上有很多人，他们的影响已经远远超出了哲学家的世界，渗透进我们当代人的道德情感。

还有另一条山坡。它产生于一种相反的做法，这种做法不再关心客体性的东西，而只关心主体。我们在康德那里已经看到了，主体是如何通过它的先天形式构造一切经验、构造整个自然的。整个伦理世界也是道德的主体本身书写进他的自由之中的。但在康德那里，主体从来不会认识物自体、不会认识纯粹的伦理性。自由的行动、通向本体世界的唯一通道，必须被"贯彻"，但绝不是被固定。——而如果现在，康德的后继者沿第二条山坡往下滑，那么他们就是拿着一个康德已经拒绝了的话题，即本体性的认识和本体性的力量。以康德的眼光来看，他们就在幻觉中迷失了自己。康德指责他们说，就像雅斯贝尔斯一再提到的：他们在"激进"。这就是说，他们的思想跑到了他们作为人类可以合法地知道的范围的彼岸。他们把自己擢升成认识和权力的造物主，他们把自己置于上帝的层面。

比如，黑格尔就说，重要的是再一次思考创世之前的神性思想。

康德哲学的基本主张却恰恰是证明，绝对知识是不可能的，这就是为什么它应当被排除。可以说，康德将人钉牢在他作为人的界限上。但这也意味着，人总是想要超出这个界限。被钉住和渴望超越界限，这两者就是康德哲学。

人们经常说，康德是启蒙的高峰。说到启蒙时，人们指的是对人类理性的乐观的和专一的信念，在这种信念中，人看到了对认识世界来说理性是足够适用的工具，而从不向任何超自然的或非理性的东西妥协。理性在道德、国家、宗教中都是自足的；它保证——只要人们正确地运用它——人性的进步。因此人认为自己是独立的，人性将自己视为自己的目的：它应当发展自身。

在这个意义上，康德并不是启蒙的高峰；他更多地是超越了启蒙。

康德使人承担起一个无止尽的过程、一场没有终点的斗争，它不是向外的，而是向内的，是一场与人自己那被承认的有限性和相对性的斗争。因此，当康德谈到向人类开放的道路时，他立刻引入了界限、断裂、非连续性、非整体性等因素。并且，如果他通过这种不可超越的界限和断裂，证明了这种无止尽的追求是必要的，那么他也证明了自己在最深的意义上是反造物者主义的（antidemiurgisch）。人不能把自己视为与造物主并驾齐驱的分身。物自体并不是人创造出来的，他并不为它添加意义，在本体论的意义上人并不是词语的创造者。

后继者们反对这种限制。在康德之后不久，在年轻的哲学家中间就迸发出一种在精神领域进行征服的渴望。他们不再——像康德那样——对方法感兴趣；他们不再对主体—客体分裂中关于先天的东西的先验思想中的清晰区分感兴趣。从这时起，我们就发现自己处在了德国观念论的气候中。

众所周知，人们经常把康德归入德国观念论，因为他也赋予了主体以巨大的意义。但在我看来，这种分类是不对的和让人误解的。我们必须在思想的山脊上理解康德的特殊性。

　　属于德国观念论的有三名伟大的哲学家：费希特、谢林、黑格尔。我们在这里只讨论黑格尔，他对我们今天思想的方方面面都发挥着深远和广泛的影响。

黑格尔（1770—1831 年）

当法国大革命爆发时，康德 65 岁，黑格尔只有 19 岁。当时年轻的德国哲学家深受法国发生的事件鼓舞。他们也深受康德哲学的鼓舞，只不过他们对它并不满意。对他们来说，康德哲学只是黎明，而他们想让太阳升起。

他们以继续康德的工作为借口，却彻底放弃了他的立场。康德本人也有这种感觉。在他眼中，他们完全不理解他想要什么，他一直非常强调，认识主体不能为存在添加任何东西：现象世界只能通过先天的形式被把握，这种把握并不涉及存在。他也教导说，如果知性没有得到感性知觉的辅助，那么知性就无法运作。直观必定是被给予的，理智本身并不存在直观。康德补充说，无论谁声称自己拥有理智的直观，也就是说拥有直接的理智把握，他就是在"激进"，他们在幻觉中迷失了自己。简单讲来，康德拒绝对理智直观的主张。

年轻的哲学家则相反，他们认为自己拥有理智的直观，能够对真理有某种神秘的但又符合理性的把握。黑格尔就认为，可以对神性的思想进行思考。而这是被康德从根上排除出其哲学的。这种越界行为的可怕后果，还没有完全展现出来，但我们之后会看到。

黑格尔构建了一个宏伟的体系，在古代的亚里士多德、中世纪的托马斯·阿奎那之后，这是西方哲学中第三个伟大的体系。

黑格尔出生在斯图加特，是一名公务员的儿子。他与谢林和荷尔德林一起求学，曾担任家庭教师，于1801年在耶拿担任私人讲师，然后成了著名教授。他生活在德国浪漫派的时代——他身上的某种重要的浪漫派因素是不容忽视的。

他的体系是强有力的。他想要把握一切，想要成为整体。对黑格尔来说，一个思想，若它不包括一切，就是不真的。这正与康德相反，对康德来说界限是真理的一个条件，相反，黑格尔则要求总体性。

黑格尔认为，只有在总体性中，人才能追求真理。而追求总体性是如何可能的？因为在黑格尔看来，一切现实的东西都是理性的，并且一切理性的东西都是现实的。这是黑格尔的著名表达。换句话说，现实的东西达到了与理性的东西的完全同一。

他当然无法直接"证明"这一点。黑格尔的哲学旨在阐释刚才所引用的惊人的句子。黑格尔的哲学中有大量具体的信息，它完全不同于那种纯粹智性构造的"薄"的哲学。黑格尔使用了大量历史中的、其时代给定的东西和事实，并用它们去填充预先确定的体系。在某种程度上，给定的事实可以在预先确定的体系中占据一席之地，人们可以说这是一种确证。因此，它所涉及的并不是一种实存层面的证明，也不是一种理性层面的证明。但黑格尔成功地将事实在体系中排序，并且巩固了体系赖以产生出来的前提。

一个建立在"一切现实的东西都是合乎理性的，并且一切合乎理性的东西都是现实的"这句话之上的体系，人们将它称为泛逻辑的体系。"泛"是一个希腊词，意思是"一切"；泛神论：一切都是神；泛逻辑：一切都是逻辑的、合乎理性的。根据这样一个概念，并不存在现实性和理性之间的二元对立。

人们可能相信，在黑格尔那里会找到一种巴门尼德式的情况；但我们会看到，将黑格尔与赫拉克利特相比较是更有理由的。

首先我们已经明确了泛逻辑论，但我还想要强调这种哲学的一个非常惊人的特征。一切现实的东西都是合乎理性的，一切合乎理性的东西都是现实的。但在现实性的真正中心以及在理性的真正中心，黑格尔却放置了某种否定理性的东西，无视逻辑的东西，也就是矛盾。

迄今为止，我们都在矛盾中看到逻辑的对立面。赫拉克利特借助矛盾，去澄清作为对立面的斗争的现实性，当他这么做时，已经断然地离开了理性的规则，巴门尼德就指责他这一点。巴门尼德说：人不能同时说"存在存在着"和"非存在存在着"。也就是说，矛盾是理性的对立面，是逻格斯和存在本身的对立面。对黑格尔来说则相反，矛盾处于中心，并且正是由于这种中心处的矛盾，他的泛逻辑论才是成立的：一切现实的东西都是合乎理性的，并且一切合乎理性的东西都是现实的。这当然唯有通过一个过程、一种发展、一段生成，才会发生。在赫拉克利特那里——我们还记得——是一种斗争。一种斗争也就是一个过程。在黑格尔那里这个过程是历史，我们可以说，在黑格尔体系的中心竖立着一座纪念碑，它来自一种对于历史的生机勃勃的、敏锐的感受。

我们知道有些思想家，在他们那里哲学的模板是数学形式的自然——我们想到柏拉图、毕达哥拉斯派、笛卡尔。我们认识像康德这样的思想家，在他们那里科学首先被描述为物理学。还有其他人的哲学思想受到生物学的启发，比如亚里士多德关于整个存在的类似于生物发展的观念、莱布尼茨关于欲求着的单子和它的目的的观点。在黑格尔那里这个模板则是历史，人们完全可以说，黑格尔对现代的最重要的影响之一，就是将历史吸收进我们的思想，它的意义深远，并且从某种角度看来，这种意义可能过于深远。

那么，活跃在现实和理性的中心的就是矛盾，并且经过一个过程，矛盾得以被"克服"。因为这个矛盾并且经由这个矛盾，有些东西出现了，有些事件发生了。这一开始确实很难理解。我首先想给出黑格尔思想的一个框架，当然是以抽象的形式，然后我们会过渡到更实质的内容。

为了弄清楚这种思想的结构，我们可以想象三个大圆圈，在每一个圆圈中又有三个小圆圈，这样就趋近于无限。这是什么意思呢？这意味着，黑格尔的思想是以圆圈的形式发展的，它的节奏根本上是三阶段的，并且这种三阶段的节奏构成所谓黑格尔式的三段论。黑格尔式的三段论，就是正题、反题与合题。

我们举个例子：黑格尔的《逻辑学》。它涉及一种非常特殊的逻辑，不是亚里士多德那样的形式逻辑，也不是沿用至今的那种逻辑学；它是一种辩证逻辑。我们还会看到，在黑格尔那里"辩证法"这个词的意义。他的辩证逻辑是这样开始的：人们从存在（Sein）这一概念出发。当人们想要把握存在时，这个存在的概念就必须适用于一切存在者。一切存在的事物，就必须被逻辑的、适合于它的存在概念把握。这意味着，"存在"必须被应用到一个苹果上，就如同应用到一个原理上，同样也要应用到一句陈述上，就如同应用到其他任何东西上。一切存在的东西都必须能够被存在这个概念覆盖和把握。然而，如果存在概念能够把握一切存在者，那么从逻辑上讲，它就具有拓展性、普遍性，于是它必定完全没有任何特殊性。因为如果概念具有哪怕最小一点点特殊的属性，它就不再能被应用到一个恰恰并不具有这种属性的存在者上，而只能应用到其他存在者上。

　　　　　　　哲学的惊奇：从发问开始的哲学史

因此，为了具有普遍性，"存在"概念就不能有任何特殊属性。但黑格尔又说，没有任何属性的纯粹的绝对存在，和无（Nichts）没有任何区别。存在就与非存在（Nicht-Sein）相同一；如果存在不具有任何属性，那么存在与非存在之间有怎样的区别？也许是实际存在这种属性？并不是。在纯粹逻辑中，存在是非存在的对立面，但它们也是完全相同的。于是我们就有了两个词，一个代表正题，另一个代表反题，非存在（反题）对存在（正题）彻底的否定显得两者是同一个东西：这意味着，我们还完全没有触及任何现实的东西。两个概念的第一个合题使我们接近了某种现实的东西，这个合题同时把握了存在和非存在，这就是变异（Werden）。

第一组三段式就是：存在、非存在、变异。为什么是变异呢？因为变异同时是存在和非存在。变异是从一个过渡到另一个，从存在过渡到非存在以及从非存在到存在。在变异中，某些东西变了，这意味着某些东西从存在过渡到非存在，某些东西从非存在过渡到存在。也就是说，一段历史、一个过程。这就是黑格尔的第一个三段式。

这种三段式，即正题、反题与合题的三部曲，一再地在黑格尔的思想中重现，它展现了思想的基本框架、展现了逻辑，但在他看来这也是现实中的变异的基本框架。

我们已经看到，存在是正题，非存在是反题。在这两者之间存在一种他称之为否定的东西。这里很重要的是，去把握黑格尔将否定融合进其体系这一做法所扮演的本质性角色。否定是主动的和创造性的，它是变异中的发动机。

我们提到过，黑格尔侧身于浪漫派之中；在这里却是有一些很深的浪漫派的东西。我们还记得歌德的诗《神圣的渴望》(Selige Sehnsucht) 中的著名诗句"死去与变异"(Stirb und werde)。这种"不"、这种否定、这种摧毁、这种死亡——必须发生的东西，正是通过它们才发生。只有通过否定，正题才过渡到反题；只有通过双重的否定，正题和反题才在合题中同一。这种双重的否定，也就是对否定的否定：合题。对否定的否定产生合题。

这种思想是"本体论"的：它在存在的内部运作。借助于否定，它努力去符合存在生命的本质性的过程。

我们必须理解，为什么前两个概念存在和非存在，被黑格尔称为"抽象"的，而合题概念是第一个他称之为具体的概念。

他如何使用这些词？在"抽象"这个词的词源学意义上，存在和非存在是抽象的概念。抽象意味着：从……中抽离出来。对黑格尔来说，存在是一个抽象的概念，因为它是单面的。它并不进入联系。它并不与某种其他的东西联手进入一个事件。否定性在这里还没有渗透进来。而反题，无，也是抽象的，因为存在封闭在自身内，也还停留在它那种无菌般的单面性中。相反，变异则是第一个这样的概念，在其中存在和非存在一起变成了一种新的东西。"具体"来自

"共同成长"（concrescere，concretum），它们一起变化，在共同的生长中结合在一起。"具体"和"抽象"的意义在黑格尔那里非常重要。

现在，我们理解了黑格尔那里否定性所具有的创造性的现实性。由于双重的否定，变异就作为第一个具体的概念产生了。我们可以说，黑格尔的思想框架兼备了赫拉克利特和巴门尼德：相对立的抽象之间的斗争产生出了具体的合题。基于这个理由，人们经常将黑格尔的辩证法与赫拉克利特的辩证法比较。

现在我们来说说辩证法。我们已经遇到过这个概念很多次了，首先是在柏拉图那里。我们也必须很好地理解，黑格尔是怎样使用这个概念的。辩证法这个概念在马克思的思想中也扮演着一个基本的角色。

在黑格尔那里，辩证法意味着在三段式的运动中，通过双重的否定展开自身。我们已经看到，黑格尔的逻辑不符合亚里士多德的形式逻辑和传统逻辑：在亚里士多德那里，肯定和否定是互相对立的，在它们之间没有发生任何事情。逻辑在一个静态的世界中展开自身，就像数学家的世界一样，在其中不存在变异、不存在历史。相反，黑格尔的逻辑是一种辩证逻辑，它采取一种动态的过程，这个过程允许通过否定扬弃矛盾，这种逻辑在历史过程的进展中，将矛盾变成创造性的，它构成了存在本身的质料。

黑格尔和康德之间的一个基本区别在于：在黑格尔那

里，思考是在一个过程中进行思考——而不是像康德那样，在一个结构中思考，这个结构是有界限的并且有一个界限的彼岸。

黑格尔的哲学包括三个大的部分：第一部分：逻辑学，第二部分：自然哲学，第三部分：精神哲学。在这三个部分中，我们都能找到三部作品，然后在每部作品中又都有三卷，每一卷又有三个部分，每个部分还分三章，等等。这样的三部曲不只是一种表达的方式，它在这里还属于思想的本质，同时在黑格尔看来也属于存在的本质。黑格尔的思想采取了变异中的三段论特征。

逻辑学讨论的是纯粹思想，即关于存在的思想、关于非存在的思想、关于变异的思想。这就是说：思想是在它的纯粹内在性中被反思的，且在它的纯粹抽象的内向性中被追踪。

自然哲学：思想通过对它首先的、纯粹的内在性的研究，（辩证地）达到了对其内在性的否定。在思想中对内在性进行否定，就带来了思想的外化过程，即它在外部世界中的展开。思想的他者存在（Anderssein）的这种形式，在黑格尔那里就是展开了的自然。也就是说，自然在黑格尔那里和思想是一回事——但自然经历了否定。这就是关于自然的哲学。思想否认了它本质的内在性，它通过将自己在空间和时间中外化和展开为自然，而探索自身。

那么正题就是：逻辑学的内在性。反题：自然哲学的外化。现在则是合题：精神的哲学。

精神哲学：思想在对其内在性的第一次否定之后，也就是说，在以自然的形态展开为外在的东西之后，思想又经过了第二次否定，它通过思考这种外在的东西，并且通过扬弃外在的东西，又回到了它的内在性。但它不再是那同一种内在性了：对否定的否定，已经发生的事情的结果就是，当精神在精神哲学中回到它自身时，它已因它所执行的这种双重的探索和否定而变得更丰富了。

在黑格尔的这种思想结构中，显然有一种三位一体的元素，它是从基督教中借来的。

首先它类似于亚里士多德的体系。它涵盖一切，包括了一种巨大的变异，只不过比亚里士多德的更为"历史"。三位一体的东西与这两种体系都不同：它在黑格尔那里贯穿着本质性的结构，贯穿了一切实际存在的东西，首先是贯穿思想。黑格尔也说，这种三段式的结构会一再重复。

黑格尔并不是在证明他所说的东西，就像我们已经指出的：他更多地是用一切种类的具体的现实性去填充这个框架，以此来展示他所说的东西。他提供了大量经验性的单个事件，它们都在巨大的框架中找到了自己的位置。（其中的大部分都是很合理的，但有时人们也会有种印象，好像他在这方面有点用力过猛，将单个的事件强行装进框架中。）

比如我们可以从"世界历史哲学"中找到例子，它显然分为三个部分：亚洲历史、古代历史、基督教历史。正题：亚洲历史是一个人与神之间有着巨大的不平衡的时代，人性完全被神性压倒。反题：古典希腊—罗马时代（不可以存在四个部分，所以才是希腊—罗马；黑格尔是逐一地讨论它们的，但它们在其三段式中只构成了一个要素）：古典时代展现了一种平衡的状态，人和神之间有某种平衡。合题：基督教时代；在其中，不平衡和平衡在某种程度上被扬弃了，这就是说：通过基督教，人和神都被抛弃并且在更高的层面被保留。在世界精神历经了对这一个和另一个时代的否定之后，这一时代构成了正题和反题的合题。

我们可以将黑格尔的整个哲学视为一部奇妙的形而上学小说，或者一部形而上学传记，关于他称之为理念的东西的传记，理念或者概念。之后我们还要说到这一点。黑格尔根据不同的位置，以非常不同的方式使用这些术语。我简化一下：在黑格尔那里存在一种非常巨大、有力的主体，它历经了整个三段式的发展过程，我们已经谈过这种发展过程。我们已经看到，在康德那里这种主体具有决定性的意义。德国观念论的哲学家将这种翻转用于在某种程度上将自己提升到上帝本身的阶段。现在，理念或者概念——像黑格尔所说的——是普遍历史的主体；它是通过三段式的过程、通过逻辑"变成"的。有一种存在者，它是变异的绝对主体，同时也是理性发展的主体。

当我说，黑格尔在某种意义上是以上帝之名说话时，那是因为他相信自己能够向我们讲述一部关于普遍主体的传记，这个普遍的主体最终是上帝。归功于否定的活动和被扬弃了的矛盾，在黑格尔那里，上帝就生成了并且不会消失。上帝同时也是普遍的变异和永恒不变的东西的主体；并且这两种元素之间的运动在黑格尔那里是辩证的，因为在任何一种情况下，它都是辩证的。至于人们能不能思考它，这是另一个问题；但无论如何黑格尔都想将我们引诱到这个说法中。黑格尔哲学的第三个部分，也就是在逻辑学和自然哲学之后，是精神哲学。它是黑格尔哲学的包罗万象的合题。这就是说，在精神哲学中，从对纯粹思想的内在性的否定中产生的自然，就像在逻辑学中所处理的那样，又回到了思想的内在性本身；但它不再是开始时那种纯粹的思想，不再是贫乏和抽象的，现在它是"存在"，它已经赢得了现实性，因为它走过了一条外化的道路，走过了双重否定的过程。自然是外在的王国，我们已经在笛卡尔那里看到了。但对笛卡尔来说，自然是指另一种外在，这种外在是与思想相分离的，并且人们不再知道要如何才能将广延和思想结合起来。在黑格尔这里则不是这样。因为，自然是外在的王国，但同时它就是思想，它经历了否定性；因此就能理解，它能够重新回到思想。作为外在的王国，自然也是必然性的王国，但在这里不能在斯宾诺莎的意义上理解必然性，而是要在决定论的意义上、必然的因果关系的意义上理解。在自然本身之中，并不存在自由。精神，与之相对的，则是完全的内在性。由于一切都是在精神之中的，这就意味着，精神绝不服从外来的影响。因此，如果外在是自然的特征而内在是精神的特征，那么精神就是绝对的自由。精神本身——不是个人的精神——，而是宇宙的主体，就是绝对自由。但现在，这种精神的绝对自由在自然中支配一切，它通过必然性否定了自然。它首先只是作为潜在的自由。黑格尔在此采用了亚里士多德的术语。在某种程度上，在自然的纯粹必然性中存在一种潜在的自由。如果能成功地通过否定性贯彻自然的必然性，那么人们就获得了精神的绝对自由。

黑格尔是这样描述的：精神最初只是潜在地是自由的，事实上，它自由的程度，也就是它通过有效地、也就是"现实地"行动而在自然中实现的程度。我们在这里又一次遇到了"现实性"（Wirklichkeit）这个词，我们之前已经谈过它。它来自"实现"（wirken）这个词，描述了一种有效的成果。因此精神就是在自然中活跃的东西，这意味着精神思考着自然，以某种方式取消了自然中有限的事物的外在性并将它扬弃，且将自然带回了它本身自由的无限性之中。

现在我必须解释一个我们其实已经用过很多次的词，这个词在黑格尔那里有一种非常特殊的意义："扬弃"（aufheben）这个词。它有一种双重的意义：既有"抛弃"的意思，又有"在一个更高的层次上保留"的意思。自然被否定性视为外在的东西而被扬弃，它被精神"抛弃"但并不是完全抛弃：其中的某些东西是"被扬弃"、"被保留"、"被改变为更高的现实"、被提升为精神内部的东西。

再说一遍：精神并没有摧毁自然，但它摧毁了自然的外在性，这是为了将它变成某种别的东西、某种对精神来说属于内部的东西。我们以自然法则为例，这种法则可以应用到很多自然现象上。在自然中起作用的因果关系是完全外在的。在法则中，它却被内化为关系的必然性，这种关系从现在起就已经处在精神的无限性之中了。自然没有被消灭，它继续存在着，但精神在某种程度上吸收了自然中外在的东西，将它变成一种嵌入到精神的无限性之中的东西。通过这种方式，精神就实现了一种真正的无限，一种完善了的无限，它是与黑格尔称之为"坏的无限性"（schlechte Unendlichkeit）的东西相反的，坏的无限性指的是没有意义的、没有尽头的非圆圈式的无限性，它的典型模版就是自然。

那么我们就看到，精神通过为自己赋予一种行动来展现自身，它将有限扬弃为无限；它通过对自然的外在性加以否定，超越了自然的有限性。它是一条"死去与变异"之路。

关于黑格尔称之为精神的自然，以及关于自然如何回到精神的内在性，我们就说这么多。

在精神的形而上学历史中有三个阶段、三个时刻：主观精神、客观精神和绝对精神。显然，客观精神又是对主观精神的否定，而对前两者之间的抽象的分离的否定，则实现为一种总体的、具体的、最终的概念，即绝对精神。主观精神是处在第一阶段的精神，它是从自然中显现，又回到自身的过程。这种从自然中的显现有三个阶段。第一阶段是灵魂，第二阶段是意识，第三阶段是理性。

灵魂构成第一阶段：精神依然与身体结合在一起。灵魂与身体合一这件事，在诸如黑格尔这样的哲学中完全不构成困难，因为身体本身就是外化了的思想，它是从思想的内在性中登场的。

接着是第二阶段——意识：灵魂否认了它与身体的同一，它从身体中区分出来，以便以分离的方式思考自身和身体。这种向着自身的回归产生出了意识，对黑格尔来说，意识就是灵魂对它自身所拥有的确定性。精神专注于自身，并且与自然相对立。我们在这里再次看到了正题是灵魂，反题是意识：它使自己与自然对立，因此与自然分离。

主观精神的第三阶段也是最后的阶段——理性。理性是实现了前两个阶段的合题的精神，这就是说，它解决了精神和自然之间的矛盾，并且赢得了一种确定性：精神和自然其实是同一的。这是主观精神的最高阶段，因为主观精神通过否定和矛盾赢得了对于辩证过程中的同一性的意识，在这个辩证过程中，精神和自然所构成的只不过是同一种的东西。关于主观精神我们就说这么多。

现在让我们来看客观精神。我对其思考得越多，便越能体会它的意义。

客观精神不再是那个说着"我"的灵魂，不再是说着"我"的意识，不再是说着"我"的理性。客观精神是某种现实的东西，它通过精神创造了世界，并且它覆盖了事物的世界。这意味着所有与法（Recht）有关的世界。法是指什么呢？黑格尔说，法是这样一个世界，在其中，一种分散的意志在客观地统治着。这个世界既不是自然，也不是我的主体性。它是像自然一样客观的，它是一种集体的意志的客观存在，一种社会性的理性。法不是以主观的方式被思考的，而是被固定在书籍、法律、文本中，它环绕着我们，它独立于个体而存在。我们以法律文本为例：它客观地要求所有法学家，它并不依赖于个人的同意，它也不是人格：它属于一个客观存在的精神世界。

黑格尔也在法的世界内部区分了三个层次：他将法的第一个层次称为抽象法权（das abstrakte Recht）。它向每个人保证了自由地处置其财产的可能性。为什么呢？因为它给出了一个契约，这个契约表达了确保每个公民都拥有这种权利的普遍意志。这种权利被称为抽象的，因为它只是由一个契约确定的；它只是在它单方面的客观性中有效，因此人们将对契约的否定称为一种犯罪。抽象法权对应于我们一般在这个词的法律意义上所说的东西。这种法权尚未承载道德，并且它的有效性基础是处在单个的人格之外的。

这就是客观精神的第一个阶段。现在我们来看第二个阶段。由于抽象法权是处在其外部的客观性中的法权，因此第二阶段必定是对这种外在性的否定。它就是道德。道德是反思它自己的精神，它恰恰从法权的客观性中撤回，并因此而在它自身中找到了普遍法权的基础和法权的意义。不是这个或那个条款、不是这个或那个契约，而是契约本身的意义，也即道德。

很清楚：如果只存在法权的客观性，那么它就无非是通过单纯的武力来贯彻。它也就不是法权了。因此，客观的法权、客观法权的意义和对它的承认，必定在另一个层面有一种主观的根源。因此，它并不涉及法权的内容，而是涉及它的意义和对它的有效性的承认。在黑格尔那里，这就是道德。

因此，客观精神的一种真正的展开发生在第三阶段，这就是说，客观的法权的具体展现如果只是在道德中被承认，那是不够的——它必须具有特定的内容。这种具体的内容——第三个层次——被黑格尔称为道德的和社会的现实性。它是由一个现有社会的所有法条和政治机构、习俗、规则、形式、模型组成的整体。然而，这套整体是不具有普遍性的。

首先，一种抽象的法权是必要的，其次，道德对于普遍法权来说也是必要的，然后，作为具体的阶段的道德和社会现实性同样是必要的，在它们的基础上，一切都能够在历史中实现：在一种道德和社会的现实性之中。

黑格尔说过："太阳和月亮对我们的影响要小于道德和

社会的力量。"——我们离伟大的古代人格相距得多么远啊，与那些地点、时间和历史中的榜样，或者与斯多亚式的方式相去甚远。在黑格尔那里，我们是浸没在历史和社会之中的。并且在黑格尔看来，这构成了现代人的自我理解的基本特征。

在客观精神的第三个层次中，即在道德和社会的现实性中，黑格尔又区分了三个阶段。

第一阶段是家庭：它将个人提升到为必然性服务，它要求人抚养孩子、超越激情的偶然性。

第二阶段是个人所组成的体系——市民社会，人们以外在的方式联系起来，以便满足他们的需要。在这里我们找到了职业和经济生活的组织，简单讲来，找到了所有对于在现实中生存所必需的东西。家庭的统一性是建立在感觉的基础上；而在社会中，人的外在的和客观的需要得到满足。

最后是这两者的合题，也即家庭中的感情和市民社会中的必然性的合题：由此产生了第三个阶段：国家。

在黑格尔看来，国家是一种类似于家庭、社会那样的东西。对黑格尔来说，国家是家庭和市民社会的合题。这就是说，国家包括了家庭中感情的一面，但否定了它那种自私的特殊性；同时包含了市民社会，赋予它意义和方向、向它指出了意志和自由的道路。对黑格尔来说，国家是一种实体性的现实性，它同时也是理性，人们寻求在一群人的共同体中实现这种理性。人们应当参与国家，不然的话它就不会成为现实的、不会实现它自身。我们还记得，斯多亚派也这样想。

在黑格尔的历史哲学中存在一种意义，这就是说，历史的意义和方向在于为精神带来一种有意识地迈向自由的进步，并且这种进步是在国家这一形态中发生的，公民都要参与其中。

这就是黑格尔的基本的国家理论。它以种种方式被滥用为对国家的神化，但那根本不是黑格尔的意思。但这种学说确实很容易导致那种滥用。

现在我们进展到了绝对精神的层面。

绝对精神是精神经由人性回到了它最为丰富和深刻的内在性之中：这就是说，回到了一种自然被保存得最多的内在性中。在精神返回自身的内在性过程中，自然在所有的否定中坚持下来，被废除、被保留、被扬弃。

在绝对精神的内部存在三个阶段，艺术、宗教，以及最高的——哲学。

那么，艺术和宗教何以是正题和反题呢？

对黑格尔来说，艺术是绝对的一种外在表现。在宗教中则相反，绝对成了一种内在的体验；并且，外在的东西与内在的东西的合题，就在哲学中完成了，哲学通过纯粹思维把握绝对。

首先，艺术作为绝对的外在表现。黑格尔区分了三个阶段。首先是象征型艺术，它先在东方和埃及培育起来。在黑

　　　　哲学的惊奇：从发问开始的哲学史

格尔看来，它的基本的艺术类型是建筑。为什么是象征型的？因为艺术品，也就是纪念碑，它表现了神性的一面，但并不是神性本身，神性与人之间的差距太大了。在黑格尔称为东方的这一历史时期，在神性和人之间存在着如此深渊，以至于通过任何表现都无法弥合。因此，艺术是象征型的，它本质上是建筑，无法表现神本身。

第二个层次是古典型的。它能在希腊人那里被发现。此时在人和神之间存在一种平衡，一种人与人对于绝对的东西的感受之间的和谐，这种和谐其实又回到了人的尺度上。通过这种方式——在古典阶段——雕塑成了占统治地位的艺术：人从石头中刻出形态，这种形态以人的形式表现神。但这仍有一个缺点。在这种表现中，绝对被丢失了。在象征型的阶段，艺术表现得夸大其辞，在古典型的阶段，又过于拘泥于尺度。

这两者的合题构成基督教的艺术。按黑格尔的说法，它是对绝对的表现，但绝对是作为超越的东西，而通过表现闪耀出来的。这个时代的典型艺术是绘画、音乐和诗，因为它们使得一种完全浸透了超越性的表现成为可能，它既保持了神性的超越性，而又不至于影响了表现的可能性。关于艺术就说这么多。

接着是宗教的阶段。在这个阶段，就不再存在任何外在的表现，而只有灵魂的一种内在状态或一种内在的运动，它将自己提升到了神，在那里，感性的形式都被吸收掉了。

黑格尔（1770—1831年）

绝对精神的最后一个层次是哲学——黑格尔当然也将他自己的体系视为哲学的王冠，因为通过各个三段式中的否定，每个抽象的片面性都被扬弃了，并且开创出了辩证的道路，于是绝对就能够通过纯粹的思想回到自身并且被把握。这是一种将此前所有台阶上的发展阶段都视为必然的思想：艺术的必然性、宗教的必然性——但哲学又超越并因此完成了它们。

黑格尔的哲学事实上是通过它自身而达到的理性的王冠。尽管理性在这里已不仅仅是理性。在黑格尔眼中，这种巨大的体系旨在完成人类的普遍历史的意义，并且对创世之前的神的思想加以反思。这种令人敬佩的哲学产生了不可估量的重大影响，并且至今仍在践行。但它——这其实并不是一个悖论——作为体系只对黑格尔自己是"可居住的"。大概是这样：这样一个体系构建得越是包罗万象，就越是再没有别人能像它的作者黑格尔那样居于其中。

让我们举一个例子：对黑格尔来说历史在他的时代终结。他因这一点经常受到指责。如果我们看一下他所描述的世界精神历史的各个方面，我们会发现第一个辩证的发展——无论是国家形式、艺术、宗教还是哲学——都在他的时代、他的国家、他的作品中达到合题式的顶峰和具体的完成。人们说，黑格尔的哲学是一种没有未来的思想——这是对的。比方说，黑格尔讨论历史哲学的时候，美国作为一个国家还完全不会引起我们的兴趣。对他来说，还有很多东西有待改进和发展，但在原则的层面，一切都已完备。

在某种意义上，这是一种巨大的限制，因为没有人能把自己安排进这个体系。另一方面，这种限制又是诚实性的一个证据，因为黑格尔并没有扮演一个先知。诚然，他想要思考神性的思想，但却是在他的时代中，面对一种他所认识的现实性。他并没有进入抽象的未来历史的景观中，这种未来的历史在当时还不存在。从字面意义上理解，他只有一个视角：即他所在的角度。用莱布尼茨的话来说：黑格尔这个单子是真正地从他所处的位置出发，映现着历史的宇宙。恰恰是出于一种诚实性，黑格尔从根本上满足于这种荒谬的限制，即对于整个世界历史只谈到他的时代，而不将之后的事情纳入视野。这是他可以建构这样一个体系的唯一诚实的可能性。

他不是一名未来哲学家，但人们此后一直谈到他，并且恰恰是在论及政治体系时。为什么会这样呢？也许黑格尔的作用本质上在于，引发对于他的体系的反对。我们还会看到，对于他的许多不同的后继者，恰恰要从他们对黑格尔的激烈反对出发理解他们。

这是一个如此庞大、如此全面、无所不包的体系，以至于最理解它的人，就会最激烈地反对它，并由此而找到了他们自己的独创性。此外，这种关系也适用于讨论黑格尔与康德的关系。

最后还想提一句：黑格尔是在很短暂的人生中写出了这些一切都由三个部分构成的惊人作品的，他只活了 60 岁。他拥有的那种工作能力、那种表达时的迅猛，简直不可思议。比如，他的天才作品《精神现象学》是在几周之内写就的。

奥古斯特·孔德（1789—1857年）

　　黑格尔的体系可能是最后一个如此宏伟的体系。尽管在他之后还有很多人一再地尝试去反思关于神的思想，或者去发现打开宇宙和人类历史的钥匙。但在他们那里，简单化的僵化感、苛刻的教条主义、甚至连非常简单的原始幻想，都变得非常明显。似乎单个科学内部的进步及其种种特殊的符号与方法，都将关于整体的任何讨论断定为是最终失败的，就好像在语言中还能被把握的就只有怀旧与断裂。

　　但对整体的怀旧依然存在。这就是为什么黑格尔对它着迷，并且活着的哲学家也不知疲倦地在他们的作品中进行他们的阐释。在其他任何地方，都再也找不到，历史与永恒的超越性之间、必然性与积极的希望之间、抽象的思想与最具体的经验之间、魔术与合理性之间，如此这般深不可测的交织。

　　现在我们转向"较小名气的"思想家，他们以各自的方式试图在科学的时代以及在科学认识面前，重新思考和更新哲学的思想以及哲学的态度。

我想要谈到一位法国的哲学家，他出生在法国大革命的年代，生活在 19 世纪上半叶：奥古斯特·孔德。他建立了所谓实证主义学派。"实证主义"这个词在今天已经变得相当贬义：一个"纯粹的实证主义者"是指那种还没有摆脱19 世纪出现的对科学过度的天真的依赖的人。

但就在这之前不久，大概 50 年前，实证主义显得是决定性地统治了整个法国的大学。比如柏格森，当时正是由于这个原因，他的哲学被大学拒之门外。

今天，实证主义仍在很多领域统治着，此外，通过一种反作用，它在当代思想中激发出大量非理性和任性的拓展，它们对实用主义的千篇一律和字面解释感到厌倦。实证主义的基本意图是，指出形而上学的任何形式都已经过时并且用唯一合法的科学取代它。

当我们谈到 17 世纪的理性主义者笛卡尔、斯宾诺莎、莱布尼茨时，我们注意到，我们今天经常感到这种理性主义是一种陈词滥调，因为我们不再理解它们先前的丰富性。当时对于理性的信念、对于理性之光的爱、对于理性的明晰性的爱，还完全没有与宗教情感相分离。同样的——尽管是在一个完全不同的层次上——在奥古斯特·孔德那里，他的激情不是关于永恒的理性，而更多地是关于科学在历史中的进步。他对科学的确定性、假说的清晰性、结果的确定性和不容否认性感到由衷的敬佩和欣喜。他相信科学的未来。出于这种欣喜和敬佩，他坚信人可以越来越清楚地进行解释，直到最终能够在解释的进步中解释几乎所有经验中的东西。更重要的是：如果人能够解释一切，那么人最终就有希望获得科学所揭示的一切。在孔德看来，科学不只是一种认识，更是一种对于认识的肯定。

孔德敬佩和热爱这种明晰性、确定性、这种科学的未来。他说：科学的历史是理智的传记。这就是说：当我们根据一系列的对象建立起科学，那么我们并不是在研究单个科学的对象，而是在了解理智本身的生平、发展、生成和未来。当我们研究科学时，我们是在研究我们自己——但不是在苏格拉底的意义上，而是作为创造性的研究者。奥古斯特·孔德最著名的作品《实证哲学教程》(*Cours de philosophie positive*) 于1830—1842年出版。"实证的"在他那里并不是"否定的"对立面，而是"思辨的"对立面，这就是说：以科学的方式建立在事实的基础上。一种"实证的哲学"不该保留形而上学的痕迹，而只涉及基于事实和法则的东西。因此《实证哲学教程》提出了一种仅仅建立在事实及其法则之上的哲学，这种哲学对其他东西都不感兴趣，也不允许其他的东西。

奥古斯特·孔德的惊奇涉及科学的种种多样性，以及它们之间的接续性。已经发展出了一系列完整的科学，并且在每个科学中，人都可以区分出各个阶段。这些阶段、这些科学版图的多样性首先让人惊讶，然后引起了孔德对它的研究和解释。在认识的常识的各个领域，都会有我们刚刚提到的这种理智的传记、科学的历史、这种实证的哲学，它们依次登场：在科学发展的每个领域，都存在三种解释的模式，它们是依次出现的。（我们看到：在孔德那里就像在黑格尔那里一样——尽管是在一种不同的意义中——历史都具有一个决定性的位置。但这里涉及的是科学的历史，而不是作为概念的历史或作为永恒的而又具有唯一性的主体的世界精神的历史。孔德研究理智活动的生成过程，认为它是通过科学发展的事实阶段展示自己的。顺便说一句，在 19 世纪，一切都是关于历史的，关于历史的整个思想渗透一切。在今天，每个人都谈论历史，但很少人想要知道，在历史中具体发生了什么。但当时完全不是这样的。）

那么，科学解释中的三种模式究竟是什么？在孔德看来，每一种科学首先会经过一种他称为神学的阶段；然后是第二个，形而上学的阶段；现在则是第三个，实证的阶段。这是什么意思？

在神学的阶段，人们通过神学因素解释事实、事件，也就是通过超自然的、神性的因素。在孔德看来，神学的阶段又分为三个阶段。

在其中的第一个阶段，对象本身被理解为活生生的、以某种方式具有人格性的。所发生的事情通过事物的某种自发性得到解释；孔德将它称为拜物教（Fetischismus）。拜物教是满足对于解释的需要的第一种方式。

　　　　　　　　哲学的惊奇：从发问开始的哲学史

在第二个层次的神学模式中，对象不再被描述为本身活生生的和自发的。它成了被动的、受到外部不可见的神性本质统治的东西。比如我们知道希腊式的观点。孔德将这种模式称为多神论。

在第三个层次的神学模式中，为解释服务的活跃因素，与对象本身进一步分离。所发生的事情不再依赖于或多或少暗中干预的诸神，而是依赖于一个唯一的神。这是一神论的解释。于是我们在神学模式中就有了拜物教、多神论和一神论。

在神学的模式之后是形而上学模式。在这里现象不再是通过本质来解释，这种本质要么是现象本身，要么从外部操控现象；而是被——作为实在的东西——抽象所操纵：在这里我们也许会想到中世纪那种隐藏的"神秘的特质"，灵魂、本质、驱力、权能、原则之类的。也许人们可以说，尽管古代物理学的某些理论依然表现出了这种抽象，人们并不确切地意识到它们是什么，但它们在一段时间内对于解释是有用的。按照孔德的说法，这第二个阶段一直持续到中世纪末期。

从中世纪末期开始了第三阶段，人们寻求一种实证的解释，这就是说，既不是通过事物自身，也不是通过神性的本质，不是通过起作用的某种抽象，而是通过完全简单的且没有任何中介的东西：人们观察特定现象的连续、相继发生，并以这种方式建立了不会改变的法则。这就是实证的解释，

奥古斯特·孔德（1789—1857年）

它在不变的法则的基础上将现象联系在一起。我们在任何一门科学的历史中都发现了这三个大的阶段。不同的科学在不同的时代浮现，但每一门科学的历史都具有这三个阶段。

按照孔德说法，每门科学都以之前的科学为前提。对于科学，他建立了一种既按时间顺序的又按体系顺序的排序：科学一个接一个、从最简单到最复杂地发展出来。

首先是抽象的科学：数学，然后是力学，然后在数学和力学的帮助下是天文学；然后，在所有之前哲学科学的帮助下：物理学；在物理学的帮助下：化学；然后在物理学和化学的帮助下：生物学。最后人们研究的则是社会，按照孔德的看法这是最为复杂的东西；也就是说，在终点处的是"社会物理学"，人们可以称之为社会学。它是从科学的整个连续性中按照直线无间断地发展出来的。

根据科学自身的确定性的程度，神学的和形而上学的解释越来越让位于实证的法则。显然，孔德时代的统计学的发展促进了这种社会学的、"社会物理学"的观点：取代了对社会现象加以形而上学的解释的是，人们现在可以将量的变化转译为法则。

我们看到了前进的方向：历史与科学相融合。稍后我们在谈到马克思时，还会提到历史和科学之间的这种渗透，但它在奥古斯特·孔德这里就已经有了。

例如，孔德指出，犯罪和违法行为的数量遵循某种统计学的曲线——在他的时代人们就已经意识到这一点了——；

这意味着犯罪和违法行为服从于社会规律。也许作为哲学家的奥古斯特·孔德也未把握住这样一个假说的哲学意义。

关键在于——孔德这样认为——，引进一种作为实证科学的社会道德、一种关于社会的善的知识。这是与人们在传统哲学的第一阶段中所学到的东西相对立的——在第一阶段，人们认为善从来不会从事实中引出——，现在，善则恰恰可以从事实中引出，更确切地说，是从"社会物理学"的法则中引出。由于法则就像统治自然一样统治社会事实，因此对于一切"实证的东西"，我们最终就只有一个维度，道德的善包含于其中。这就是说，道德正在被科学所吸收。

在当时，对科学精神的崇拜是如此之强，以至于孔德设计了一种社会道德，作为一门实证科学和人类研究的最高成就，即一门关于道德决定的实证科学。

但在孔德看来，这种实证的科学还不存在。它正在诞生的过程中，还只是显示出了其开端和可能性。此后这种实证的哲学将是整个人类知识体系的合题，同时也是理论的——在康德的意义上——和实践的知识的合题。我们回想起了康德对纯粹理论理性和实践理性所作的彻底的区分。纯粹理性研究相对的东西，实践理性则致力于绝对的东西。康德对这两个领域的区分是如此严格，以至于其中一个和另一个之间没有任何融合的可能性；只有一个例外，那就是理论研究和实践理性一样，都是由对真理的同一种意志所引导的。但在孔德这里，我们有了一种渗透：首先是实验，然后，从对事实的研究中产生了法则；法则使得理解人类和社会领域发生的事件成为可能。在这里形而上学不再发挥功能，也不再有其对象。一切曾经是形而上学的对象的东西，都潜在地（哪怕还不是实际上）被科学吸收了。因此奥古斯特·孔德就相信我们可以拒斥形而上学：从此以后形而上学就过时了。而奇怪的是，孔德依然主张一种政治的和社会的学说，在其中我们发现了实证主义与人文主义态度的一种结合。这两者互相融合。也就是说孔德认为自己所寻找的目标是情感的东西、主观的生活。主观的生活当然是一种事实，就像对宗教的感受一样，它也应当被承认为事实。孔德将对宗教崇拜的需要视为人性中的事实，他没有像研究一个普遍对象那样研究这种需要，作为实证主义者，他会与这一类对象保持距离。但他似乎将宗教崇拜的需要拉近了。在他那里，康德意义上的严格的"现象"概念，与某种宗教实践的需要混合在一起，与对包罗万象的存在的怀旧混合在一起。

因此，人们很难把握这种体系中真正的哲学上的统一性。

但就像我们已经指出的，就连最想要将讨论严格地限制在经验内的英国经验主义者，都最终将宗教放到了一个决定性的位置上，但这是因为他们同时对人类的进步抱有很大的希望。因此，在经验主义者那里存在一种特殊的道德上的理想主义。我们在卢克莱修那里就已经看到了关于人类进步的

　　　哲学的惊奇：从发问开始的哲学史

想法。现在我们又看到了严格的经验主义和相信进步的需要之间的结合，这种想法把进步理想化、踏上了一条通向伟大的神性之路。这是一种很奇怪的经验：把内部的体验强加到心理事实的层面——甚至以牺牲学说体系的严谨性为代价。

卡尔·马克思（1818—1883 年）

如今，将卡尔·马克思当作一名哲学家来讨论是很困难的，因为这位思想家已经在我们的世界中占据了一个如此重要的位置，包括意识形态、现行的政治、经济、社会以及哲学的力量，以至于几乎不可能无视这一切，而只从纯粹哲学的角度看待他。此外，关于他也有那么多的文章和讨论——有用的和没用的——，这都使得他的形象完全被各种观点遮蔽了。而让陈述变得更为困难的是，存在一个青年的马克思、成熟的马克思、第三阶段的马克思。然后还有一些著作，它们混杂着马克思的思想和他的朋友弗里德里希·恩格斯的思想。他们一起写了一些作品，但他们的哲学取向并不相同。此外还或多或少存在着"马克思主义"的流派，还有一些自称为"马克思主义"的政治党派和团体，它们也被视为"马克思主义者"，而其中的大部分都引起了马克思本人极大的厌恶。

谈论马克思的哲学并不容易。卡尔·马克思在他的思想开始之时，就被一种深刻的、令他震撼的惊奇攫住。他惊奇于一种巨大的不匹配，一方面是 19 世纪中叶科学的乐观主义、黑格尔对他的时代的伟大的肯定；另一方面则是另一个世界中劳动人民的苦难和无助：早期资本主义的世界。

我们在开始进行讨论时谈到过一种与自然有关的惊奇；然后是对于理念或认识的惊奇。在马克思那里，令他震惊的则是对社会现实和造成这种现实的历史的惊奇；而科学又向人们承诺了理性的生活状况：马克思惊奇于人的无力、惊奇于碾碎着人群的机器的力量。

我们绝不能忘记，马克思的出身是德国资产阶级和自由主义的，他受过很好的教育，读过很多书、对很多东西都很精通。但最重要的是，他接受了黑格尔的哲学。黑格尔对马克思的影响中具有决定性的有：包罗万象的清晰的体系构建、对总体性的追求、历史的全能性以及辩证运动。我们记得黑格尔的框架：正题、反题与合题的三段式。我们强调过，对现实性中的某一面的否定会产生另一面，于是这两面的合题就通过否定而贯彻，并且整体就在这个三段式的生成过程中通过历史而实现出来。马克思对所有这些印象深刻。

也就是说：总体性、辩证法、历史、科学的乐观主义，以及对人类苦难的关注，这是马克思的思想原初动力。我们之前就说过，黑格尔作为"普遍概念的传记"作者，将自己放到了神的立场上，在他之后再没有人能在这个意义上当一名黑格尔主义者。人们对他的体系非常感兴趣，但人们不生活在这个体系中。马克思也是如此，他接受黑格尔思想中的动力、这种历史动力学的思想以及辩证法；但他反对黑格尔主义。他直接受到黑格尔思想的启发，却将这种思想颠倒过来了。我们之后就会解释这一点。

此外，另一个影响也很重要：德国思想家费尔巴哈对上帝和宗教发起了猛烈的攻击。马克思将这视为一场"伟大的理论革命"，认为这是对宗教对人的异化的反叛，并且是任何一种真正的批判的前提。人们不再向天上寻找一个超人，这超人其实只能是人自己的一个非现实的倒影，也就是一个"非人"；相反，人将会在大地上寻找他自己的现实性。

哲学也被视为本质上是宗教的并且作为超越性的学说而被抛弃。马克思不只是废黜了上帝，而且也废黜了黑格尔的"世界精神"。并且就像之前所说的，他颠倒了辩证法。与黑格尔相反，他主张真正的现实性并不是精神的东西，它的外化是自然；真正的现实性其实是物质的、社会的和经济的现实性，只有通过它其他的一切才能得到解释。马克思在本质上是从人类的现实性出发的，而不是从普遍的精神出发，也不是从原始的自然出发。在这种人类的现实性中，在他看来是人类存在的物质条件规定了意识，而不是相反。

因此，如果我们想要影响人类和他们的历史，影响他们的自我意识，那么我们就必须改变他们的物质条件。而所有当代人都陷入其中的物质和精神结构的钥匙，是生产关系，即人们生产其生活所需要的东西的方式。由于人们通过劳动和交换创造他们的必需品，对于人与人之间的关系来说决定性的东西，就是生产工具。

于是我们就遇到了马克思主义的基本命题：以往的哲学解释世界，而关键在于改变世界。因此马克思所写的作品不只是简单的理论作品。作为作品它也是行动和斗争。在马克思那里我们找不到二元性，即一种纯粹理论性的和一种纯粹斗争性的；他的整个作品是一部斗争作品，因此是一部宣传的作品。

我在某处说过，宣传是哲学的对立面。但在马克思这里，两者是一致的，因为他的理论作品是"理论的—实践的"，它们都想要达到一种客观的结果、想要社会中的实际改变并且想对历史产生影响。如果我们说，哲学必须寻求真理而不是进行宣传，他或许会回答我们：哲学涉及的是对于一种人的现实性的理解，哲学中的真理总是同时是一种行动，通过这种行动，人的现实性就会被改变。

马克思给了这种"理论—实践的"概念一个名称：实践（Praxis）。这一表达此后经常被以不确定的和错误的方式使用。它被用来掩盖各种可能的欺骗和谎言。"实践"作为概念却意味着某些很重要的东西：在一种作为行动和结果的理论中，理论和实践是同一的。因此在马克思那里，理论作品在其真理中找到了它们改变人的现实性的方式。实践的影响力不只是检验真理，而且它和这种真理就是同一的。因此我们不能将迄今为止所使用的框架不加改变地套用到马克思

卡尔·马克思（1818—1883年）　　　　　　　　　　293

身上。

现在出现了一个问题：这种思维方式是否意味着一种有效的、有成果的转变，并且这种转变是否会得到保证？或者，这是否意味着哲学思想的一种转折？令人着迷的是，如果人们真的理解了这个问题的话，那么对这个问题的回答也就不会是纯粹理论性的：它也不可避免地以某种决定为前提。马克思并不是以牺牲理论的真理为代价来理解理论与实践的统一；他并不允许理论简单地以一种实践为名义来说谎。理论应当同时是实践，否则的话在马克思看来它就不是真的。

在一个由非人的异化统治一切的社会中，不可能存在那种能够改变人与人的关系的理论—实践的真理。

什么是异化呢？这个词在今天比在任何时候用得都要多，它具有如此多的意义、经常在如此敏感的背景下被使用，以至于人们不再知道它到底是什么意思。但在马克思那里，这个词有一个很确切的含义。

就像我们已经看到的，对人来说，物质条件决定了他们能够生产生活必需品的方式，也就是生产关系。现在马克思指出，对绝对大多数人来说，生产工具属于其他人：每个人用来为生活服务、用来生产的工具，对他们来说是生活所必需的东西，并不属于他而是属于其他人。并且由于物质工具是决定性的，由此就得出结论，那些并不拥有生产生活必需品所需要的生产工具的人，就也无法拥有他自身。他不再属于自己，他是被异化的，他成了另一个人的财产，或者更多的是一个非具体的、匿名的体系的财产。这就是异化的根本含义。因此资本主义社会中的人就被分为两个范畴，用黑格尔的话来说就是两个阶级：在其中一个阶级中，人们拥有生产工具，他们是资本家或雇主；另一类就是劳动者或雇员，他们共同构成无产阶级，他们是那些由于生产工具而属于其他人的人。由此，活动、劳动行为本身，就从本质上被异化了。将这种观点与劳动分工的理论结合在一起，我们稍后就会说到这一点，马克思就得出了一个框架，在他看来这个框架适用于整个历史。历史的动力来自占有劳动工具的人和被剥削的人之间的阶级斗争，下层阶级战胜了上层阶级，自己成了上层阶级，然后又有了新的下层阶级，以此循环。在马克思看来，这就是理解整个世界历史的钥匙。在黑格尔那里就已经有了阶级斗争理论的萌芽，即在他著名的主奴辩证法中。

但在马克思那里，这种"总体化"、这种将单一的解释绝对化为整个世界历史的动力，却可能是他的思想中最薄弱的点。如果人们宣布了一个如此广泛并且可以应用到整个历史中的法则，那么就应该——就像在自然科学中所做的那样——能够用大量的历史事实检验它，尤其是它还能应用到一些不那么有利的例子中。但马克思没有这样做。他从无数的历史事实中选中两三个看起来合适的例子（比如法国大革命中资产阶级的崛起），因此他的历史普遍法则更多的是被阐明的而不是被证实的。

到目前为止，我都将马克思的学说描述为一种清晰的和简单的唯物主义：物质条件是决定性的。但事情并不是这么简单，马克思的唯物主义并不是简单的、传统的唯物主义。马克思在他成熟时期的思想中甚至反驳和拒绝了"旧的唯物主义"。为什么？因为旧的唯物主义将一切都追溯到物质性的、物理性的现实（就像原子论者那样），在那里只有决定性的法则解释一切。因此在那里根本就不存在历史。这样一种唯物主义只知道那种适应于完全被动的现实性的法则，在那里只有客体。这当然不是历史。对马克思来说，历史才是他的思想和中心，也是人类存在的中心。他说，历史是一种通过人类劳动对自然进行的深刻改变。因此，在他那里，历史并不服从自然的法则，而是相反的：通过人类的劳动，产生了一种被改变了的自然。这一点非常重要。我们已经看到了，理论和实践之间的区别在马克思那里是如何变得模糊的。现在，自然和历史之间的区别也将丧失：通过人类的劳动，自然本身进入了历史。它成为历史。

这种学说不再保留传统唯物主义中的消极性，马克思称之为历史的或辩证的唯物主义。在人类劳动中，是意图在发挥作用。所有概念都失去了它们明确的传统意义。这可能意味着一种优势、一种思想的丰富化，但也是一种很大的危险，因为我们不再准确地知道，当我们使用马克思主义的语言时，我们究竟在说什么。

　　　　　　　　　哲学的惊奇：从发问开始的哲学史

我们得出了一种非常矛盾的结果。在传统唯物主义观点那里，人就像其他存在物一样，服从一种物质世界的客观的、绝无历史性的法则；而在马克思那里，人突然跳到了另一个极端：人站在了一种人类的全能的"普罗米修斯的"愿景面前。物质世界成了一种人的全部生命活动的产物。人们不再被动地屈服于物理的法则，在马克思式的唯物主义观点中，人拥有了一种"普罗米修斯主义"：它不再是一种唯物主义的自然主义。我们发现自己处在成为人的道路上，他重塑世界，就好像他是上帝一样。——但并不是超人：我们处在这样一条道路上，在这里，人完全有可能取代上帝。

那么客观是什么？客观就是具体化的人类活动，它是一种实践的现实性，它是能以主观的方式把握的。我们看到，我们在这里不再能在不可变的意义上使用固定的范畴，比方说：唯物主义、唯心主义、主体、客体、理论、实践。不再有固定的范畴，一切都成了辩证的；甚至人们所使用的那些用来描述辩证运动的词语也成了辩证的。概念不再能固定下来。

事实上，在谈论马克思的，或用马克思的话语谈论的人的思想和表达方式中——在马克思本人那里也是如此——有一种思想的彩虹，它很吸引人。它为人们提供了各种便利、各种辩证的可能性，人们可以把玩它、巧妙地处理它。真理概念具有了某种流动性，实践概念以某种方式从世界的客观性中脱离出来，人们曾经应当在这种客观性中检验各种假说。假说依赖于其他假说，而它部分地也促成了其他假说的产生——并且奇怪的是：马克思创造的这种智性状况之后遇到了一种在现代理学中建立起来的、在观察者和被观察对象之间的相互作用关系。如果说我们今天知道了，在物理学中观察者在一定程度上通过他的观察影响了被观察的过程，那么在马克思的思想框架中，我们也能看到这种彩虹、这种迷人之处。这种晕眩的感觉可能是现代的特征。我们已经距离一开始那种简单的唯物主义多么远了啊。验证、确证、反驳都变得困难。如果矛盾构成辩证法，是处于辩证法内部的，那么我们要如何以理性的方式进行论证？我认为，正是在这一点上，马克思主义对于自己具有严格的科学性的主张，人们既不能证明它，也不能反驳它。

所有伟大的哲学都让我们困惑，因为它向我们提出问题。马克思以意识形态批判的名义提出了一种理论，它旨在揭露隐藏的意识形态：这种批判要审视人对自己、对世界以及对人与世界的关系的看法，以便指出，这些看法其实根本不说明也不澄清任何东西，而是相反，它是遮盖人们在特定情况下的利益的面纱。这具面纱很大程度上构成了我们称之为"文化"的东西。这种文化依赖于各自的生产工具和生产关系。

马克思区分了人类历史上生产、劳动方式和劳动条件的三个阶段。就像我们已经看到的，生产、劳动方式和劳动条件决定了人们在任何特定时期对自己的认识方式。

　　　　　　　　哲学的惊奇：从发问开始的哲学史

第一阶段：原始人几乎没有工具。他还没有自己的个体意识，而只有一种群体意识。可以说，他依然是被他所属于的社会群体掌控和吸收的。

然后是第二阶段，这是目前为止最为重要的：工具一点一点地被发明，但个人的生产率提高了；并且现在具有决定性的是：这些工具带来了一种发现，任务被分工时会最有利。劳动分工产生了人的个体化：个体将自己视为他本身。他将自己视为一个"我"，而不再视为被部落所掌控的。

从根本上讲，劳动分工在马克思那里承担着与原罪在圣经的历史中相似的功能。就好像原罪让亚当和夏娃意识到自己是个人一样，劳动分工也是如此。于是，马克思所称的人类社会的史前时期就开始了。

当然，这种史前并不是通常所说的意思。马克思称之为史前的就是我们通常认为历史本身的东西。只要涉及的是处于群体意识中的原始人，就还不是史前。通过劳动分工这种"幸运的过失"（felix culpa）、这种成果丰硕的、创造性的"罪"，才产生了人的个体化，由此才开始了史前，同时也就开始了阶级斗争。

在上层阶级中就产生了第二种决定性的区分：物质劳动和精神劳动之间的区分。在生产资料的积极占有者之外，还有一些承担思想功能的人。他们通过为统治阶级必定会产生的自我幻想赋予形式和表达来谋生。

另一方面，被剥削的下层阶级的人，也就是无产阶级，则只能被强迫劳动，这种劳动使他们陷于异化。

从那时起，人就不再是起初的群体动物，他成了一种阶级的存在。他通过其所属于的阶级被定义，并且成了他所意识不到的必然性的囚徒；这种囚徒不像在黑格尔那里从属于一个主人，而是从属于一个过程、一个总体的进程，它在市场经济的盲目的相互依赖中机械地运转。马克思相信，在这种机械的相互依赖中，可以看到一种类似于命运、古人所说的天命的现代版本。人类个体丧失了他的自由，变得一无所有，他被异化。

然而，正是劳动分工使人获得了潜在的自由；但他是以不自由的方式获得自由。他只有在被剥夺自由的情况下才会意识到自己的自由。没有自由就不可能有异化。因此，因为能被异化，人才是自由的。

这就是第二个阶段，最漫长的"史前"时期，在它的最完善阶段，恰恰是资本主义的时代。"完善"在这里没有道德含义，它更多的是描述劳动分工的最终结果，这种分工经过了千年的发展，已经在工业社会和流水线劳动中达到了它的顶峰。

第三阶段是未来，共产主义阶段。对马克思来说，共产主义是史前的终点和进入真正的历史。

但很奇怪：正是在这里，马克思的所有描述和分析都结束了。他只是说，在共产主义社会中一切矛盾都解决了，不再有被异化的人，生产工具的集体化产生了一种全新的人，他现在在其（创造性的）劳动中实现自身。为什么这么说呢？马克思回答，因为共产主义使得所有人的共同劳动都服从自由联合的个人的有意识的控制，没有资本主义、没有剥削、没有阶级斗争。于是我们就达到了一种状态，国家会消失；它不再有任何功能，马克思将这称为向着自由的最终跳跃。

我不必解释，在第二和第三阶段之间确实存在一种绝对的跳跃。不只是革命，而是一种绝对的跳跃，通过这种跳跃人就达到了完美、走向了终点。马克思确实说这将是真正的历史的开端，并且对他来说，不属于历史的东西就不会存在。但历史的完成会是什么样的呢？如果一切能妨碍自由和历史的东西都被废除，那么就只剩下地上的天堂；在天堂中，历史是可以设想的吗？在那里是否时间也必须被删除？这种未来是否是一种彼岸？这些问题只是我们顺便注意到的。

在马克思对未来的共产主义的看法中，我们必须做些什么？首先我们必须废除生产工具的私有制。因为在劳动分工的时代，生产工具私有制正是剥削和异化的原因，人们以完全依赖的方式劳动。我们必须改变生产的实际条件并揭露一切意识形态，这一切都是为了证明和掩盖资本主义的秩序服务的，尤其是宗教的意识形态，它为这种秩序辩护并给予它持久性。相反，人们要揭露它们从而废除它们，以及废除一个阶级对另一个阶级的剥削。我们在这里遇到了一句名言，

卡尔·马克思（1818—1883年）

人人都知道。"宗教是人民的鸦片"。当生产工具完成了社会化，那么一切不自由都消失了。于是我们经验到一种末世论，它并不像基督教的末世论那样位于一种时间性的彼岸，而是处于未来，在一种时间的持续性的过程中站在我们面前，这种降临、这种人类的史前之终结的到来、这种真正的历史的开端将会是：如恩格斯所称，从必然的王国向着自由的王国的跳跃。

至少在这里有一些问题。在哲学层面对马克思所提出的关于正义和自由的观点的最强力的反对，来自西蒙娜·薇依。她的说法是这样：马克思认为，物质的生产工具对于整个现实性和历史的发展都是唯一决定性的因素，他同时又预测，我们终有一天会在时间之中不可避免地达到作为正义和自由的天堂的共产主义。由此就会得出，从物质自身之中，会奇迹般地变出一种生产善的机器。值得我们费一番思量去思考一下这个反对意见。

当我们谈论马克思时，也必须简短地了解一下他的经济学观点；因为在他那里一切都是联系的。在我们目前为止研究过的哲学家那里，已经看到过天文学的、物理学的、生物学的模型，它们在一定程度上决定了他们的哲学思想。在马克思那里，经济观察与哲学思想几乎不能分开。

我们已经看到：马克思指责黑格尔以及所有以前的哲学，都只满足于解释世界而不是改变世界。他也以同样的方式看待古典经济学理论。他指责他们将历史固定下来、将一切思考都建立在当下的资本主义体系上，就好像一切之前的事情都要通过这种资本主义来解释，就好像资本主义是一种最终的自然现实性，它一经登场就不会再改变似的。但是，马克思说，一切存在的东西都是通过流变而存在，它是会改变的。在这一点上他忠于黑格尔。一旦某个东西存在，它就会改变；如果它不改变，那么它就不存在。因此，如果经济的世界是实际上不再改变的，那么就意味着它不会再存在。如果我们想要研究当代的经济学，那么我们就必须破译市场经济中的矛盾，以便找出它们改变自己和必须改变的方式和方法。这意味着，我们必须在市场经济貌似的无政府状态之下，找出将它引向混乱的法则。基本的法则是价值规律。每一个对象都有一种使用价值和一种交换价值。交换价值和使用价值是不同的。使用价值是对象内在固有的。它描述了生产对象所需要的具体劳动。交换价值则是，按照马克思的说法，字面意义上"超自然的"，这就是说纯粹是社会规定的；它符合"抽象劳动"，这取决于一段特定时期内既有社会的生产规范。交换价值是通过作为劳动时间的客观等价的劳动来衡量的。也就是说，它涉及一种机械的价值规律。比如在商业经济中，在其中起作用的是市场规律，价值规律就是盲目的，它是无意识的。它的波动决定一切，一切都取决于它，而无需任何人去作决定。也就是说，一种客观的、物化的匿名性统治一切，它受一种规律——就像物理学的规律一样——控制，因此在这个词的确切意义上是非人性的。在交换价值中确定的和自然的东西，对应于一种比人性更低的、一种市场和交换层面上的非人性；这就是资本主义体系。资本主义恰恰就是劳动工具和劳动者之间的分离，它产生了一种复杂的和貌似无政府式的现实性，这种现实性受到一种非人性的规律的支配。

然而，我们必须理解，马克思实在是太过黑格尔主义，以至于他不会把历史中的一个巨大阶段简单地说成是坏的、没用的或者可以除去的。我们记得，在黑格尔那里历史中发生的一切最终都是正当的。一切现实的东西都是合乎理性的，并且一切合乎理性的东西都是现实的。对马克思来说，辩证法是一种本质上批判的和革命的方法，它将一切存在的东西都纳入了运动的流动之中，并且因此将运动解释为积极的东西。对他来说，一切都是积极的、必然的，并且是必然要通过否定而被超越的。马克思与资本主义体系进行了如此激烈的斗争，他想要通过别的东西——它的否定性——摧毁资本主义并取代它，但他也完全承认人类发展中的资本主义阶段的必然性。如果没有资本主义（它完成了资本的原始积累），那么向着共产主义，即向着真正的人类历史的过渡，就是不可能的。资本主义还承担着另一种必然的和复杂的功能。首先，它在生产的领域带来了人们的普遍合作。它不是通过善意、不是通过意识形态，而只是由于资本主义体系中生产工具的自然本性，在历史中宿命般地扮演着一个普遍化的角色。另一方面，同一种资本主义也创造了一种全新的历史主体，按照马克思的说法：集体劳动者，也就是无产阶级。如果无产阶级不存在，那么历史的进步、向着共产主义的过渡也就不可能。因此资本主义的野蛮有双重功能，一方面通过暴力积累资本，另一方面则是引发新的历史主体的诞生，即集体劳动者、被剥削的无产阶级的诞生。但是，资本主义会逐步瘫痪，从而走向崩溃。它的崩溃是经济机制的结果，它处于经济的现实规律之中，是资本主义本身就具有的必然性。

人们可能会反对：革命有什么用呢？回答：这正是为了引导、引发、形成和加快事实上无论如何都会发生的崩溃。无产阶级已经存在，但它还没有成为自我意识。在这里，我们来到了对哲学和经济学分析的政治运用。对马克思来说，对意识形态的破坏是政治活动的基本形式之一，并且它是通过科学的马克思主义理论发展做到的。在这里，我们不再能作出区分；因为对马克思来说，他的理论就是斗争，理论和斗争是一回事。科学的学说是一种用来破坏意识形态的工具，这种意识形态阻碍无产阶级意识到他的力量，也阻碍他意识到站在他那一边的历史规律。

我们必须这样思考这种政治宣传行动与具有科学主张的理论之间的结合：在马克思的年代，人们还远远没有今天这么多的工会组织，没有一切种类的保障、罢工权利、劳动保护。在当时，他们的苦难和无力是非常巨大的，人们必须为他们找到一些希望的来源。为了给他们一些信心，马克思就给出一种解释，根据这种解释，历史的必然性——隐藏在经济的现实性中——是得到科学保证的，它站在被压迫的无产阶级这一边。工人需要表现出伟大的英雄主义，才能发起哪怕是最微弱的工会行动，在那时还没有这个名称。由于马克思的学说，工人才发展出了一种意识，意识到他们的背后有一个庞大的无产阶级人群，并且科学和历史是他们的盟友。

马克思与意识形态的斗争是在一种著名理论的地基上进行的。每个社会都有一个下层建筑和一个上层建筑。下层建筑是生产工具和生产关系的经济现实性，它决定了上层建筑，这就是说，决定了一切被视为文化和政治的东西，决定了属于观念、艺术、价值和信仰领域的东西。意识形态批判的目标就在于，揭示出一切展现在精神中的东西都是对经济的既定条件的掩盖、揭示出一种冲突。但如果一切精神性的东西都是被经济规定的，那么马克思的理论、马克思的哲学也是如此。因此，一种意识形态批判也就要被应用到它自身。但马克思和马克思主义者都不这么做。他们认为自己的学说是超脱于意识形态批判的。我们在黑格尔那里看到，他发展出一种没有未来的历史哲学。马克思的学说则相反，是一种有未来的哲学。然而值得注意的是，他几乎没有谈到历史中即将到来的阶段，也就是没有谈到共产主义社会的真正历史。我们只是听到他以否定的方式说，资本主义的剥削及其后果会消失。对共产主义社会的论述几乎没有出现在马克思的作品中；非常清晰的就只有对当下的资本主义秩序的

　　　　　　　　哲学的惊奇：从发问开始的哲学史

多种谴责。似乎消除了目前存在的坏的情况，就足以跨越到正确的情况——共产主义。

马克思学说的迷人之处在于，它是一种奇怪的混合：一方面是一种——有所意图的——对社会中经济层面的特定结构的科学分析，另一方面是对于历史的遍及一切的末世论愿景。人们将这种历史观称为末世的：在其中有一个最终目的。

整个历史都追求这个目的并且最终会达到它。一般来说，这样一种末世论是基于宗教信仰的，因为它预设了一种有安排的神性天命。无论如何它都与一种对于历史决定论的解释相矛盾，根据决定论的解释，只有一种无价值的必然性在统治。

在马克思那里，我们已经注意到了一种概念的奇怪的多变性。在他那里唯物主义是辩证的，即并不是纯粹的物理决定论。理论在他那里同时就是实践，即不是对纯粹客观性的追求。革命同时是人的决定和历史的必然性。它是我们的历史的最终目的——但在马克思那里，这种历史是"史前时期"，只有在革命之后，人才进入到了真正的历史。这种变化不定也在以下观念中再次出现：作为来世学说的宗教是"人民的鸦片"，然而在马克思那里"真正的历史"是一种未来的此岸，它扮演着来世的角色。苏维埃国家在最近的变化中才开始利用语言的这种变化不定。

尽管在马克思那里革命仍然是一个末世论的事件：整个

历史从它那里获得了意义和价值。并且这种事件发生在未来，即发生在时间中。这是决定性的。这意味着，与宗教的末世论中的情况不同，在我们的当下和马克思主义的革命时代之间，不可能存在割裂、超越性的东西的断裂、无时间性的东西、永恒的东西。在这里人们不会谈论"时间之后"或"时间的终结"。我们所知的那种时间，一直延伸到末世论的革命。因此，马克思主义的历史钥匙保留了它的科学有效性，并保证在我们与革命仍有距离的时间内——或者说，在我们与革命有联系的时间内——，全面了解历史事件的进程。因此，一名称职的马克思主义者能够发展出科学的实践，这种实践会将人类带向革命。他们将成为历史的经验丰富的工程师，直到发生革命。

这就是共产主义者关于"自上而下"进行的工人运动的观点。他们认为，去举行全民公决以讨论工程师应当如何建一座桥是没有意义的。"工程师"知道如何实现革命。正因如此，斯大林主义会走向一种弯路或错误。国家将会消失——而为了能够消失，它就变得越来越压迫和暴力。

有些基督徒相信，他们可以在马克思主义的末世论中找到与基督教的末世论相接近的关系和衔接点。因此他们低估了这两种末世论之间的巨大差异，第一种末世论的最终目的处在我们的时间之中、在我们的未来中，它应当是技术上能够达到的；第二种末世论的最终目的在时间的尽头、在时间的彼岸，因此只有在对时间的超越中，才展现了它的意义。

第一种末世论从未来照向我们；第二种则从永恒出发为现在赋予了特定的责任。

马克思有意识地拒绝人类对于超越性的普遍需要，并且与它作斗争。他在其中看到的是，它逃避了像早期资本主义这样的社会中显而易见的和紧迫的任务。他感到19世纪中劳动者的生活条件是无法忍受的，并且人们不能忘了这一点：没有权利、没有任何形式的保护、没有休息、雇用女工和童工、每天工作十五小时、没有社会保障、恶劣的居住和卫生状况、早死、等等。人是一种有身体和灵魂的商品。

从那时起已经过去了将近15年，人类已取得了巨大的进步，部分要归功于技术，部分则归功于劳动斗争，后者往往是受马克思的学说启发；同时他的学说也经常因某些主张而被误解，人们因此也付出过惨重的代价，我们已经提到过这些。

在马克思的思想中，有类似犹太教和基督教的超越性思想，他坚决地将这些东西带回尘世，因此对于正义的要求就该落实到此地、落实到尘世中，不存在任何借口去推脱、绕过它，或者让它逃进一个不那么现实的维度。

与马克思以及他的后继者们的争论仍在继续。

卡尔·马克思（1818—1883年）

西格蒙德·弗洛伊德（1873—1939 年）

　　我们首先是在公元前 6 世纪的希腊思想家那里遇见了哲学的惊奇——现在，我们站在 20 世纪的门槛上。我们该将弗洛伊德排序在哪里？什么是他的根本的惊奇？这些惊奇将他引向了某些发现和方法，它们被称为精神分析，对当代的思想产生了如此巨大的影响。

　　弗洛伊德的第一部非常重要的作品出版于 1900 年，正好是世纪的开端，这本书就是《梦的解析》。那是自然科学经历了一段繁荣和狂飙突进般的发展的时期。尤其是物理学，取得了巨大胜利。与人类打交道的科学家都梦想能找到一种方法，让人可以像自然科学一样被准确地测量，并由此获得与自然科学同样多样化的发展。我们必须在这样的时代背景下看待弗洛伊德。

　　马克思和弗洛伊德有某些共同的特征，尽管他们一个主要是从经济和社会的角度出发对社会进行研究，另一个则在心理学的层面研究人，更准确地说，是从人们称为深度心理学（Tiefenpsychologie）的层面出发。但让我们将他们并置在一起的原因，也解释了他们两人所带来的影响，他们的影响相互加强，有如事件之间的类比。

马克思——正如我们已经看到的——将一个社会的理念、意识形态、思想结构视为上层建筑，它是从别的东西中派生出来的，这些东西并不显现，相反，它们更倾向于始终隐藏着。但这另外的东西正是上层建筑之所是的决定性原因。

马克思在生产关系中看到了真正根本的、决定性的现实性；并且在马克思看来，在大部分情况下现实中的权力关系并不是从理念的上层建筑、文化中产生的，而是从生产方式的物质性下层建筑中产生。马克思丝丝入扣地解释了我们以怎样的方式看待世界：在这里有一种决定论在起作用——不是像物理学那样的因果决定论，而是一种丝丝入扣的决定论，他称之为辩证法——，隐藏起来的下层建筑规定着公开的文化上层建筑。在弗洛伊德那里我们也看到了一种类似的思想结构，他将被意识到的东西和无意识的东西对立起来。被意识到的东西是在我们的意识中清晰地具有的东西。弗洛伊德将我们为了在自己和别人面前为自己洗白而承认的价值、我们所遵循的原则、我们所尊重的禁忌、所追求的正义，都归入此类。他也将那种对特定的行为进行禁止、对特定的冲动进行压抑的审查机关归入被意识到的领域。

我们在这里遇到了压抑的概念；通过压抑行为，意识就将一切被视为不能承受和不能接受的东西压回到无意识中。对弗洛伊德来说，现实性并不是被意识到的，而是无意识的东西，也就是说，是心灵中下层的部分，被压抑的回忆、被压制的驱力依然存在并发挥着一定的作用。

我们在这里看到了与马克思的相似之处。在两种情况下，都并不是社会层面明显的东西、灵魂层面有意识的表现，以及在我们看来属于自由的和经过深思熟虑的预期和意图，而是其背后所隐藏的机制，才被认为真正的现实性。人们可以研究这种机制；它在两种理论中都是某种不同于我们的自由决定的东西，它可以用科学的方式、通过自然科学的方法得到研究，尽管这两种学说彼此是陌生的，甚至互相冲突，但在它们的结构以及它们的效果中，却存在某种一致性。

马克思和弗洛伊德以各自的方式发挥了巨大影响，他们为奠定我们 20 世纪的视角做出了巨大贡献。并且，他们还将他们的对手也召唤到了现场，因为他们的激进的科学主张，唤起了其他人的反对的观念。

弗洛伊德是一位医生、精神病学家。他是"精神分析"的创建者，人们也称为"深层心理学"。深层一词在此不能被混淆。它指的不是自我意识的深层、不是人们能够通过内省观察到的自由的深层，也不是形而上学或宗教意义上的深层。它涉及的是心灵的隐藏的层面，在其中清晰的观察停止了，它是并不被意识到的东西的深层，而是无意识的东西。

最重要的是，弗洛伊德发明了一种方法，即精神分析的方法。它首先是一种方法——即使很多人将它视为一种学说——，一种对灵魂领域进行探索的方法。这是它的第一个方面。但同时它也是一种疗法，通过这种治疗，对灵魂的探索具有一种治愈作用。

精神分析的领域逐渐扩大。其他精神分析家——我们在这里尤其提一下荣格——不只是将精神分析视为阐释个体的无意识的方法，而且也用它解释各种文化中底层的东西、历史中地底的源头。众所周知，在今天有一系列的文化和文学批评，都是受到精神分析启发的；更不用说那些主张用精神分析的方法对一个民族的集体心灵以及对这个或那个历史人物进行分析的做法。

弗洛伊德本人首先关心的是处理癔症。癔症是一种精神疾病，它的症状是行为紊乱，例如，一个人不能走路了，不能穿过马路了。弗洛伊德在这个领域并不是从零开始的。当时在维也纳有一位著名的神经病学家约瑟夫·布罗伊尔，他与弗洛伊德一起工作。一位女性病人表现出了很强的癔症症状。而当她向医生倾吐自己的私密信息时，这些症状减退了。同时布罗伊尔还观察到，这种交流对病人来说非常困难，显然有一些东西试图阻止她说出这些。布罗伊尔自问，如果他能够将她带入一种谈话上的困难减低甚至完全消除的状态，那么会发生什么？于是他为她催眠。他使病人进入被

西格蒙德·弗洛伊德（1873—1939年）

催眠的状态，这时，一些回忆浮现到她的意识之中。一系列的症状消失了。

另一方面，弗洛伊德和布罗伊尔还观察到以下情况：当他们在一位病人处于催眠状态时向他发出指令，他就会在清醒后执行这个指令，比如说，他被要求在一个特定的时间去一个特定的地方，然后这个指令就会在醒来后被执行，但这并不是梦游，因为病人同时会为做这件事发明一个动机。他说：我有这个那个理由必须去。也就是说，病人的行为有一个现实的原因，那就是当他处在催眠状态时听到了一个指令，但这个原因对他来说是隐藏的。他用一个意识到的解释代替这个他并没有意识到的指令，前者在理智的层面被他当作动机。

面对这种现象，弗洛伊德认为，在一个没有被意识到的、处在比有意识的区域更深的层次，与每个人观察自己时都知道的明亮的意识之间，显然有某种联系。于是，他将有意识的东西视为某种上层建筑，在它之下是一种更深的、隐藏的，但非常活跃的无意识，弗洛伊德开始对它进行研究。关于这一点我们不再进一步讨论。

弗洛伊德现在提出了一种理论，根据这种理论，人的行为的更深层次的原因，首先属于无意识的东西。但为什么这些更深层的行动原因停留在无意识中？因为它——在弗洛伊德看来——本质上，哪怕不是排他地，也是为了性冲动而行动，它来自——有时候发生在很早的时候——一些经历并且

　　　　　哲学的惊奇：从发问开始的哲学史

期待着实现自己。这种冲动被一个审查机制、被一种禁止挡在了意识的门槛之外，并且被压抑进无意识中。但现在，这些被压抑的冲动造成了机体和行为的紊乱，因为它们与被意识到的意志、与被公认的道德规则，即与审查机制发生了冲突。弗洛伊德以此为出发点，并且将它们与观察到的现象相结合，也就是说他观察到某些症状会通过坦白、通过病人和医生之间的讨论而得到缓解，由此弗洛伊德就发展出了精神分析的方法。这种方法就是，帮助病人说出他被压抑的记忆；被压抑的东西攀升到意识中，这本身就是一种治愈的因素，大部分时候甚至是治愈的关键性因素。

因此，关键就在于找到有助于把被压抑的记忆表达出来的方法和道路。精神分析家在这里发展出种种不同的操作。弗洛伊德自己使用了所谓自由联想，但首先是一种以象征的方式对梦进行解释。当弗洛伊德开始将梦不是看作被压抑的驱力冲动的直接闯入，而是将它理解为早期的、被压抑的冲动的象征性标记时，精神分析就迈出了决定性的一步。因此医生就应该让病人讲述自己的梦，但这是为了帮助病人解释梦，这样他们就能理解梦的隐藏意义，并看穿其中无意识的内容的伪装。因此，大部分精神分析家在治疗期间保持沉默——这或多或少取决于何种流派；弗洛伊德想要的是让病人感觉他是自己找到解释的。

现在让我们回忆一下：公元前 5 世纪苏格拉底的一条基

本准则是："认识你自己。"也许在苏格拉底著名的"助产术"和弗洛伊德的精神分析方法之间能进行某种比较？关于弗洛伊德的方法，我们是否也可以提出这条座右铭："认识你自己"？

他们两人都持一种真正的哲学理念：人应当认识自己。关键的区别则在于，他们是如何理解"自己"这个词的。"你自己"或"我自己"是什么意思？对苏格拉底来说，"我自己"是自由的道德主体，追求善的主体，而善总是处在已经实现的东西的彼岸，这就是说：在苏格拉底那里，"认识你自己"中有一种被现代语言描述为存在性的东西：主体在其本质的自由中经验到自己，并且在自己面前看到了一种永远不能被占有的善。在这里，所追求的自我认识既是一种对于自由的认识，也是经历自由。对苏格拉底来说，"认识自己"无非是说：问自己什么是善、什么是幸福、什么是正义，也就是说，那些只对于自由有意义的概念——而不像事物那样具有客观的意义，但它们确实存在。

弗洛伊德则相反，他受其时代的科学主张的启发，认为"认识你自己"的要求意味着，人应当认识自己身上无意识的部分，这在一定程度上是一种经验性的、但受到压抑的既定事实。它既在经验上被给出，又在经验中被压抑。我们也会想到康德：物自体、作为物自体的自由——某种与弗洛伊德完全不同的东西。康德站在了苏格拉底一边，弗洛伊德则反之。

最后，我们也可以尝试指出，自由在精神分析中可能处在怎样的位置。到目前为止我们只说了这么多：在弗洛伊德看来，人们应当发现一种事实，它在我们心理生活的过去历史中已经结晶；它是一种心理的或精神的状态，一种内在经验的对象。

弗洛伊德的整个理论建立在无意识的力量和意识的力量之间的一种斗争的基础上，人们必须通过分析揭开这种斗争，为了做到这一点我们必须取道一条弯路（我们之后还会提到这一点），以便在给定的情况中，把主宰权和作决定的自由交还给意识；但它是一种接受了自己的无意识的意识。

此外，精神分析是一个非常困难的过程、一场试炼。那些经历过分析的人，有时会说那是一趟地狱之旅，另一些则和他们的精神分析师一起打碎了花瓶。这是一种艰苦的磨难，因为阻力是如此强大；在这一过程中，会发生弗洛伊德称为对分析师的转移（Übertragung）的过程，这就是说，那些被压抑到无意识之中的强烈的驱力要求，现在被解放出来了、被放到了分析师身上。它们绝不能被虚掷。也就是说，病人将他的驱力要求转移到了一个完全不同的人身上，即分析师身上。

根据弗洛伊德的学说，心灵中满载着不被承认的东西、不被承认的性。在这一点上弗洛伊德创造了一个概念，它已经变得平庸，如今几乎人人都知道它，这就是著名的俄狄浦斯情结。在他看来，人的不被承认的性驱力不是从青春期才开始的，而是在最初的儿童时期就已经存在。因此就存在小女孩对她的父亲的性驱力欲望、小男孩对他的母亲的性驱力欲望。为什么弗洛伊德会谈到俄狄浦斯情结，这是显而易见的：俄狄浦斯在不知情的情况下和他的母亲结婚，在这之前——同样是不知情——他还杀了他的父亲。这个希腊神话在弗洛伊德看来表现了孩子对双亲的关系：对其中一方的爱和对另一方的敌意——到了产生杀死他的欲望的地步。

我们在这里还看到了弗洛伊德的方法的另一个方面：他将正常和例外之间的关系颠倒了。我们不偏不倚地听俄狄浦斯的故事，然后我们会跟自己说，这是完全不正常的，这是例外情况。在弗洛伊德那里则相反，俄狄浦斯的情况是很普遍的，甚至是日常的；古老而可怕的诅咒通过某种逆转，变成了人性的正常情况。

我们在这里也要谈一谈阿德勒，他也是一位在精神分析方面有伟大创造力的人，他后来与弗洛伊德决裂了。在阿德勒那里起决定作用的不是性，而是对权力的驱力、对有效性的追求、对于每个人都有的不确定的自卑感进行补偿的需要。

我们在这里也要提到瑞士精神分析家 C. G. 荣格，他对文学批评、创造性的想象力、人文科学、以及我们时代的艺术产生了巨大影响。他提出了这样一种思想：存在一种集体的无意识，它具有普遍的原型，即行为的基本形式；由此他就发展出了一种对于文化的精神分析，不是对于个体，而是对于文化。

我们现在尝试对精神分析的性质和范围加以说明。它首先是一种心理科学，抑或首先是一种治疗方法？因为如果它是一种治疗，那么它——就像任何一种治疗一样——就包含一种技艺的元素。医生通常会说，即使他们掌握纯粹科学的知识，医学最终也必须像实践技艺一样。因此，精神分析究竟是一种严格的心理科学还是一种治疗，同时也是一种精神分析师半主观地从事的技艺——尽管是在已经掌握的普遍知识的帮助下从事——，抑或它根本就是一种哲学？

从一门严格的科学的视角来看——这是弗洛伊德的野心所在——精神分析仍然充满争议。严格的科学包括了在最严格的条件下对事件进行验证的可能性。那么，在精神分析中验证意味着什么呢？一位分析师能不能保证，他对病人的梦的解释真符合现实，即符合病人的无意识的真实状态？他是无法通过定义去感知这些无意识的，而他的病人同样不能。验证只能表现为症状的消失，即治愈。因此治愈同时就是对解释的理论验证。这是明显的吗？在心理过程中，相信自己已经找到一种解释，就可能产生与真正的解释相同的效果。因此在这里并没有达到严格的验证。人们也可以借由其他解释达到治愈，或者也可能通过完全不同的手段达到，比如通过一种情感的冲击。

有些象征和模式在解释中一再出现，它不只是出现在一个病人身上，而是出现在非常不同的病人身上。这当然会唤起一种印象，通过这种方式可以赢得象征的普遍有效的意义，无意识的驱力隐藏在它们之下。这是相当有可能的，它们可以为有经验的分析师所用，但人们不能断言这是严格意义上的验证。

精神分析当然是成功的；但人们不能在断言它的科学性上走得太远。那样的话就会有过于简单的普遍化和科学层面的迷信的危险。

很可惜的是，我所说的这些都太容易理解。此外，这样一种将深藏的驱力引向光明的做法也太有吸引力。便利性和吸引力这两者都为这样一种方法带来一种相当大的危险。人们可能自问：精神分析有怎样的文化影响？不只是对单个的病人，而且对一种文化，弗洛伊德的学说也指出了它的某种本质的精神现实性。

人们也会问，弗洛伊德的学说对作为整体的社会有怎样的影响。大多数人只是从传闻中得知，比如它对我们一般的教育观念有怎样的影响？这就更加严重了，因为精神分析的方法经常被变成一种教条。

卡尔·雅斯贝尔斯在成为哲学家之前是一名精神科医生，并且他对精神分析的理论和实践都很了解，他就指责精神分析把自己变成了一种宗教。他看到这种教派的特征在于，若没有经过某种强制性分析的入教仪式，人就不能进行精神分析。一种方法，不能经过理性的审视，而只能经过事先入门，从改变候选人自身开始，在他看来，这种方法在大学的学科中是没有地位的。

尽管自从弗洛伊德以来，很多精神分析师以非常专制的方式进行精神分析，尤其是在近几年，在精神分析师之间存在如此巨大的分歧，以至于人们必须问，是否还存在统一的学派。无论如何，人们都不能将批判意识驱逐出这种方法。

我仍然必须指出精神分析中还原性的方面，这也是它和马克思主义的批判共有的东西。马克思主义的批评家经常不是将艺术作品、文学作品看作它本身，而更多的是将它们看作某种症状，它透露出它所处的社会的状况。现在，在精神分析中人们也不是从一个艺术品让我们愉悦是因为它本身就很完美出发，而是将它当成一个症状，人们试图破译它、从中读出些什么，就好像它只是一个象征，它隐藏了需要被解释的神秘的心理机制。一旦人们这样想了，所谓被发现的机制就显得比作品本身更有趣。分析就取代了作品的地位。

我们还想谈一谈雅斯贝尔斯对精神分析方法的另一个基本的批判。他并不想排除作为医学和治疗方法的精神分析，但他指责精神分析说，它只以科学的方式建立。为了能够理解雅斯贝尔斯的批判，我们必须首先解释两个重要的概念。

雅斯贝尔斯区分了说明性的心理学（erklärender Psychologie）和理解性的心理学（verstehender Psychologie）。说明性的心理学通过原因说明心理现象。这意味着它在心理领域的运作就好像在自然科学中那样，在那里人们确定因果序列。理解性的心理学则完全不同；它从意义出发理解心理现象，这意味着从它对每个主体的意义出发。当人们成功地理解一个主体的意图并由此成功地理解了他的心理状态的发展时，人们就是在进行一种理解性的心理学的研究。我们必须看清楚其中的区别：在第一种情况下，人们依靠的是原因——而原因没有"意义"，它只是带来一种结果；在第二种情况下人们从意义出发，这是一个主体所设想的东西；人们试图去理解意义，于是人们就理解了在主体的心理中发生了什么。

在雅斯贝尔斯看来，弗洛伊德的方法是以上两种方法的混合与混淆。雅斯贝尔斯认为，弗洛伊德相信他所采取的是一种说明性的心理学的方法。他相信，在心理领域中能够做到人们在自然科学的领域中所做的事情。但弗洛伊德事实上所做的，雅斯贝尔斯说，却属于理解性的心理学的范围。

比方说，弗洛伊德把著名的"压抑"解释为这种或那种神经症现象的原因。但在何种意义上它是原因？这只与主体的无意识的目的有关，压抑是用来隐藏某种东西、不要看到某种东西、不允许某种东西的。也就是说，如果我们去理解弗洛伊德的说明，如果我们理解了弗洛伊德呈现在我们眼前的那些发展过程，那么我们就会把握到这里有一层面纱；我们就会把握到情结是如何被掩盖的，因为我们处在了主体的位置上。一切都发生在一种意图和一种意义联系的内部，而不是像自然科学现象中的那种赤裸裸的因果关系。

这并不影响雅斯贝尔斯说承认弗洛伊德的理论非常重要，因为借助于对压抑机制的分析，它阐明了某种心理过程。比如它借助一种压抑说明了癔症性瘫痪。人们理解了它是怎么发生的。但在这种断言中也有决定性的谬误，即断言一切心理的东西都能被还原为这种理解模型，按照弗洛伊德的说法，他发展出了一种关于精神生活的包罗万象的理论。而在雅斯贝尔斯看来，只有按照自然科学的模型，才会存在普遍有效的说明。就说明是客观的而言，它可以被普遍化；然后他们就得出了具有科学的有效性的理论。从说明中能得出理论，从理解中则不能。为什么呢？理解，就是"模仿"一个主体的意图的过程。它总是和个体有关的，也就不允许过渡到任何普遍的理论。在这种对理解和说明的混淆的基础上，弗洛伊德就有还原论的简单化的嫌疑——雅斯贝尔斯认为——，这使他发展出了理论，借助于它人们能够将一切心理的东西都简化成一些很简单的模型。总是同一个说明的过程，它本质上是一种理解，但却做成了一种说明——并且一种说明，雅斯贝尔斯说，最终变得相当单调。

我认为雅斯贝尔斯是对的。人们不断地退回到俄狄浦斯情结，并且与这种深刻且复杂的现象相比，人们所使用的说明真是非常单调。通过一种廉价的方式，分析师们显得很机智，却因此产生一种庸俗化的倾向。人们必须看到，将精神分析以一切想得到的方式去应用，这是多么容易的事情；全世界都相信，谁都能进行精神分析。从未在医学的意义上了解过精神分析的人，也都在艺术、音乐、诗歌中"搞一搞"精神分析，他们借助一些小技巧和套路，就将复杂的东西简单化。

请注意，雅斯贝尔斯并没有说弗洛伊德是这么做的。他只是认为，精神分析本身特别容易受到这种庸俗化。他完全承认，精神分析可以非常成果丰硕，如果它把自己视为各种方法之一的话、是接近事物的各种可能性之一的话。精神现象是如此复杂和多面，人们可以用各种各样的方法、采取各种各样的视角看待它。只不过人们不该将弗洛伊德的方法用于因果性的、说明性的过程，而将自由的和负责任的主体的生存的意义抛弃或使它瘫痪。

如果我们之前提到的这种方法论上的不纯粹，并没有造成还原的效果，那么雅斯贝尔斯承认，精神分析完全可以带来一种启发性的和治疗性的丰硕成果。事实上，哪怕在自然科学中都出现过某种不清晰的或歧义性的方法有时会使人们得以观察到新的事实或情况。雅斯贝尔斯完全同意弗洛伊德的方法具有这种可能性。他只是强调，这种方法具有两种意义并且可能很容易被误用。

基本的直觉仍然是重要的：心理的以及身体的紊乱，经常是源于被压抑的驱力。于是必须采取一种治疗行动，并且治疗行动意味着，人们使用弗洛伊德的方法去发现这些驱力是什么、它们为什么被压抑。

有些非常深刻的东西在发生。通过促使病人去面对他的驱力被压抑，就给了他一种可能性：去有意识地重新经历早期的事件并将它升华。换句话说：在这一刻，弗洛伊德的理论并不是要为了一种因果机制而废除自由，而是相反，它要建立起清晰性为自由服务。妨碍这种自由的东西会被扫清。

如果有一位有能力的分析师在这个意义上考虑写一本书，题目叫：论精神分析的正确使用，也许会是一件好事。

弗洛伊德和马克思都不是从哲学上的惊奇出发发展出他们的学说的，而是出于这样一种需要：让同时代人从他们的异化（马克思）或他们的精神紊乱（弗洛伊德）中摆脱出来。他们都——在各自特殊的领域中——抓住一种方法和手段，他们相信这种方法和手段的模型是从自然科学中找到的。19 世纪自然科学的发展显然令任何一位精神和社会科学的研究者印象深刻，他们都羡慕物理学家和化学家的成功，并且在可能的时候就模仿他们的道路。马克思和弗洛伊德都怀着用自然科学的方法解决社会和心理问题的梦想。

我们还注意到，今天有很多人从各方面尝试将这两位差异巨大的思想家，以某种方式结合起来。在我们看来似乎有两个原因。

第一个原因是：两者都不是从社会或个人的永恒本质出发观察人，而是观察他们特殊的、历史性的处境。在马克思那里占主导地位的是社会历史，在弗洛伊德那里则是个人历史。因此，涉及的不是随便哪个人或随便哪个社会，而是处在一种历史变迁中的某一个人或某一个社会。

弗洛伊德和马克思都尝试着将自然科学的方法应用到特殊的和历史性的既定情况中。

第二个原因是：两位思想家都认为他们的研究的科学特征在于，他们将表面的、可见的、清楚地说出来的东西谴责为伪装、欺骗或自欺，以便通过这种方式将隐藏的、真实的和发生影响的现实性带到阳光之下。马克思的批判是科学的，因为它将宗教、伦理、艺术、文化都视为"意识形态的"、视为生产关系以及相关的利益斗争的产物以及对它的掩盖。弗洛伊德的解释则完全是另一回事，但方式却是相似的：宗教、伦理、艺术、文化总是被解释为被审查机制压抑的、禁止的但唯一真实的驱力冲动的掩盖或升华。

对这两位思想家来说，被隐藏的东西总是比在清晰的意识中自愿产生的东西更真实。

　　　　　　　　　　　　哲学的惊奇：从发问开始的哲学史

亨利·柏格森（1859—1941 年）

现在我们转变一下思考的方向，转向那些对科学信仰的趋势或诱惑作出强烈反应的思想家。他们试图重新找回那些本质性的和重要的东西，而它们是不能被回溯至科学的。我们一方面想到亨利·柏格森，另一方面则想到德国的尼采和丹麦的克尔凯郭尔。

亨利·柏格森的思想是对当时的精神思潮的一种特殊反应，这一思潮首先相信科学，以便解决关于人的本质和社会、人性的问题。他的思想偏离这种潮流、反对主要由孔德的实证主义和科学信仰所统治的索邦大学和文化环境。我们则相反，我们今天生活在一个完全不同的世界。在某种意义上我们能说，当代的成就削弱了柏格森身后的名声。他用他所有的力量打开一扇大门，这门在我们今天看来是敞开的，但在柏格森的时代却是关闭的。

他出生在巴黎，于 1941 年去世，在德军占领期间，作为犹太人，他像其他人一样，在街上排着队办那些手续。他本来能够通过一些庇护来避免这些，但他不想这样。一位老人，他在寒风中站了太久，着了凉，于是死了。

柏格森是一位——让我们回到本书的主题——重新开始感到惊奇的人，他的惊奇针对那些无法被还原为实证科学的东西。比方说他强调与量相对立的质。我们当然可以用跟红色相对应的光线波长来表示红色；但波长并不是红色的。在这里有一种量的红色取代了质的红色；表示波长的数字并不对应于我们对红色的感知。令柏格森直接产生印象的是，可感知的世界中的直接经验。它绝不是科学在其中不断取得进步的量的世界：同一个世界，但却并不一样。这令人惊奇。

质与量相对立，深层与表面相对立。当我们测量某个东西，我们测量的是一条线、一个面，最多是一个体积。而深层的东西是我们直接经验到的，是从来无法测量的，至少不能像直接经验到的东西那样测量。这进一步导致了，内在的东西、经验的内在性与我们所经验到的外部性相对立。存在一个外部世界，它是我们所经验到的；但我们对外部世界的经验则是内在的：对红色的感觉是内在的，它与波长相对立，后者是外部的。这就带来一个问题：我"理解"我那些深层的、内在的、质的经验，我对它们的理解甚至比科学的对象更为直接，这究竟是怎么回事？这一点令柏格森惊奇——对我们的认识感到惊奇。他指出，存在两种认识：一种是直接的、内在的、质的，另一种是外在的、几何的、机械的、量的，即科学。我们可以说，我们再次发现了笛卡尔那里思想和广延的二元论（思想的事物和广延的事物之间的二元对立）。我们还记得：思想是主动的，广延是被动的，后者是因果决定论的领域。柏格森的二元论中也有这一类东西，但他们用的概念并不重合。事实上在柏格森那里，主体的经验被与我们外部世界中的科学相对比。

柏格森的第一本书是他的博士论文——我相信——这是他最好的作品。其中包含了之后所有思想的萌芽。它的英语名为：《时间与自由：论直接的意识事实》，原版名为《论意识材料的直接来源》，出版于1889年。让我们密切注意此处的措辞：从形式上说，它是一篇论文，而不是详尽的、教条的、科学式的认识。然后，它是一篇关于意识的直接给定性的论文，也就是说，关于那些尽可能少地受到我们的认知器官的扭曲、尽可能少地被改变的东西。它讲的是，在其直接性中把握我们关于外部世界的意识，就按它呈现给我们的样子。这对于那一代哲学家以及当时的画家和作家来说是很典型的。他们都首先想要表达内在经验的自发性，坚持意识的直接给定性，并且他们努力不让任何被理解为几何学、空间、物理学、化学的东西进入其中。当自我并不是去生活而是观察自身时，那么自我就将自己转译了，将自己投射到了外部。这意味着什么呢？当我们练习人们所称的自我观察或内省时，也就是说当练习主体观察自己的那种心理经验时，我们经常都相信，我们把握了直接的给定性。——不，柏格森说。观察着自身的自我，立刻就将自己投射进一种特殊的空间之中，并且将他的生命经验结晶化，就好像它们是位于这个心理空间中的东西。比方说：我们命名我们所感觉到的东西：比如嫉妒或爱慕这样的感情、快乐或渴望这样的感情，等等。感觉和感情就像固定在一种空间之内的固体对象那样，被名称所描述。这种空间，柏格森说，事实上就是我们视为时间的东西。我们相信，我们是在时间中进行观察、在时间中经验到某物。事实上，我们却将被经验到的时间转译为空间，并且我们在这种空间性的投射中观察我们自身。柏格森将它称为空间—时间。但这种空间化的时间是一种虚假的、被视为与空间相类似的时间，并且我们通过把那些由内省给予我们的心理元素加以固化、赋予它们名字、相对的数量等等。

但事实上，真正的自我继续生活在时间中。柏格森将真实的、真正的时间的深层维度称为"纯粹绵延"。这个词对于理解柏格森来说是根本性的，尤其对于理解"空间化的时间"与"纯粹绵延"之间的矛盾来说。

在柏格森那里自我意识是分裂的：一方面，发生着自我的深层体验到的生成，在其中占统治地位的是质、内在的东西、内在性，在其中各种元素彼此融合，并且在一种纯粹的绵延中成为持续创造性的；另一方面则是对这种生成的外化了的表现，它发生在一种虚假的时间中，这种时间只不过是空间，在那里统治的只有外部性、量，并且完全离开了内在

哲学的惊奇：从发问开始的哲学史

的、真正的自我。一方面是质的深度，在其中一切互相融合并且以创造性的方式改变自身；另一方面则是量的外部性，在其中一切都作为被命名的和量化的外部事物而被物化。柏格森需要用所有可能的图像来表达这种想法，并且这在他的作品中是非常典型的。他是那种相比于用概念表达，更多地用图像来表达的思想家。他需要图像，一边反对一种空间化的自我把握的固化观念。也就是说，自我在一个具有空间性的时间中观察自身，他称之为虚假的时间或同质的时间。他为什么谈到同质的时间呢？因为空间的标志是，在它的每一个点上都是同质的。并且当自我将自己外部化为某个观念中时，它就是在时间中展开自身，时间也被表象为同质的。而在真实的时间、深度的绵延中则相反，从来不会有两个相同的时刻。

柏格森做了以下比较：您听到一个钟声响起，我们说它响了六次。您听到了六声钟响。现在您将这六次敲钟依次排列在一个同质的、与空间相等同的时间中，然后您数一数，一共有六个。但内在的自我完全不是这样来经验这六次敲钟的。对内在的自我来说，这六次敲钟构成一种旋律，也就是说：第二次不同于第一次，正因为它是第二次，并且在意识中它被经验为第二次，它在质的层面是第二次；这不是因为人们把它放在第一次的旁边，而是因为它作为第二次，在现实经验到的时间中就与第一次不同，并且第三次也与第二次不同，第四次也与第三次不同，以此类推，直到最后这六次敲钟组合到一起，它们彼此都不同，并且共同构成六次敲钟的心理旋律。或者说：六现在是一种旋律的质，而不是一个叠加起来的总和，不是像空间里的每个单位都是相同的。

我们用柏格森提到的另一种图像来帮助理解。在关于运动的概念中，我们倾向于将运动所经过的空间与运动这一行为本身混淆起来。但柏格森告诉我们，这是两个截然不同的事物；运动所经过的空间是外部性。因为先是有一个特定的位置，然后有另一个位置。我们想一想芝诺所说的飞箭。所经过的空间是箭的飞行轨迹。人们可以测量运动的距离，它是一种长度度量，是外部性。但运动行为则是箭在沿轨迹飞行时所做的。顺便说一句，柏格森谈到了芝诺对运动的诘难。他举了阿基里斯与乌龟赛跑的例子反驳芝诺的诘难，芝诺的论证混淆行为和空间。同样的，您可以举起手臂，观察您的手臂所经过的空间的外部性：在外部空间，您有无数个位置，但从内在的视角来说，运动的行为只有一个。

因此，柏格森区分了两种多数性：可数的量的多数性，我们在惯常的语言中用数字来测量它；然后是质的多数性。量的多数性由彼此不同的元素组成，它涉及的是表面的我，并且以抽象的语言表达，这种语言与客体有关。相反则是质的多数性，它是以另一种方式被经验到或被执行的；它是内在的我，这个我不是被观察到的，而是活出来的：这就是说，对柏格森来说这是现实的我、是不被转译为外部性的我。在这种我中，存在着柏格森称为自由的东西。

哲学的惊奇：从发问开始的哲学史

现在人们就能理解，柏格森是如何理解自由以及决定论问题的。在科学中，决定的原则意味着：一切都有其原因，并且在同样的条件下、根据同样的原因总是会产生相同的结果。因此柏格森说，决定论适用于同质的时间，这是一种空间化的时间，因此是外部性。相反，对于内在的自我来说，决定论就完全不再有意义，因为在内在的我中绝不可能有两个相同的时刻。在内在的我中不可能有相同的时刻是因为，在纯粹的绵延中不可能有相同的重复。正如我们之前看到的，在内在的我的经验中，第二次钟声并不是第一次钟声的重复。因此内在的我就脱离了决定论。对于深层的我来说，对空间中的一切法则都有效的能量守恒原则就不再有意义，因为这个我作为纯粹的绵延，是一种创造性的生成。它用它所经历到的真实绵延中的那个新的时刻，去充实自身。

柏格森所称的自由的行动，也就不是随便哪种任性的行为或一种心血来潮。自由的行动是一种从整体的内在的我中生发出来的行动。在其中，纯粹的绵延的质的多样性持续发挥作用，它与在其统一性中的整个过去结合在一起。那么，如果我们在纯粹绵延中生活而不是在空间化的时间中生活，那么在柏格森看来我们就是在执行一个自由的行动——这实际上意味着：从我们的整个本质的深处出发，作出一个决定。

自由的问题构成了柏格森的《论意识材料的直接来源》的中心主题。他在书中将自由视为纯粹绵延中的最内在的我

亨利·柏格森（1859—1941年）

的自由行动。

正如我们将会看到的，柏格森是谈论直觉的哲学家。他的哲学是一种直觉的哲学。在他看来，起初直觉产生于一种惊奇：这一切科学都是了不起的；但它们都错失了本质的东西。那么这些本质的东西是什么？他自问，为什么科学错失它们？于是他就直觉到一种区别：即作为科学的维度的空间性时间，与作为人类自由的维度的"纯粹绵延"之间的区别。

柏格森在他最著名的作品中谈论了直觉，他称之为"创造性的进化"，但在进入这个问题之前，我们先讨论一部早期的作品。它叫作《物质与记忆》。

在《物质与记忆》中有一种新的惊奇。如果我们必须将空间以及空间性的时间与纯粹绵延如此激进地对立起来，那么我们该如何理解身体与心灵之间的关系？柏格森在这里面临了与笛卡尔一样的问题。在笛卡尔那里问题始终是无法解决的：将松果体当作身体和心灵之间的联系点，这显然不是什么解决方法。

在柏格森的书名《物质与记忆》中，我们就已经看到了一种尖锐的二元性：物质是空间、身体的世界，记忆则是纯粹绵延、深度内在的我，也就是心灵的世界，柏格森将自由置于后者中。但人们越是将外在的东西和内在的东西截然对立，要解释身体和心灵的关系就变得愈加困难。

柏格森从一种关于身体的工具性理解出发。身体是行动的工具。由于它是行动的工具，它使我们能够以这样的方式感知事物，以便我们能够对它们采取行动，并利用它们来行动。但由于身体是行动的一个工具，它同时也就是一个被简化的和受限制的工具。通过它我们达到的是一种对于事物简化的和有限的认识，但它对于实践生活来说是方便的。

那么，柏格森如何阐明心灵和身体的关系呢？他给出了一个图示：我们想象一个圆锥体，它的尖头立在桌面上。在柏格森看来，这个圆锥体就是在绵延中被经验到的东西的整体，也就是内在的我的整体。圆锥体最宽的部分在上面，因为它是立在尖的一端上的。在圆锥体的上面，我经验着它的绵延过程中的东西，经验着那些不断积累的、互相融合的东西，经验着构成它的丰富性和本质性的东西。而圆锥体的尖端触到桌子，桌子在这幅图像中意味着空间，也就是外部的当下、行动的位置。当我们行动时，我们就用我们的身体改变空间中并排的事物。我们的行动并不是向内的，而是借助我们的身体，向着填满我们所在空间的东西。

我们看到：圆锥体的最上面，对插入空间层面的圆锥体的尖端的影响最小。圆锥体最上面的东西，在实践的操作中其实是完全不介入的，它与当下所执行的行为无关，柏格森称为纯粹记忆。纯粹记忆处在构成内在的我的记忆的深处，并且它是最少依赖于身体的东西。身体处于圆锥体的尖端，在那里我们能够在空间中与外部世界打交道。在身体中有一个非常特殊的器官，也就是大脑，它的任务是从内在的我的深处、从纯粹记忆中，将那些有助于行为的东西提取出来并加以现实化。大脑处在身体中，也就是在圆锥体的尖端，它铭刻到空间中并且触及外部世界。换句话说：作为现实的和虚拟的记忆之整体的圆锥体沿着大脑所在的细的一端不断收窄。对柏格森来说，大脑不是收集记忆的器官，而更多的是一个遗忘或选择的器官，这个器官能够从内在的我的纯粹记忆中选择，根据对事实和效果的关注，挑选出有用的。我们需要这样一个选择的器官：如果我们任何时候都被记忆的整体所充斥，那么我们根本就不能行动。因此，大脑是为行动服务的。它通过遗忘和记忆、选择和唤回，使我们得以行动。

但如果人们用这种方式想象记忆和大脑之间的关系，那么身体和心灵、灵魂的不朽的问题，就完全是另一回事了。心灵、内在的我，在这里就并不依赖于大脑：并不是大脑包含了主体的纯粹绵延，就像唯物主义的观点所认为的那样。由于纯粹绵延的内容、一切记忆的统一性、心灵，都是独立于大脑即独立于身体的，我们就能主张不朽。没有任何理由再去假设灵魂会和身体一起死亡。人们就会想说，不朽在这里就是最可能、最自然的。随着身体的死亡，灵魂只是失去了在空间中行动的可能性。

如果我们将到此为止所讨论的两部作品结合起来，我们就理解柏格森是从一个非常独特的关于自由、关于纯粹行动的观念出发的。这里涉及的绝不是一种意志的决定，就像在笛卡尔那里那样。内在自我、它的自由，以及自由的行动，可以说都是来自一种"植物—精神的生长"，如果我们能将这两种说法结合起来的话。这里具有决定性的是一种关联、一种没有断裂、没有分割的生成的连续性。柏格森关于纯粹绵延、内在自我的理论要求一种自我存在的深度中的连续的发展，从中就自然产生出自由的行动。在柏格森的思想中，有某种与东方思想中非自愿性的深层流动相近的东西。《创造进化论》是柏格森最著名的作品，出版于1907年。我们讨论柏格森时会从一部作品进展到另一部作品，这根本上是因为，他只写了很少几本书，并且因为每本书都处理一个完全特殊的领域。尽管如此，在作品之间还是有一种深层的统一性，因为阐释总是基于一对矛盾，如空间性的时间与纯粹绵延，或物质与意识。

那么《创造进化论》是怎样的呢？这部作品讨论关于生命的问题。柏格森惊奇于生命、惊奇于生命种类的奇妙多样性，以及它们对于各自生命需求的适应力。顺便一提，这是一种无止境的敬意，贯穿人类思想的全部历史——并且，尽管当代的微生物学已经有了决定性的进步，这种惊奇依然在持续。就连雅克·莫诺（Jacques Monod）这样在我们的时代中通过偶然与必然性的机制解释物种起源及其适应性的人，都肯定不会停止惊奇。

但柏格森对于我们无法理解这种无限的创造性的生命，

感到更为惊奇。我们自己也是生命体，并且生物学还在继续发展——尽管如此，我们对作为创造性进化的生命依然几乎一无所知。这意味着：我们知道一些结果、知道生物机制、等等，但生命依然是一个谜。这是为什么呢？

在柏格森对生命的阐释中，我们再次发现他对当时占统治地位的实证主义的反对。实证主义的科学从这样的原则出发：任何有效的科学解释都必须是机械的。这意味着：一切都在原因的层面发生，并且只有在原因和结果的机制的基础上，事件的顺序才能得到令人信服的解释。

我们之前已经展示了因果论和目的论解释中的矛盾。在因果关系中，"之前"发生的东西规定"之后"发生的东西。于是，当使用机械化的因果思维对生命物种进行解释时，人们就会陷入悖论：人们始终必须用较少的东西解释较多的东西。人们自然从最简单的有机体出发，这时，生命还很接近于惰性的物质，然后人们由此出发开始解释，它是如何进化到复杂的和更高级的物种的。实证主义的科学注定要解决这个根本的困难。

相反的解释，即目的论的解释，可以通过两种方式来理解：其一是预设，一切从一开始就是被规定好的。有一种万能的力量或天命在统治一切，它知道这条道路的目的，并且将生命的整个发展都置于一个无所不包的计划中。发展的实际道路是由要达到的目标来解释的。在这里统治一切的是目标，它规定了所有发生的事情。这就是最终目的的模式，我们之前已经讨论过这一点。

柏格森既反对实证科学的因果机械论，也反对类似神学的最终目的论。为什么呢？因为——如他所说——这两种解释是从一种已完成的模式出发的。因果机械论预设了只存在机械的过程，而没有任何创造性的东西。目的论则只允许一个事先给定的计划，于是一切都是事先被规定的和被给予的——基本上就是一种反向的机械论，它同样排除创造性的东西。

柏格森拒绝所有已完成的东西、所有固定的观念。他所主张的是那些自我发展的东西。我们在《论意识材料的直接来源》中看到，在他眼中，内在自我是如何从概念上就在其纯粹的持存过程中创造自身的。

在《物质与记忆》中，行动也始终不断被重新发明，因为主体根据周遭情况，从大量的记忆中激活可用的回忆。"创造性的进化"也是如此。柏格森既不想讨论一个事先确定的计划或固定的最终目标，也不想讨论一种自动的机制，而是将生命理解为永不停息的创造。也就是说，将生命理解为不同于最终目的的东西，这不是对一种最终状态的理解和由此产生的道路，而是一种激进的创造性力量的观念。在这里柏格森谈到了"生命冲动"。我们看到了他的哲学中最著名的概念。它可被翻译为"生命冲力""创造性的生命力"。无论如何，"冲动"一词都饱含力量的元素，从推动力到永远更新的开端。在每一瞬间，有生命的东西中都会产生一个创造性的冲动，它是这样一种观念：在对物质进行最终目的式的改造，却并不需要任何一种要实现的结果。

柏格森举了一个例子：眼睛。人们可以将它分解为各个部分并确定它是怎样以机械的方式发挥功能，以便让生命体可以看到东西；人们也可以用这种方式对生命进行一种机械论的解释。人们也可以假设，有一个仁慈的上帝愿意让物种获得这种神奇的能力。这种能力就是视力，为了达到这个目的，他就创造了一种使视力得以可能的机制。

然而，柏格森拒绝了这种观点。即使不考虑视力的最终目的，眼睛这种器官的成功在任何机械论的解释看来都是一个奇迹。眼睛只与观看有关。但它并不是像我们在技术中所做的那样，考虑到各种复杂性、预先从外部将它设计成和整合成视觉器官。在观看方面，眼睛是"生命冲动"的一个简单的、具有创造性的活动。视觉器官实际上是一种结晶化的行为。

让我们再想一想手的运动，它非常简单，当我们想要抓起一个东西时它就发生了。但如果我们要将这个简单的动作分解为诸多单个的位置、身体中肌肉和神经的过程，它又极为复杂。在眼睛和活动的手这两种情况中，创造性的生命或者活生生的人的一个简单的姿势，都可以从外部被确定为非常复杂的结果。

今天的科学家认为，从分子生物学的角度看，柏格森已经完全过时了。但也许我们应该尝试以哲学的方式"摹拟"他的思想。即使他现在已经退居幕后，但这或许正是柏格森的思想重新获得分量的时刻，他关于生命的基本直观也可被视为对理智的想象力的提高。雅克·莫诺在他著名的书《偶然性与必然性》中使用了"目的性"（Teleonomie）这一概念。这个词中包含一个希腊词 telos，最终、目标、目的，我们可以从中看出——还有一个希腊词 nomos，它的意思是法则。

因此，目的性概念将关于法则的科学概念和关于目标、目的的生命概念结合在一起。在这样一个逻辑上矛盾的混杂概念的帮助下，使我们表面上避开悖论成为可能。我们相信，今天的生物学——和某些人所宣称的相反——并没有完全消除极为有害的最终目的概念。当我们听到当今的生物学所使用的那些概念——字母、信息、编码、解码、等等——，我们就会想再问一句，若没有创作者也没有目的，那么一个信息究竟是什么，或者没有意义，只是被赋予了有效性的字母？

所有这些词汇依然为意义、感觉、目的的观念所塑造和渗透。但恰恰借助这些词，生物学才声称能够采用一种完全没有任何目的的痕迹的科学方法。但愿有一位哲学家——同时也是一位彻底的生物学家，他能通过对哲学和生物学的意义和适用范围进行真正的批判性反思，尝试去解释我们今天在生物界究竟有哪些神奇的发现。

亨利·柏格森（1859—1941年）

还有一件事也让柏格森感到惊奇。在他看来，生命首先是创造力。也就是说，他并不惊奇于生命领域难以置信的多样性和差异性，倒是更惊奇于那些在他看来相同地重复的东西，以及某种意义上被他贬低的东西。

那些重复的东西本身缺乏生命冲动。保持自身统一的东西，就有一种缺乏。但究竟为什么会存在物种呢？为什么同一物种中的个体会互相如此相似，以至于人都能把它看成相同？对于这个问题，微生物学能提供绝妙的回答，这是柏格森不知道的。但他的思考具有微生物学的哲学意味。在他眼中，我们不必为新物种的诞生感到惊奇，因为生命冲动本就是创造和发明。需要解释的倒是重复，是保持自身同一。于是柏格森这样回答：这是由于物质是惰性的。它使得生命冲动产生疲劳，生命冲动又必须通过克服物质来证明它的创造力是可以实现的。于是，物种内部重复的同一性就被柏格森归于物质的惰性；若没有它，就只会有不断更新的纯粹创造。

在此，我们会想起托马斯·阿奎那。我们记得，按照他的说法，从物种被置于身体层面的那一刻起，它们就意味着个体的重复。他认为，在存在者的等级中，人位于物质和精神之间的边界，但由于人属于一个物种，就依然处于身体的领域中。天使的等级则相反，在每个层级上都只有一个天使；在其中没有重复，因为每个天使都是绝对非物质的。在柏格森那里，我们则看到了与某种相似性完全不同的东西。

对这两位哲学家来说，物质都是自身重复的原则；相反，生命冲动则意味着创造性的冲动力、独一无二的、一次性的创造。

柏格森哲学中还有一种重要的二元论。所有生命体本身原初地都具有生命冲动，它分裂为两个分散的进化路线：本能的进化路线和理智的进化路线。

本能的进化路线在昆虫那里达到了它的高峰，理智的路线则是在人类身上。本能是生命冲动的一种模式，它以一种可靠的但是盲目的方式适应周围的物质世界。本能绝不犯错。但它也不预先设想任何会威胁它的东西、它想要达到的东西。只适应当下的给定，它延续的是同一种适应，以便去符合强加于它的需要。这种适应不是通过外部工具做到的，而是通过器官。生命冲动为昆虫提供了器官，器官使得它盲目且确定地适应周围世界的条件。生命本能，这种生命冲动的形式，知道如何在不求助意识的情况下产生满足生命需要的必要器官。

因此，昆虫之间的差异性是对生活环境进行创造性适应的种种极其复杂的方式。

而另一方面，理智的发展路线则在人类那里达到顶峰。那么什么是理智呢？在柏格森那里，这个词指的是非常精确的东西。理智并不像本能那样用盲目的确定性创造身体中的器官，理智会四处摸索并做出尝试。它并不盲目但也并不确定，它经常犯错。它并不创造身体器官，而是创造外部工具。

作为工具的发明者，理智是为人类的生命需求服务的，因此它在本质上是实践的。与之相应的是对人的定义，作为制造工具的人（homo faber）、人是一种制造工具的物种。本能忽视距离，理智则隔着一段距离发挥作用。它预先构想、进行想象、以有计划的方式进行。它将工具分解为小块和部分，以便做完它应当做完的事、做完它预先计划的事。这时它就是一种有意识的最终目的，它决定了对工具的制造。

这就是为什么理智只有在面对惰性的物质时才有用武之地。本能是完完全全在生命体之中发挥作用的，因为它创造器官；理智则相反，它制造工具，它所使用的是惰性的物质。工具是由一块一块惰性的物质制造而成的。理智在"空间化的时间"的任何一个维度发挥作用，我们已经在《时间与自由》中了解了它。人类与外部世界的关系也由此被打上了决定性的烙印。理智引导我们将所有给定的东西都拆分为事物、拆分为被动的碎块，然后我们将它们重新排列组合。某种程度上，生命的需求将我们逼入死胡同、使得我们——理智的存在物——对现实的丰富和不可定义的混杂视而不见、麻木不仁，迫使我们把它分解为惰性的元素，给它们以固定的名称，并且知道如何熟练地利用它们为我们服务。我们再次转向《物质与记忆》这本书和里面谈到的圆锥体，它的尖端接触空间的圆盘：理智就位于这个尖端处。它将获得的记忆结晶化为无生命的、在空间中外化的、惰性的事物，这些事物是对我们有用的。

这一切都关系到实践的生命和生存。与之相反，在我们身上还有另一面，它位于圆锥体宽宽的底部，我们想要回到内在的自我的纯粹持存、回到记忆的同一性，以便重新发现质和质之间的关系和色彩缤纷、生机勃勃的周围环境。让我们想一想库尔贝（Courbet），他整天都在大地上画画；当人们问他在画什么，他回答说，他不知道。他所画的并不是主题，而是颜色、调子、细微的差别、光与影之间的关系，也即质。

理智用惰性的物质制造工具，这使得人类得以生存，就像昆虫通过本能生存一样。然而作为本能的对应物，理智也就像本能一样为生命服务。

除此之外，还能不能找到其他的可能性接近之前所提到的真实性呢？这种可能性不是直接的、实践的和必不可少的。

柏格森解释道：理智和本能并不是从一开始就互相对立的。最初它们是结合在一起的并且在生命冲动中相互渗透，并且它们身上保持着某些共同的东西，它来自这个共同的起源。无论是本能还是理智，在其纯粹的状态下却无法单独找到。我们总是能在理智中找到本能的痕迹，也能在本能中找到理智的残留。尽管理智和本能本质上是不同的——但它们更多的是指趋势，而不是现成的功能。

为了让我们更好地理解，柏格森以更彻底的方式将两者对立起来。我们已经说过，本能有能力为自己创造和使用有机的工具，即器官；理智则有能力创造和使用非有机的工具。生命冲动不得不在这两种不同的心理活动之间摇摆：其中一种（确定的、盲目的本能）保证了当下的成功，但效果有限，因为它不适合后续的任何修整——另一种（理智）则以尝试的和不确定的方式探索，但它的创造中的多变性则允许有无限进步的希望。

本能主要是以无意识的方式工作的，就好像我们那些出于习惯所做的无意识行为。只要行动就够了；于是在这种行为中就没有想象的空间。尝试性的理智则由于其不确定性而更诉诸意识。在本能中，"知识"是无意识的和被摹仿的，有意识的思考则属于理智。柏格森写道："存在一些东西，只有理智能够去寻找，但它——它本身决定了——永远不会被理智所找到。这些东西只有本能才能找到；但本能又并不去寻找。"那么这些"东西"是什么呢？正是生命体中真正有生命的东西：生命本身、生命冲动。

适合于理智的对象是非有机的固定的物体。它的特殊能力在于对原始材料进行拆分和重组，它的语言也仅限于描述事物并且只是事物。如柏格森所说，它的特征在于"它天然地就对于理解生命无能为力"。

相反，本能则是根据生命的形式铸成的。它以有机的方式行动。如果它具有意识、有说话的能力，那么它就会向我们揭开生命的秘密。但它没有能力像理智那样，通过固定的词语、隔着一段距离认识事物。柏格森说，它是"共情"（sympathie）。这个词在这里要从词源上理解："一起感受或受苦"——与某物认同、从内部出发进行认识。本能根据同一性来认识生命。理智通过科学向我们传递物理过程的秘密——从外部、隔着距离。但它还是通过从外部将其拆分成惰性的部分，来帮助我们认识生命。

然而，我们想要渗透进生命的内部去认识它，也就是渗透进本能所在的地方。但是，本能是被生命的惰性所捕获的，它直接摹仿它对生命所知道的东西——，它没有能力告诉我们。

在这里，我们遇到了柏格森哲学中的一个核心概念：直觉。当人们能够"脱离了其自身的活动"，有能力反思他的对象并无限地扩展它时，这就是本能。

本能能做到这一点吗？或者说：会存在直觉吗？并非不可能，柏格森回答说，因为在艺术家身上就已经存在审美的共情能力，通过这种能力，艺术家能够把握其模型中的内在统一性。柏格森承认，如果人能够拓展这种共情，就能从根本上把握生命。至少它能清楚地说明理智的不足之处，并且以这种方式让精神渗透进生命的领域，在其中，一切事物都在一个无尽的创造性洪流中互相渗透。

亨利·柏格森（1859—1941年）

但直觉的这种成果并不简单地就是一种相对于理智的胜利：理智在那时也会参与其中，因为没有理智的话，本能会限制在它那实践的、有限的和无意识的惰性中。

柏格森强调，对人来说，要摆脱他的需要和实践的利益是多么困难，而这种需要和利益又让他屈从于机械的理智和盲目的本能，于是也就很难通过那种无关利益的共情（这就叫做"直觉"）达到对生命的认识。为此他可说是必须极大限度地反对自身，直到他让自己向另一种现实性和另一种知识开放。

这会不会让我们想到柏拉图洞穴中的囚徒的故事？他必须从影子的世界中、从他的同伴们非常熟悉的、对后事的成功预测中摆脱出来；他还要抵抗任何一种趋向于安全和习惯的生活方式的倾向，向着洞穴的出口攀爬。他会被理念的世界照得目眩，因此他必须首先观察影子和反射，然后才能承受看到最高的善本身。最后他又回到洞穴，每个人都因他的笨拙而取笑他。这恐怕也适用于，在经过了巨大的努力终于成功获得直觉的情况，基于共情，直觉的直接性与理智的认识能力得以结合在一起，通过这种方式，意识能够向生命的深度敞开。

直觉的认识本身具有某种神秘的东西，因为通过直觉，主体与客体之间的分裂被克服了，进行认识的主体自我认同于被认识的本质——这就好像，柏格森接着说，在艺术中所发生的那样。

348　　　　　　　　　　　　哲学的惊奇：从发问开始的哲学史

现在来谈谈柏格森的最后一部作品，我们只是略微提一下《道德和宗教的两个来源》。对这个题目我们不会感到惊讶，因为我们已经看到了，在他那里所有的东西都有两个起源。在《时间与自由》中有同质的时间和纯粹的绵延，后者属于自由的领域。在《物质与记忆》中则是空间化的身体和记忆，人的灵魂在后者中发展。在《创造的进化论》中我们遇到了本能和理智，它们的合题是直觉。在《道德和宗教的两个来源》中，柏格森最终也发现了两个来源：他再一次将固定的和空间化的东西，与具有生命的和创造性的东西对立起来。

柏格森认为，在道德和宗教中从一开始就存在某种东西，它想要通过原则和规则将道德固定和总结下来、通过仪式和典礼将宗教固定和总结下来。而另一方面也有一种力量在发挥作用，它会瓦解、渗透、扬弃一切固定的东西，它追随创造性的生命冲动，并且为人的纯粹精神性提供完全的自由。在这里，生命冲动变得类似于神。

无论是在人类社会和个人的经验中，作为创造力的道德都被塑造为一种充满生机的起源，它超越固定的道德，而生命冲动本身也在这种不断更新的创造中继续发挥作用。在宗教中也是如此：当它将自己体制化、变成一种固定的、静态的和完成的结构——柏格森始终认为这种结构是合法且必要的——，同时它又必须保持生机勃勃，即作为结构和体制，它会被一种创造性冲动的洪流所超越。道德和宗教同时需要这两种不同的方式：固定的规则、结构和形式——以及一种超越一切的"冲动"。在遵循规则的道德主体之外、在那些从一种体制内找到自己位置的宗教主体之外，还有一种自由的主体，它在一种直觉的内部找到自己的位置，它与无尽的创造性的生命冲动化为一体，并且超越了一切固定的东西。

　　这意味着，对柏格森来说，一切事物的基础，是创造性的精神，是自由。

索伦·克尔凯郭尔（1813—1855 年）

克尔凯郭尔与尼采经常被卡尔·雅斯贝尔斯放在一起。雅斯贝尔斯称他们为"例外"，他发现，恰恰是在他们的差异性中，具有意味深长的相似性。他们都对我们时代的精神状况产生巨大的影响，甚至可说是以某种方式创造了我们的时代精神。

雅斯贝尔斯认为，今天谁若想要进行严肃的哲学思考并为我们的时代挑战给出一个哲学的答案，那么他根本不可能不去回忆那种打上了克尔凯郭尔和尼采的烙印的精神状况。

我们从克尔凯郭尔开始。就像在尼采那里一样，在他那里，理解生活，比之前的哲学家所认为的要重要得多。这也是现代性的一大标志：哲学思考与所经历的东西是分不开的。尼采和克尔凯郭尔都经历了他们的哲学，并且他们的哲学也是从他们的生活中产生的。这并不是从自然主义的意义上说，我们都能从社会、政治、家庭的状况中得出相应的观点。他们两个都充满激情地为真诚和可信而努力。他们都厌恶那些自以为是的修辞话术。他们常常把讽刺的矛头指向自己，使他们的反思与自己的生活保持一定的距离，仿佛他们有可能因自身存在的不足而受到牵连。因此，我们必须了解他们的生活，才能理解他们。

索伦·克尔凯郭尔是丹麦人。1813 年出生在哥本哈根，即拿破仑垮台前两年。1855 年去世，享年 42 岁。他的父亲一直霸占着克尔凯郭尔进行思考的那个生活背景。事实上，在克尔凯郭尔的哲学中有大量人物，他们干预、争论、互相斗争，而克尔凯郭尔则隐藏在这个场景之后。他的父亲是一个严格、深深地忧郁且非常专制的人。作为一个商人他获得了巨大的成功，作为一个富裕的人他完全服从于归隐的、严格的、清规戒律的清教徒式的宗教规则。他生活在沉默之中，献身于研究，他与他的女仆结成了第二次婚姻。他有七个孩子，只有两个幸存。

索伦出生时，其父亲已经 56 岁。因此克尔凯郭尔可以说，他是一名老人家的孩子，并且他认为这为他蒙上了一层阴影，他在精神的层面，出生时就已有这么老了。

从孩提时代起，索伦·克尔凯郭尔就有一种神秘化的倾向。他为自己戴上面具，将自己隐藏起来，成为一个与众不同的人，他热爱人们后来所称的非直接的表达，也就是说，他不是毫无迂回地直接说话而是所谓的"拐弯"，通过一个创造出来的人物说话。他与他的父亲和朋友们进行了很多争论。他说，有一天父亲对他说：可怜的孩子，你进入了一种缄默的绝望。人们简直能感受到氛围的重负。一种阴霾、压抑的东西。克尔凯郭尔后来也说："如果说儿子就是一面镜子，从中父亲看到了他自身，那么父亲也是一面镜子，从中儿子看到他自身。"这种相当紧密的父子关系不断地侵扰着他。也许父亲在克尔凯郭尔的意识中扮演着法官的角色，这名法官从来不会被满足。相反，克尔凯郭尔从未谈论过他的母亲。

这位父亲向他的儿子传递了一个非常阴暗的基督形象。对索伦来说，基督首先是对于人类罪行的不断提醒，这些罪人将公正和神圣的基督钉在十字架上。这基本上就是原罪的基督、钉十字架的基督，而不是作为拯救者或复活者的基督。

1830年，17岁的索伦注册成为哥本哈根大学神学院的学生。这是按照他父亲的愿望：这是一种顺从行为。十年来，他的生活中出现了一个相当轻浮的时期。他是一名大学生，更像是一名业余的学生；他听他喜欢的课程，不按规定上课；他穿着优雅，独立于家庭之外，却属于一个浪漫主义的年轻人的团体，他们中有著名童话作家安徒生。这段时期在他的作品中留下了明显的痕迹，但在他的轻浮背后，人们已经能察觉出一种不安和焦虑，他寻求摆脱这些。他全神贯注于古代神话、骑士小说、民间故事，他非常喜欢浪漫派文学，喜欢其中的属于夜间的、负担着罪的一面。此外，这段

索伦·克尔凯郭尔（1813—1855年）

时期已经有三条路摆在他面前，它们此后在他的作品中扮演着一个非常重要的作用：第一条是享乐的道路，此后由唐·璜象征，他追求享乐却永远不会满足。第二条是怀疑的道路，对他来说这是由浮士德象征的。最后则是第三条，绝望的道路。

也就是说，无法满足的享乐、怀疑和绝望，已经出现在这个早期阶段。

但是，克尔凯郭尔爱上了一个年轻女孩雷吉娜·奥尔森，她也爱他。她的强烈激情令他踌躇，使他陷入怀疑：他有权利去爱她吗？这种爱是否能从另一个地方、从另一个人的视角得到肯定？他问自己一个问题：他是否被命令离开？最后他在1840年9月向雷吉娜伸出手，并得到了她肯定的答复。于是她和他订婚了，她18岁，他27岁。而第二天他就觉得，自己犯错了。显然他是一个无法忍受拥有快乐的恶人。他可以渴望，但不能拥有。他陷入忧郁，陷入非常不稳定的状态，感到需要去赎早年的罪。我们不知道他指的是怎样一种罪：一种人格的罪？原罪？或是其父亲的某种神秘的罪，父亲经常向他说起这种罪。

同时他的宗教生活也变得更为强烈。在他与雷吉娜订婚的两年前，他经历了一次神秘的危机，他在其中感受到了一种难以形容的喜悦，就像他后来所说的。同年，即1840年，父亲在与他完全和解后去世了，他感觉到在他和死去的父亲之间必定存在某种契约，根据契约，他亏欠了父亲某种东西。

　　同年，按照父亲的意愿，他通过了神学考试并于1841年以《论反讽概念：以苏格拉底为主线》一文获得博士学位。这个题目值得注意，因为反讽此后在克尔凯郭尔的表达方法和方式中扮演着主导性的作用。在经过了一年的痛苦和折磨之后，他将雷吉娜的戒指还给了她。她此后做了一件当时并不常见的事：她去找他，跪下求他复合。克尔凯郭尔对此的反应是写作了《引诱者日记》（被收入《非此即彼》一书）。写这本书的一部分原因是想让雷吉娜最终与他分开。引诱者在此登场，玩弄女子的感情——带着审美上的非凡的精妙；激情的每一步骤也同时是一种冷酷的策略，而温柔的每一次行动，也被他当成残酷的一刺。

　　他们最终决裂。克尔凯郭尔去了柏林，而雷吉娜·奥尔森于1843年就和A.W.施莱格尔订婚。我们可以将这件事称为克尔凯郭尔生命中的一个反讽性的事件：他是和雷吉娜分手的那个人；但她很快又重新订婚，而他则留下了至死也无法愈合的伤痕。

　　《非此即彼》用假名出版于1843年，在雷吉娜订婚之前。使用笔名是作为作家的克尔凯郭尔的习惯。这本书获得了巨大的成功。此外他几乎同时还以自己的真名进行了两次关于宗教的演讲。我们看到了其人格中的两个面向，并且这种情况持续了很久：克尔凯郭尔接二连三地发表激烈地挑衅基督教和教会的文章，同时进行虔诚的和宗教性的演讲。

在他最重要的作品，例如《哲学片段》和《最后的、非科学性的附言》中，他处理了极为复杂和微妙的哲学宗教问题。但同时他也表现为一个无情的论战者，猛烈地抨击那个时代的愚蠢，以至于搞得一家杂志的主编逃亡，刊物也必须停刊。他一再地暗示一件没人知道的事实，这是他生命中的一个秘密。人们试图从生理的、心理的、精神分析的角度阐释这个秘密。这个秘密中最为有趣和重要的方面是，他相信他有一项特殊的使命要完成。不是指一个领导者或者一个改革者，他身后跟随着一群顺从的羔羊。不是，克尔凯郭尔的使命在于成为这个舒舒服服的基督教中一名不可或缺的例外者，他与羊群中的其他人不一样，他的任务在于，将已然抹去了基督性的基督信仰从它那无基督的基督教中唤醒，呼唤它重新回忆起一种真正的宗教因素究竟是什么，以及它提出了怎样绝对的要求。

克尔凯郭尔坚信，他必须亲身实践这一点，不仅仅是在言辞中，不只是通过他的著作，而且还要在行动中，当有必要时，甚至要做到殉道。

随后一段时间，克尔凯郭尔进行了与丹麦官方新教教会的决定性斗争。他一直坚持克制自己，直到他所尊重的明斯特主教去世，那是 1854 年初。葬礼致辞是由指定的继任者、黑格尔主义者马滕森做出的，他称赞死者是一位真理的见证人。这撞到了克尔凯郭尔的枪口上，这话是什么意思？人是不能基于一种对信仰的知识成为基督的见证人的，这里，我们或多或少会想到一种黑格尔式的观点和哲学概念。

一年后，克尔凯郭尔在一系列名为《瞬间》的小册子中抨击了马滕森。瞬间这个概念——我们之后还会回到它——在克尔凯郭尔的思想中至关重要。《瞬间》这套小册子共出了九期。克尔凯郭尔在其中为教会从丹麦国家中分离出来而斗争。对他来说，一位牧师同时也是官员、介入一种与福音的本质如此相异的国家的现实之中，这从宗教的立场出发是不可接受的。第十期《瞬间》即将出版时，克尔凯郭尔的力量和斗争都走到了尽头，他在街上晕倒。人们把他送往医院。1855 年 11 月 11 日，他在那里去世；他拒绝接受来自一位官方牧师的圣礼。他的信念是如此之强，以至于直到临近死亡的门槛，他都坚持付诸实践。

与充满斗争的作品和生活相平行的，克尔凯郭尔还从一开始就创作文学、美学、道德、哲学方面的作品和文章，它们广为人知并且持续发生影响，例如《非此即彼》《最后的、非科学性的附言》《致死的疾病》，它们探讨绝望，等等。此外，他还留下了虔诚的演讲、教会传统意义上的纯粹宗教文章，以及一本日记，在其中克尔凯郭尔进行着与自己的斗争，并试图澄清自己的问题。

克尔凯郭尔将自己看作——如他所说的——一位"私人"思想家。他强调其所有作品中个体的、孤独的特征。普遍化在此毫无意义。并且，他转向其他人，并不是为了向其他人宣传一种普遍的信条，而是为了唤醒他们，令他们以每个人独特且孤独的方式，面对宗教要求的根本性。

那么，克尔凯郭尔是一位"私人思想家"，但他又被大多数人看作黑格尔的后继者。这要怎么解释呢？

事实上，他接受了黑格尔思想中某种关键性的东西，也就是辩证法。但他的辩证法和他使用辩证法的方式，与黑格尔大不相同。在黑格尔那里，辩证法的反题、对立、冲突都是世界历史的工具，会被世界历史本身扬弃。黑格尔是总体性的思想家，这种总体性包罗万象且追求和解；他是一个具有宏大的体系的人，在这个体系中历史的所有阶段最终都找到了它们的位置，于是整个历史就以某种巨大仪式的方式在体系的圆圈中登场。在克尔凯郭那里并不是这样。他激烈地反对黑格尔，并全力与他斗争。他首先反对的是黑格尔的体系。体系，在他看来意味着向着整体性、向着普遍的东西逃避，而这最终会让个人免于将自己从根本上视为孤独的、绝对的个体。黑格尔所做的与克尔凯郭尔想寻找的恰恰相反。当黑格尔说，一切现实的东西都可以是合乎理性的，并且一切合乎理性的东西也都是可以实现的，那么他就以这种方式接受——超越历史的所有暴行，他并没有轻视这些暴行——整体性作为普遍的现实。通过一种理性的自明性，将总体性纳入普遍性之中，而这种理性的自明性将一切被理解为个体的东西都加以相对化。对克尔凯郭尔来说，这是不真诚的最高境界。真诚——他说——要求的是，每个人，真真正正的每一个人，都绝对地和无条件地是他自己，并且将自己理解成这样。对他来说并不存在任何东西——也就不存在整体性的世界历史——是个体要从属于它的。这也是他对基督教的理解。也就是说，基督教对他来说首先是：忠诚于自己，承认个体的绝对要求。但完全的真诚并不是人类能做到的，因为存在一种主体性的悖论，这种悖论无法克服；所以只存在一种真诚的方式，那就是戴上面具。那些自吹自擂的、自发地且直接地说话的人是骗子——或天真的人，一定程度上他们还没有超出直接的自发性，而这种自发性是骗人的并保护他们免于绝望。对于那些看透了人类身为主体究竟意味着什么的人来说，不再存在直接的真诚；他必须画地为牢并戴上面具，诉诸间接的表达。这种表达并不假装自己是任何他所不是的东西，而是唯一可能的表达。

然而，克尔凯郭尔提到了权威，提到了上帝的话语。这当然是一个悖论。我们顺便提一句，也许正是因此，克尔凯郭尔对伟大的新教神学家卡尔·巴特（Karl Barth）印象深刻。卡尔·巴特将对上帝的话语的忠诚置于其整个神学的中心，即从字面上理解上帝的话语。

对于克尔凯郭尔来说，上帝的话语的权威必须统治一切。要理解这是什么意思，人们就必须真正去阅读克尔凯郭尔的作品。克尔凯郭尔除了是一位伟大的作家之外，在很多方面都是一位诗人。一位相当特殊的诗人。他的风格经常都险峻严厉，相当抽象，但有时又相当具体，抒情中带着一种独特的清醒和克制。他在高涨时突然中断，没有自鸣得意，或者他会把自己拉回非直接的或反讽的表达方式。他用极为微妙的方式说出最深刻的东西，用他那种致密、简洁的方式说话。人们必须先习惯他的风格，然后即使只有短短几页，他的文本也会带来更多的意味，远比我们这里能说出的要多。顺便说一句，这种特征也是尼采所具有的。

现在来谈谈《瞬间》。这不只是一个小册子的标题。它也是克尔凯郭尔反对黑格尔的武器库中的一个核心概念。如我们所见，黑格尔是为历史中所发生的一切、为整个历史寻找解决方案或意义，为整个历史的发展寻找一个最终目的。一切都在其中找到它的位置和正当性。相反，克尔凯郭尔所强调的不只是每个个体、个体主体性的绝对价值，而且也强调每个个体在所经历的瞬间中的绝对价值。

这里出现了一些非常重要的东西，它将在此后的哲学思想史中扮演一个决定性的角色，即出现了人们称为存在主义的东西，或者更好的说法是，生存哲学。

那么生存是什么呢？对克尔凯郭尔来说，它是向上攀升，是一个主体的负责任的自由的来源。举个例子来澄清这个概念：当您从外部观察事物，您看到的大概是水在流动，树枝在落下，您看到某人在做什么——并且这些事都是同时发生的；流动的水、落下的树枝、行动的人，它们都发生在

　　　　　　　哲学的惊奇：从发问开始的哲学史

同一时间。但人的自由的行动并不能从之前时间中所发生的推导出来，这个时间对自然界和行动者来说是共同的。人的行动来源于他的主体性的核心处，并且他自己为之承担责任。行动并不是简单地将自己置于原因和结果的序列中，它也并不简单地是别的东西的结果，而是某种绝对的开端。他从别处将他的自由行动插入了原因和结果的网络之中，他实现了一种突破，它作为生存性的突破，被称为生存哲学。

"生存"（Existenz）这个表达及其含义就来自克尔凯郭尔。他发明了这个词的用法。自克尔凯郭尔起，生存（existieren）这个动词在哲学中就获得了一种新的意义。它所指的不仅仅是有个东西在那里。我们必须追溯到词源学，就像海德格尔所做的那样。"Ek-sistere"指的是从事物的岩浆中迸发来，引发断裂，而不是来自一种同质的连续性。

从这种生存性的突破中，产生出自由的决定，这是一种主体当下做出的行动、一个主体的行动，它越过时间、"刺破"时间。这也是克尔凯郭尔谈到"瞬间"时所指的意思。

瞬间在这里指的不再是过去与未来之间的边界，奥古斯丁曾对此非常不安，这种东西令他困惑，因为他发现，我们全都处在时间之中，但过去已然不在，未来还未到来，而当下又什么都不是，它只不过是虚无和再次虚无之间的界限。也就是说，并不存在时间但又确实存在时间——奥古斯丁这么说。

在克尔凯郭尔那里则完全不同，尽管他们之间有一种深刻的亲缘性。在克尔凯郭尔那里，时间的概念并不能从研究的角度出发来观察，而是要从生存着的主体的角度观察，这个主体在实践中作决定，因此在时间中行动：通过这种断裂，它"刺破"时间。他的行动因其结果而是经验的：他的行动的结果处于日常时间中、位于习惯经验层面，但已经完成的行为不是经验的，它不在时间中，它刺破了时间：这就是瞬间。

如果想理解克尔凯郭尔，那么生存和时间这两个概念是不可分割的，在它们的帮助下，我们也就能理解克尔凯郭尔是如何反对黑格尔的。他强调，无论如何个体那绝对的、点状的现实性，都与一种整体的体系相对立，所有个体都会进入其中、消失在其中、归属于其中并且淹没于相对的东西中。

那么，这两个概念是如何与基督教联系在一起的？在克尔凯郭尔那里，基督属于"悖论"。基督就是悖论，或者十字架就是悖论。

在十字架中，存在着两个维度的交叉。瞬间，即通过一种自由对时间进行生存性的刺破，它就可以用一个十字来呈现；作为原因和结果的过程的时间是水平的维度，刺破则是垂直的维度，它将时间切割开。基督就是历史时间的断裂；这就是悖论，通过它，永恒性切断了经验的时间的连续性。

在克尔凯郭尔看来，基督就是绝对的悖论。悖论究竟是什么？通常它是一个句子，其中包含着矛盾并且难以理解。一个悖论与逻辑上的矛盾的不同之处在于，矛盾是推理中的

　　　　　　　哲学的惊奇：从发问开始的哲学史

错误，而悖论并不能被还原为理解及其推论。基督是绝对的悖论，这就是说，从他那矛盾的自然本性来看基督不是从证据中得来的；没有任何证据能触碰他；因而也就没有任何关于他的知识，就像没有关于上帝的知识一样。在克尔凯郭尔那里，有一种类似于否定神学的东西，也就是说，它揭示了神学根本不可能存在的理由。

作为悖论的基督的观念，就像一个主体的绝对决定划破时间一样，在克尔凯郭尔那里是决定性的和有重大影响的。比如他强调，基督的门徒并不因为他们跟基督是同时代人，就比其他任何时代中寻找基督的主体离基督更近。我们可以这样理解：既然基督的存在打破了时间，那么任何一个通过其精神性的或道德的行为而划破时间的人，都通过他的行动、他对基督的信仰而成为基督的同时代人。是的，这些人也许还比在经验的时间层面跟基督生活在一起的人，更有权利成为他的同时代人。在这里出现了另一种同时性，它并不存在于时间之内，而是存在于永恒中。在永恒打碎时间的地方，就是同时性本身。

还有一个在哲学上很重要的点：在《最后的、非科学性的附言》中，克尔凯郭尔将苏格拉底对于他的学生所扮演的角色，与基督对于他的门徒所扮演的角色作了比较。克尔凯郭尔将苏格拉底称为这样一种老师，他启发学生发现真理；然后克尔凯郭尔将基督称为这样一种上帝，祂是这种发现的本质。我们来试着解释这番话。

　　首先我们要说明，克尔凯郭尔在这种比较中绝不是想要贬低苏格拉底，他非常敬佩苏格拉底并且总用最壮丽的话来谈论他。苏格拉底是这种老师：他并不想去教他的学生，而是向他们指出找到真理的方法。他的伟大之处在于通过向学生提问，帮助他们在他们自身之中寻找和找到一种真理——这种真理早就已经在他们自身中了，但他们无法辨认出它，而且也与他们的生活无关。苏格拉底将他们带往发现内在的真理的契机；也就是说，他只是这个契机，是对发现的启发。而一旦学生走到了能够自己找到真理的那一步，苏格拉底就可以撤退了——并且事实上他也真的会撤退。这正是他的伟大之处：他不教导任何学说，他不以任何方式控制学生的思想，他只是与学生一同工作，以便学生有能力不依赖他。在这一点上，克尔凯郭尔指出了教育的最深刻的本质。

　　对克尔凯郭尔来说，苏格拉底和基督的区别在于，基督不只是教他的门徒真理，而且他就是真理。这里引入的是另一个维度：信仰的维度。基督就是真理，是他所教导的、所是的东西，就像克尔凯郭尔说的——"上帝"。因此，他绝不会让自己撤退和消失。他并不像苏格拉底那样是"启发"，相反他是"上帝"，他就是所要发现的东西、要与之生活在一起的东西。

　　于是我们就看到，真理的观念有多么复杂，人们却经常这样地贱卖它和草率地对待它。每个人都觉得自己知道它是什么。自从有了哲学，就有汗牛充栋的书籍去书写它。人们今天还在这样做并且会一直这样做，却并没有穷尽问题。真理是一种统一的、同时又多种多样的概念，因为真理会在我们的存在和我们的思想的各种不同层面展开。所有这些层面都是互相联系的，因此构成一个统一体。同时，由于这些层面彼此异质，真理又有一种非连续性，它们各自根据不同层面的自然本性而定：在某一个层面是真理的东西，在另一个层面是谬误、谎言，因为人们误解了存在的方式，也就无法正确地处理它。理解这一点至关重要。

对克尔凯郭尔来说，成为基督徒是必要的；但另一方面，这里又存在着不可能的维度。成为基督徒既是必要的又是不可能的，并且在克尔凯郭尔眼中，有时候教会的官方代表恰恰犯了最严重的亵渎之罪，因为他们将自己视为基督教的令人满意的化身。

因此，基督教既是必要的，又是不可能的。克尔凯郭尔正是从黑格尔的辩证法中得出了这种否定神学的讨论方式，也就是说，这种对立面之间的游戏，在黑格尔那里，会通向合题。而在克尔凯郭尔那里，这是一种否定的辩证法，它并不通过合题或和解来揭示基督教的本质，而是通过失败和不可能性来驱使人类进入辩证法。

我们可以在克尔凯郭尔关于绝望的讨论中读到我们称之为否定神学的东西，这个文本题为《致死的疾病》。克尔凯郭尔在其中展示出，一方面，灵魂怎样地有可能完全迷失在绝望中；另一方面，一个停止绝望并且准备好进入自我满足的灵魂，又会怎样地因缺乏绝望而迷失了自己。处理这种矛盾，对克尔凯郭尔来说是一种悲剧性的精神锻炼。他邀请读者不只是做一次这种锻炼，而是一再地重复地做新的锻炼。他有一本书叫作《重复》，这并不是没有道理的。

永恒对他来说并不是无止境的时间，它只会流失，而更多的是一种静止的瞬间的重复，在其中，信仰的行为一再地通过重复的精神锻炼而创造出信仰的本质。对于一种根本不可能的行动的重复，将一个人推进绝望。绝望是灵魂的一种致死的疾病，它既是治愈的可能性又是一种不可避免的疾病——这就是与基督教的唯一可能的联系。

现在，克尔凯郭尔区分了生存的三个阶段。这三个阶段是审美的、伦理的和宗教的。

审美的阶段基本上是由唐·璜所代表的，它是点状地激发起强度的阶段、在这一阶段中，生命处在其暂时性的、没有互相联系的经验中。（占据审美阶段的是阵发性，而不是忠诚；是处于改变中的阵发性、处于强度中的阵发性。）

我们当然可以把问题简化，但克尔凯郭尔非常广泛地分析了审美的阶段，他把它视为诱惑行为并且在其中找到了很多他所爱的东西。作为作家和诗人，他对所有审美的东西都很敏感。审美的阶段与伦理的阶段的不同在于，它不给自己任何约束。这是一个绝妙的阶段，因为在其中，自由每一时刻都在爆发，而没有哪一个瞬间以超越的方式将它们绑定于共同的起源——就像我们之后在宗教阶段会找到的那样。

伦理的阶段是审美阶段的最鲜明的对比。在这里几乎发生了黑格尔式的辩证运动，并且我们能看得很清楚，克尔凯郭尔是如何经由黑格尔走上自己的道路的。伦理的阶段是约束与忠诚的阶段。例如，这是婚姻的阶段，而不是唐·璜的阶段。但那些将伦理和宗教混为一谈的人，都会陷入更深的绝望中，这就是"致死的疾病"。

最后是第三阶段，宗教的阶段，它保留了第一和第二阶段的一些元素，但用其中一些颠覆了另一些。

宗教阶段是瞬间的最高强度，但它又将时间总括进完整的、绝对的统一性中。这种瞬间就是绝对，它刺破了时间，并且由于重复而超越了时间，从而达到了被我们拒绝的东西：永恒。时间的统一性就是永恒，并且在瞬间和永恒之间，通过重复而产生了一种辩证的关系。对于生活在时间之中的我们，宗教阶段既是必须的又是被拒绝的。

克尔凯郭尔指出，那些拒绝一切非绝对的东西、以便完全献身于宗教的人，基本上完全就与绝对断绝了联系，他们是在模仿绝对，通过模仿，他们欺骗自己进入了这个阶段，但其实是陷在了审美阶段的可悲的一面中。

从这一点上我们最能理解反讽的概念：克尔凯郭尔赋予反讽和幽默以很大的价值。在谈论那些人根本就不能谈论的东西时，反讽使得他能够不说谎。谁若要在不可言说的地方谈些什么，谎言就不可避免。

加布里埃尔·马塞尔（Gabriel Marcel）曾经说过，当人们谈论上帝时，基本上从来就不是在谈论它。克尔凯郭尔也相信，当人们谈论时——尤其是用充满信心的语调时——，就已经不再是在言说上帝了。于是，如果他敢于谈论上帝的话：经常会说那个上帝（der Gott），并且写"上帝"时会将首字母小写。当他将化成肉身的上帝基督与苏格拉底作比照时，他谈论小写的上帝，这样就不会过于接近他，而是保持距离。

在克尔凯郭尔的语言中，反讽可以为真理服务，或者至少它可以减少谎言的比例。这就是为什么他扮演了那么多不同的角色，有时还使用滑稽的假名，这正是为了隐藏自己、为了采取不同的立场，于是人们会发现他从不强占那些本质的、宗教的东西。他的反讽有一种基本的防御功能，它保持了距离，见证了真诚和真实。

幽默，则用来保护克尔凯郭尔称为宗教的无人称性的东西。宗教的无人称性意味着，我们绝不能将宗教降到一个经验中的人的层面，也不能将谈论宗教的任何人降到具有个人特征的心理学的层面；宗教是通过无人称性对我们言说的。克尔凯郭尔对待特定的宗教表达非常严格。这样一种流露对他来说很容易与某种自我表述或缺乏谦虚联系起来。在宗教的领域，克尔凯郭尔有一种蛇一般的不信任，他不信任自己

　　　　　　　　哲学的惊奇：从发问开始的哲学史

所说的、不信任其他人所说的，他害怕亵渎，想要禁止绝对的东西落入人类语言的相对性之中。通过幽默，克尔凯郭尔就保护了宗教的匿名性；他说他想成为"宗教的诗人"，一个并不从字面上而是间接地说出他想说的人。谁若想理解克尔凯郭尔说了什么，必须自己也同时进行宗教活动。不然的话，宗教语言就会沉默，甚至变得扭曲。

克尔凯郭尔认为，我们每个人都必须不停地努力，变得更加主观。这是否意味着我们应该为了感性的或其他什么维度而牺牲科学的客观性？不是。这与心理学、宣传或论战无关。

变得主观意味着去接近本源，去接近上帝赋予我们的东西：自由。全凭靠自由，我们作为主体才能以主观的方式说出"我"。

人们如果在这个意义上变得主观，那么其实发生了生存上的某种彻底的变化，因为生存不再是封闭在自身内的而是重新认识自己，生存是上帝的礼物、是与基督的关系、是宗教性的重复。

弗里德里希·尼采（1844—1900年）

　　很少有思想家像尼采那样引起那么多的误解，并且还需要对这些误解负责。他在今天那么受欢迎，每个人都谈论他；左派和右派都援引他。就像之前说过的，雅斯贝尔斯将克尔凯郭尔和尼采并列，并将他们两个都视为"例外"、视为站在现代门槛上的两个伟大又神秘的形象。他认为，在今天要想真诚地面对这个时代，任何人都不能忽视他们，但也不能把他们当作楷模而产生灾难性后果。

　　他们有很多共同点，也有很多对立面。他们并不是真正的同时代人。尼采在克尔凯郭尔去世前11年出生。克尔凯郭尔属于——大致说来——19世纪上半叶；尼采则属于下半叶，这中间有段距离。尼采活了56岁，克尔凯郭尔只活了42岁。但尼采的最后十年几乎可忽略不计，众所周知他患了一种完全摧毁了他的精神疾病。我们把这十年减去，那么他们的生命是差不多长的。尼采出生于德国一个牧师家庭。他的父亲是牧师，他的父系和母系中也都有牧师。他五岁时父亲去世。所以，这里有一个和克尔凯郭尔的重大区别，后者的生命深受父亲形象的统治。尼采并不只是由母亲带大的，而是和他的妹妹一起由各种女性亲戚养大，生活在一种非常女性化的环境中。他以优异的成绩完成学业，尤其出色的是对古希腊语的研究，他是一位古典语文学家，他如此优秀以至于尚未毕业就得到了巴塞尔大学的聘任。他的语文学教授这样形容这位 24 岁年轻人：他是所有年轻人的偶像，并且既亲切又谦逊。

1869 年到 1879 年，他在巴塞尔大学当希腊文学教授，其间接触了当时一些最为杰出的人物，如雅各布·布克哈特和 J. J. 巴霍芬。1869 年和 1872 年间他与理夏德和科西玛·瓦格纳成了朋友，他经常去卢塞恩附近的特里布森拜访他们。1873 年起，疾病的最初征兆出现；他的精神完全清醒，但却患上剧烈的头痛。1879 年，疾病迫使他放弃了巴塞尔大学的教授席位。

接下来是十年不稳定的流浪生活。尼采逃离他自己，逃离他的疼痛，逃离他的疾病。但无论他在哪里，都觉得不舒服，于是他又去另一个地方，在那里也没什么好转。冬天他经常前往里维埃拉、尼斯，夏天去恩加丁、锡尔斯-玛利亚；他也去意大利旅行。这期间，他生活简朴。他的第一部作品引起了轰动；渐渐地人们忘了他，到了最后，他必须自费出版他的书。1889 年，他 45 岁时爆发了一场器质性的大脑疾病，他必须被囚禁。他在 11 年后去世。

弗里德里希·尼采（1844—1900年）

仅仅从这个生平故事中也能看出一些端倪，为什么雅斯贝尔斯将尼采看作一个"例外"。疾病不断威胁他并且让他始终处于警惕之中，没有办法从任何东西中找到乐趣；如同遭受厄运，像一头被追捕的野兽，必须不停地尝试去生活，却总也没办法正常地生活：这就是他的命运。我们在他身上——尽管是以一种完全不同的方式——看到了同一种无能为力，即无法让自己达到一种内在地被肯定的生活，这就像克尔凯郭尔一样。克尔凯郭尔的问题在于，没人能真正成为基督徒，没人能活出他主体的独特性，没人能在基督的意义上真正信仰上帝。如果人应当去信仰，然而又不能够信仰，那么人应当怎样生活呢？在尼采那里我们则看到了一个人处在疾病的持续压力下，他的痛苦无法忍受，"上帝死了"——尽管如此，他还必须活着。

　　人就处于尼采思想的中心；就像在克尔凯郭尔那里一样，人的不容置疑的主体性位于中心。本质上，尼采所关心的是人的不足，根本上来说，人是一个处于"边缘"的存在，他必须在道德层面生产他自己，但又无法做到。

　　然而，又不完全是这样，人类身上总是已经有了一些东西。用尼采的话来说，人类又从来不够"轻盈"。"轻盈"并不意味着尼采坚持克尔凯郭尔的审美阶段。对他来说，人从来都不够轻盈是指，在他与事实领域的关系中，他从来都不够自由，他总是宿命般地依赖于这些关系。在人身上有一种对自由的要求，同时也有一种对于自由的无力；对尼采来说生而为人意味着，对于人的本来面貌，要不断地接受它，同时又愿意不断地超越它。相应地，在他身上有一种对于现状本身的根本拒绝，拒绝按事物本来的样子接受它——但我们又会在他那里看到，他同样会探讨那种根本性的"命运之爱"（amor fati）。对人来说，事物并不是简单的它所是的样子；并且我也并不简单地是我所是的样子。

　　萨特后来解释说，主体应当是他所不是的东西，不是他所是的东西。他这么说，是把重点放在了主体的自我生成上，这使得主体每一瞬间都在克服他的事实性。当我说我是一个懦夫，萨特说，这就已经踏出了一步，把懦弱抛在远处，将自己从那个状态中挣脱出来。

　　在这里我们会遇到一个致命的误解，对它的误用简直荒唐得可怕，这个概念就是超人。在尼采看来，超人是一个凭借不断更新的创造力，永不停止地超越他的事实性和界限的人。如果人并不努力去成为他所无法成为的样子，也就是说，如果人不是一个超人，那么对尼采来说，他就根本不是人。这是一个催人奋进的概念。毫无怜悯地超越现成给定的东西，不断抛掉那些压舱石，以便去意愿一种创造性的自由，这就是超人的主题，在某种意义上是一个普罗米修斯式的主题——哲学一再地提出这个主题并为之奋斗：因为——人们会这么想——谁若想要成为超人，就错过了他作为一个人的真正的可能性；他甚至不是他所能够和应该成为的那个人。但同时如果他并不尝试去做比当一个人更多的东西，那么他也就不是人。在这里我们看到了一个现代的主题，之后我们又在卡夫卡那里读到它：现代人走在一根横跨池塘的木头上，但这根木头之前并不存在，而是他必须在踏出每一步时用脚塑造出来和连接起来的；并不存在事先铺就的路。（尼采的超人概念恰恰具有这样的意义：人并不满足于他所是的东西，他会创造历史。正是通过摒弃自己，他从他所是的东西中发明出自己。）

众所周知，超人的概念是术语历史上最被误用的概念之一。当纳粹将它用于描述所谓的优等种族、说这个种族应该去统治其他人类种族，他们是对这个概念进行了一种实证主义的和自然主义的解释，并认为这是基于一种所谓事实上的优越性。然而，将超人当成一种天生如此的人，在尼采看来是彻头彻尾的荒谬：对他来说恰恰相反，人从来不满足于自己。他必须不断地重新生产自己、超出那些他出于天性所做的事情、超出他在事实层面所是的东西。他必须不断超越那些已经成为现实的东西。也就是说，超人的概念是对于不满足的一种表达，是对现存状况的不满意，它反映了一种属于人类本性中的怀旧情结。再没有什么东西比这个概念更加不种族主义和实证主义了。

然而必须承认一点：尼采是一位自愿被形式和思想所诱惑的作者，有时被它们的严酷所吸引，有时被它们无情的光辉，或它们那种非道德的或反道德的挑衅力量，或被它们那种无神论式的挑战所吸引。他纵情享受这种表达带来的诗意满足，而根本不负责任也不理会他所写的东西可能会被往反方向阐释。例如权力意志这一概念就是这样，我们之后还会回到这个概念。有人把它解释为呼吁人变得更强，论证为了自己的权力使用任何手段和武器都是合法的，以至于权力成了最高价值的标志。这不是尼采的意思，但他是一个想要被诗意所诱惑，也诗意地去诱惑别人的作者。他不属于那种为抗拒诱惑而武装自己的人，不像克尔凯郭尔那样。

尼采最著名的作品《查拉图斯特拉如是说》是最具诗意的、最美的表达。尼采在其中使用了一种类似于预言的语言。他写作这本书时已经有了患病的征兆，在这个阶段，最深的绝望和非凡的喜悦交替出现。这是一本狄奥尼索斯式的书，充满高峰和低谷。从他向着人的意识和生命的边界冲击的那一刻起，他时而欣喜若狂、蓬勃高涨和达到统一——或者相反，在发现不可能实现无限的超越时，又深感失败和崩溃，因为他认为，人只有通过无限的超越才能成为人。

尼采的诗意的诱惑并不会改变，他对真理的意志是一种消耗性的激情。但对他来说就像对克尔凯郭尔一样，权力意志是为了去拯救和恢复一种真理，这种真理处在客观的真理概念的彼岸。他并非想要贬低或削弱科学那客观的或理性的真理。但在尼采看来，它从来就不是无前提的也不是完整的真理。哲学真理的目标是超越这种表面的、简单的真理。尼采将重点放在解释上，即阐释（Auslegung），这也是人们今天高度评价他的原因之一。人们今天已经走得如此之远，甚至会说根本就不存在真理，目光所及只有阐释、只有对阐释的阐释。人们可能会听到这样的观点：在对一个文本进行解释时，想要去切中作者真正试图表达的东西，这是一种天真的努力。因为并不存在一个真正原初的文本，至于一个真正的原初意义，则更没有了。尼采并不是完全这样想的人，但他肯定是最为促进事情往这个方向发展的作者之一。按照他的说法，所有的知识都是通过一个进行认识的、活生生的主体，来对存在进行阐释。

因此，真理并不能作为某种固定的和独立于主体的东西而存在。它总是经过了阐释。在尼采关于真理的阐释理论中，他表达了一种深深的怀疑，这种怀疑像一根刺一样扎在寻求真理的理性的中心。由此他经验到了意识的一种无法克服的界限，同时也经验到了一种对于"超越"的生存性需求。

真理从来不会清楚地面对我们。我们努力如其所是地把握它，就好像它独立于我们之外。但在人们想要认识的真理和认识真理的人之间，有一种本质的关系。主体与主体所面对的真实性之间的关系，本身就是主体所寻找的真理的一个构成部分。因此，每一种解释、每一种阐释，都同时是客观的和主观的；并不存在能够完全在主体之外找到并且完全独立于主体的纯粹的客观性。我们只能谈论一种经过了中介的

　　　　　　　　哲学的惊奇：从发问开始的哲学史

客观性，它被那种将它发展出来的生命所渗透并且总与它的主体性相关联。我们在这里又一次遇到了主体性，我们在克尔凯郭尔那里已经看到了主体性对于宗教经验的意义。但在尼采这里，涉及的是哲学真理本身，它是可以独立于任何信仰而达到的，或者更好地说：它是永远不可能达到的。

然而我们不能假设，尼采援引主体性是对真理提出了更少的要求。这是一种很深的误解，有很多我们的同时代人出于方便或者出于偏见而寻求客观的真理，他们就引用尼采并论证说，主体的同意就以构成真理。但并非如此。如果说尼采发展了理论，那正是因为关于真理，他有一个比满足于客观的给定性要求更高、更为深刻的观念。

出于对真理的激情，尼采必须问：真理是怎样构成的？我们怎样达到它？当人们走上这条道路，就会发现真理从来就不会完全被占有。于是我们就再一次碰到了超越这一主题。对真理的寻求是一个没有尽头的任务，它要求一种无限的、永不停止的对真理的意愿，并且这种真理本身就生活在对任何一种可能的真理的超越之中。

面对尼采对于理性主义和理性的著名攻击，我们必须明白，这些攻击本身也是以理性的名义进行的，是一种更为深刻的理性。这并不是说采取一种草率的态度去打破理性的标准，而是以理性超越理性。要求真理本身就意味着一种义务，去超越合理性的条件。

这样一种关于真理的观点自身中包含一种断裂，与仅仅

弗里德里希·尼采（1844—1900年）

作为现象而简单存在的东西断裂。谁若想要接近真理，只能通过"超越"的努力来寻求。

然而这很奇怪：人们可能会认为，尼采不断强调人类对于真理、意识、理性的认识中有不可避免的边界和断裂，这会偏离任何一种普遍的理论的道路。然而，他确实发展出了一种对于生命的整体观点、一种关于世界的形而上学，最终是关于存在本身的。在这里，我们就应该谈一谈权力意志。

可惜的是，"权力意志"属于那些对公众来说具有非常具体的和有限的含义的表述之一。

从哲学史一开始，思想家就试图去说出世界是什么：水、气、对立、数，之后则是法则、生命或意志。尼采警告人们不要进行这样的解释——但另一方面他自己就进行了一种整体性的阐释：世界是生命，生命则是权力意志，于是世界本身及其所包含的一切，也无非是权力意志。并且这涉及的不只是世界——而且涉及存在本身。尼采所指的是什么呢？首先他既不是在人的直接意义上说，也不是在生物学的意义上说。他自己也说这个概念是"不可理解的"。事实上他会根据不同的情况做出描述，有时还会有相互对立：一方面，这是一种增长的意愿、成为更好的意愿、战斗和胜利的意愿，但它也是自我超越、尝试、寻找；另一方面，权力意志也会催生出危险、短命，因为它所无限呼唤的并不是持续，而是瞬间（以及永恒）。权力意志能够——通过自我超越——给认识到并承认必要性的人带来快乐。按尼采的说法，权力意志使生命从属于真正的存在，生命要为之献身。权力意志总是"透视"般地发挥作用，并且正是它解释世界向我们所呈现的样子。如果关于权力意志的形而上学完全拓展到了存在，那么对它来说一切存在者都是一种符号，就好像它们进入了同一种解释中似的：这种符号具有无限多种可能的意义。

我们可以看出，权力意志远非只有一种含义。"权力"的意义是模糊的，在尼采那里它并不总是有价值。我们不能将权力意志等同于驱力（Trieben），尽管后者会唤起一种权力感。尼采提出这样一种要求：要在无数假面之中辨认出它。

在这里，对尼采的任何一种误解都是可能的。对词语的选择、不可抗拒的例子都诱发人们的误解。"权力意志"可以为战争辩解并成为战争的手段。从表面理解，这种权力意志的形而上学很类似于早期教条主义的形而上学，它相信自己知道作为整体的世界和作为它本身的存在究竟是什么。

但在我们已经对尼采了解这么多之后，就能肯定他所指的和想说的是别的东西。尼采知道，所有事件中的权力意志本质上都始终是"不可知的"：命名它，并不意味着认识它。他也非常清楚，他并没有找到对作为基础的存在的全新解释，而是在寻求"将一切重新认识为与它（权力意志）有关的"。再加上在他的理论中，这种形而上学的思想本身就被把握为权力意志的行为，于是就重新打开了哲学中无尽的问题的空间。然而，我们仍然处在激进的内在性之中，任何超越性都是被拒斥的。

只是在尼采这里总是如此：他不会发明任何一种学说，让自己会去服从。他的权力意志的形而上学的界限已经被他发现了，这界限就存在于他的工具之中，例如当他想将这种形而上学与他关于生命的观念纳入一种两极的关系中时，以及当他想将这种形而上学与关于永恒轮回的学说联系起来时。

人们总是可以利用或滥用尼采，断章取义地引用这句那句话或段落，然后说：这就是尼采，他就是这样想的。但人们还会找到很多与这些话极端对立的地方，于是人们就认为尼采不负责任。我对这种状况的真正解释是，不要将任何说法做字面意义的理解。没有任何一种说法可被视为静态的，它总是有一种特定的动态功能，要在作者赋予它的语境中去填充。并且这种说法是对是错，也取决于读者自己是怎么建立这说法和它的背景之间的关系的。

举个例子：尼采以最残酷的方式与基督教斗争，人们甚至将他看成某种反基督者。他认为，基督教首先是弱者的发明，是对胆怯、失败、痛苦和死亡的美化；而他看来，相反的看法则是应该允许权力意志生长。对尼采来说，人必须被权力意志激励、通过它展开自己的自由、自己的骄傲。这是在呼吁去追求伟大、高贵的东西，它拒绝渺小的生命和微小的满足的这种舒服的妥协。尼采事实上是摧毁了被钉上十字架的基督，他将基督视为人类身上他所憎恶的一切东西的象征：软弱、屈服、"愿你的愿望得到满足"，这被视为对人的意志的放弃——而在尼采看来，除非人用斯多亚派的方式愉快地肯定世界的必然性，否则的话人应当将它的自由强加给世界。

另一方面，人们又能在尼采的文章中发现对基督的人格的高度敬佩，他在一些段落中赞扬怜悯、温柔、谦卑、爱。软弱在他那里并不总是权力意志的对立面：在某些特殊情况下，权力意志似乎与最彻底的软弱一同发生，因为有时软弱并不是出于胆怯，而是一种原则、一种自己愿意的态度。尼采始终是一个非常模棱两可的作者，人们总是能引用他攻击他自己，而这么做没什么意义。

"愿你的愿望得到满足"可以是对单纯放弃的表达；而没有什么比这更让尼采厌恶了。另一方面我们又在尼采那里看到，在很显著的地方、一次又一次地出现"命运之爱"这一主题，这就是说，对命运的必然性的爱，对于这种必然性，人什么都做不了。我们要怎么把这种情况与迄今为止所看到的东西协调起来？对尼采来说，这是一个水平的问题。如果我是出于胆怯而服从，那我就是一个末人；如果我是像斯多亚主义者那样是出于内心的独立而服从，那这就是人类的伟大。也许尼采是想通过命运之爱，而在超越自身之中又再超越一些什么东西：超越那种人性的、太人性的观念，例如一种进步的观念、一种在未来有待实现的最终目的的观念。

尼采首先给予我们的并不是一种学说，而是在自我超越中、在通向本质性的勇敢努力中让自己变强，自由地肯定自身并超越自身。这样一种超越可能采取一切形式，甚至是最矛盾的形式。

显然我们能在尼采那里找到一种关于作为纯粹内在性的世界的理论，它排除了任何一种超越性。

"上帝死了。"尼采宣告了这个消息。而现在哪怕是在最为极端的困境中——恰恰是在最极端的困境中——人都不能再与上帝有什么关系，既不想在它那里寻找一种解释，也不想在它的基础上找到一种意义。人被迫在虚无中毫无希望地（至少没有任何合理的希望）独自承受自己，在人自身中，权力意志保持清醒和强大。人们经常从中读出普罗米修斯式的满不在乎，读出在"超人"这个掩饰词中，人其实想要成为真正的上帝。

但真正开始阅读尼采的人，总是会得到完全不同的印象。上帝之死、上帝的缺席在他的作品中有一种比很多神正论更为强大的在场。这种缺席是无穷无尽的，并且人不断地受到它的挑战，不断地以新的方式痛苦而英勇地回答它，通过这些答案，人超越了自己。就好像内在性本身无非是对超越性的拒绝，就好像尼采是在上帝那缺席的目光的注视下写下他那一行行字，也许只是为了死去的上帝，为了他自己，并且通过权力意志进行超越每次都是在被他否定的超越性的"空间"进行的。

自我超越的主题包含着位于尼采思想核心的关于生成的基本经验。一切都是持续不断的生成。但我们必须将这种不断更新的、创造性的历史，与命运之爱这种不动的理念结合起来。人们在尼采那里会找到大量关于永恒的静止或关于不动的永恒的说法。生成和永恒的不变性这两个主题各自走向极端，这对人来说是无法忍受的。我们人倾向于一种减缓了的生成和一种混杂了一点时间性的永恒。但尼采却在这两方面都走向难以承受的极端。然而，尼采在锡尔斯-玛利亚有了一个奇特的经历。在那里有一块奇妙的岩石，他站在这块石头上有了一种"永恒轮回"的直觉。我们在古希腊人那里遇到过永恒轮回这一主题，并且尼采很清楚：伟大的循环年总是不断地重新开始。但在锡尔斯-玛利亚他突然意识到，这一主题作为经验可能意味着什么。

这是一次震撼人心的经历。他被泪水淹没，被一种感觉击碎，而他并不知道这种感觉究竟是最深的痛苦、最高的愉悦还是最明朗的平静。这是一种状态，在其中，由时间性的生成所培育的情感，和对扎根于永恒的持久之物的深刻性的理解，突然以神秘的方式互相融合。在意识中，永恒轮回通过那些凝固为非凡的、沉思的伟大的东西，引发了暂时的、转瞬即逝的东西的瓦解，即所有那些培育我们的欲望、我们的情感生活的东西的瓦解。一种无法形容的体验。

尼采，作为一个处在人类界限上的不可能性的思想家，是不能被固定或被牵制的。他终生都拒绝一件事：他称之为负重的精神。他指的是那些囿于固定的行为规则、明确的规章或现成的知识的人。他们不再质疑任何东西，一本正经地把所有他们觉得自己知道的东西当作最后的真理，并把它们据为己有财产。因此他们就在精神上背负了财产和行李——而重要的恰恰是什么都不去占有，当一名没有行李的旅行者，他想以他的轻盈超越一切禁锢精神和自由的人。尼采拒绝负重的精神并且邀请人们去舞蹈。

舞蹈这个主题对尼采来说特别重要。它将我们引回到狄奥尼索斯的力量的仪式，而阿波罗式的形式和理性，使我们面临着忘掉它的危险。舞蹈将我们引回了狄奥尼索斯式的生存的根基、引回那些经由苏格拉底而丢失了的东西。

对尼采来说，苏格拉底通过理性和清晰的阿波罗式思想的发展，使人丧失了前苏格拉底时期的人所拥有的狄奥尼索斯式的深刻意义。舞蹈的精神是一种轻盈的精神，它把压舱石抛下甲板。伴随着每一舞步，它塑造当下的瞬间。我们在这里看到了克尔凯郭尔称之为"瞬间"的东西，它与现代性相对应，就像整个存在主义思潮。在克尔凯郭尔那里，自由从生存、从某一时刻的概念中产生，对瞬间的赞美是与整体性相对立的。像克尔凯郭尔一样，尼采并不是整体性的思想家，相反，他引爆了任何一种整体性。它重新建立起创造性

哲学的惊奇：从发问开始的哲学史

的瞬间，轻盈就从中产生。在永恒轮回中舞蹈着的生成，与持续的超越结合在一起：由此，在地平线上就出现了某种永恒的东西，它通过命运之爱，将自己化于舞蹈的轻盈性之中。这就是尼采。

可惜的是，在这个活生生的尼采身旁（他的呼吁对我们来说是永远都无可比拟的那根刺），产生了关于尼采的神话。尼采没有充分地武装自己去抵抗这个神话；于是很多人都能援引他，但他们可能与尼采真正的所想完全矛盾。

克尔凯郭尔和尼采之后

克尔凯郭尔和尼采表现出平行的特征。首先——雅斯贝尔斯也强调这一点——：克尔凯郭尔和尼采都不能拥有门徒。人们会说有些人是"克尔凯郭尔主义者"或"尼采主义者"；例如人们会将卡尔·巴特视为一名克尔凯郭尔主义者。人们试图找到相似性。但他们实践哲学的方式却是将自己的生命置于思想的冒险之中，而这是既不能被学习也不能被模仿的。他们都在一种彻底失败的情境中结束了自己的生命，他们的生存与他们的思想息息相关。

但我们必须马上做出一个限制：与刚才所说的相反，人们不应该认为，更早些的哲学家进行哲学思考和反思的方式是脱离并且完全独立于他们的生活的，所以他们的生活也始终不受其思想的影响。我并不是这个意思。在每一种真正的哲学思考中，生存总是在同时发生影响，尽管并不是像在克尔凯郭尔和尼采身上那样。这种差异的原因很可能在于他们所面对的时代和世界。在克尔凯郭尔和尼采的时代，他们所面对的世界不再能够保护任何人，不再能为他们的冒险提供一种确定的安全感——在某一瞬间，思想冒了一切风险，而思想家在他勇敢的突进中无法阻止自己。与之相反，让我们想一想笛卡尔在得出"我思故我在"之前那个"双曲线怀疑"：在他的处境中，这种思考同样是一种最大胆的哲学事业。然而笛卡尔生活在一个稳固的世界中，其深层的东西尚未受到质疑，并且在那个世界中，每个人都觉得自己拥有一个位置。人们尚未像克尔凯郭尔和尼采这样的思想家那样在精神层面仿佛遭遇到海难般的威胁。他们感觉到，几乎像是感受到一种预兆——在我们的欧洲遭遇如此根基性的动荡之前——，事情将会变成怎样。用那敏锐的触角，他们觉察到一种尚且隐蔽的、潜伏的灾难。但在这种灾难面前，他们并没有逃避进安全感中，而是彻头彻尾地、推至极端地思考它并做出警告。作为基督徒的克尔凯郭尔表明，一方面，不成为基督徒就无法生活；而另一方面，成为基督徒又是不可能的。尼采则抓住了最鲜活的根基，即思想、奇迹、惊奇、绝对责任的起源——权力意志——且同时抓住对一种绝对的命运、一种永恒轮回的肯定，他让自己服从它，即使"上帝死了"。他们两人都通过自己的思想达到了不可能。雅斯贝尔斯说，这两个人中的任何一个都不可能成为他人可以追随的典范。他们在哲学上吸引我们；想要效仿他们却是毫无意义的。人们没法创造一种像尼采或克尔凯郭尔那样进行思考的精神的普遍范畴。但人们也没法假装不曾有人发出这样的呼喊而进行哲学思考。这一声呼喊，若对它充耳不闻，那人就会陷入一种说谎的境地。这就像是人们继续进行哲学思考，并且意识到自己隐瞒了一些分明存在的、必须被思考的东西。只有这两位思想家给出了这种撕裂；这意味着什么呢？意味着在他们之后，哲学的任务就在于，从他们走过的地方继续往前走，并且找出穿过他们、超越他们的道路。

在一种更清晰的语言中，这意味着：没有任何现代思想不曾经历虚无主义，或不曾穿越哲学中的不可能性。人们不可能在中途停下脚步。也就是说，这些思想家并不是人们必须去模仿的榜样，而是人们所听到的警告，或者更好的说法是，他们是人们必须回应的要求。因此，按照克尔凯郭尔和尼采的说法，某种特定的自由——它不只是作出决定的能力，而且还是去认识、去超越的能力——对于哲学的反思绝对是必要的。我认为，人们今天把事情过于简单化了，因为人们很容易在一种彻底的悲观主义中给自己一种舒服的或者至少是一种懒惰的感觉，即去诅咒我们的西方世界是无意义的和无价值的。然后人就适应于它，并且感觉自己高高在上。然而，再没有人能比尼采和克尔凯郭尔更决然、更激进地以各自的方式对这种情况做出判断。简单地重复这种判断是毫无意义的。需要做的是去理解它、认真地对待它和超越它；去尝试着看看人能否从中走出去。为了使人类自由超出克尔凯郭尔和尼采的谴责与揭露，就必须穿透和超越虚无主义。

从宗教的立场出发，我们面临着一些矛盾的东西。克尔凯郭尔是绝望地信仰着的基督徒，尼采则是关于超人和死去的上帝的诗人。然而，克尔凯郭尔通过指出成为真正的基督徒的不可能，他事实上排除了我们所经历的基督教。而在尼采那里，超越性的思想走到了虚空、不在场性，上帝之死无处不在，最深的宗教渴望又开始重燃，它也许采取反叛的形式，也许是作为命运之爱。这就是说，谁还想要过宗教的生活，就必须真正穿过和超越那些人们不可能接受的东西。在现存的宗教框架中去简单地相信世界、人或者随便什么东西，然后满足于遵守一切特定的规则，这已经不再可能。有些神学家认为，没有上帝是行不通的、有了上帝情况就会更好，这种观点在尼采和克尔凯郭尔看来已令人无法忍受。宗教不再能提供一种安慰，相反，它提出了一个绝对的要求，而这个要求永远无法被满足。

埃德蒙德·胡塞尔（1859—1938 年）

在克尔凯郭尔和尼采之后，哲学思想开始朝三个方向发展。第一个方向是现象学，它的奠基人是德国哲学家埃德蒙德·胡塞尔。第二个方向是生存哲学或曰存在主义。关于第三个方向，我们只想略提一下它的开端，它所涉及的不是严格意义上的哲学，而是将自己分散、分裂为——看上去是这样——各种不同的人文科学和社会科学。

胡塞尔的现象学对当今的研究的种种分支产生了一种决定性的影响。就像在其他同时代的思想那里一样，这里我必须更为详尽地谈一谈他们的生活。因为这些哲学家在时间上离我们更近，我们就理应将他们放进历史事件之中考察。

胡塞尔生于 1859 年，也就是 19 世纪下半叶，出生在摩拉维亚一个犹太商人家庭。他学习过天文学、数学、物理学，但他的主要兴趣是逻辑学。他思考的问题首先来自科学经验，尤其是抽象科学。他深受哲学家弗朗茨·布伦塔诺的影响，后者的观点被胡塞尔进行了决定性的改造并且为后来人们所称的现象学的思潮提供了大量的灵感。

胡塞尔在 27 岁时皈依了新教，但这并没有为他的作品带来多大影响。但引人瞩目的是，在他去世后，最专注于研究其作品和编辑其遗作的人主要是天主教徒，甚至属于神职人员。胡塞尔的作品在卢汶尤其得到了研究、保存和编辑。

胡塞尔与一位同样改宗的年轻犹太人结了婚。第一次世界大战爆发时他 55 岁。他有三个孩子。两个儿子参了军，其中一个战死沙场；他的女儿成了一位护士。胡塞尔在这一时期对普鲁士的一切都非常钦佩。他像当时的很多德国犹太人一样，热衷于德意志民族主义。1916 年他成为弗莱堡大学教授。不久之后，马丁·海德格尔成了他在那里的同事。

1933 年 1 月，希特勒上台。犹太人被禁止进入大学建筑和图书馆。我们必须想象这种处境。胡塞尔发现自己被大学、图书馆拒之门外，此时的海德格尔则在新政权下担任校长。正是在海德格尔担任校长期间，他被自己的同事和——或多或少算是——颇受他之恩的学生排挤出教授圈子。后来多亏了一些保护，胡塞尔的处境好些了。胡塞尔并没有远行，他没有离开德国，但他试图——如他自己所说——在自己的周围竖起一堵精神之墙。他比任何时候都更加努力地捍卫他所理解的"理性主义"，以此对抗纳粹释放出来并获得统治的非理性倾向。他于 1938 年去世，享年 79 岁，尚在第二次世界大战发生之前。

胡塞尔已经开始在一种哲学批判的意义上写作与算术和逻辑有关的文章。1900—1901年他出版两卷本的《逻辑研究》，1907年出版《现象学的观念》的课程。1929年在索邦大学进行著名的演讲《笛卡尔式的沉思》，然后是1935年也就是去世前三年，出版《欧洲科学的危机与失验现象学》。

胡塞尔经历了他所创立的现象学的广泛传播。他自己大概有这样一种感觉，人们经常误用这个词去表达一些完全不同的东西；这可能也解释了为什么他如此成功却总是感到不满意。在临近生命尽头时，他感受到一种强烈的孤独感，以及不被理解的感觉。他可能尤其因为和海德格尔之间的日益疏远而感到痛苦。

胡塞尔的惊奇与康德和笛卡尔的有遥远的亲缘关系。笛卡尔的出发点是惊奇于我们是如何明确地知道一个事物的，既然我们有足够的理由去怀疑。我们要如何为我们的确定性找到第一理由呢？这种对于确定性的惊奇促使他将一切都置于怀疑之中，以便寻求确定性的基础。

康德的惊奇则是——如我们所看到的——对存在知识这一事实的惊奇。在经验中不可能存在必然的和普遍有效的东西，那么科学究竟何以可能存在？我们何以可能拥有经验科学，其陈述是必然的和普遍有效的？

现在胡塞尔问：我们何以能确定？或者换句话问：意识和世界之间是怎样的关系？

我们对于周围的世界具有一种原初的确定性，胡塞尔是从这一点出发的。他对此惊奇。我们先不用胡塞尔式的语言，只试着去领会他的惊奇。他研究了数学和逻辑学；他知道，一种纯粹状态下的确定性是什么，因为显然再没有别的地方像逻辑学和数学那样没有任何可怀疑的：就像是确定性的精髓。他对于这种直接的确定性感到惊奇。

康德的观点在他看来仍是令人困惑的，因为在他那里确定性这一难题被一些在胡塞尔看来多余的元素压倒了，例如物自体，它并不属于我们对于世界的直接的确定性——或者先验的东西，它的结构超越任何经验，并且我们对它也没有确定性。它们都使确定性变得模糊。我们应该从确定性本身、从它的直接性出发。

这可能就是出发点。从这里出发，胡塞尔朝三个方向进行斗争和捍卫自己。

首先，他反对心理学和内省。他绝不想与那些声称内在的意识状态是确定性之基础的人为伍。他非常强调——我们也相信——，我们所能观察到的心理状态是通过内省发现的，同时它无论如何也是客体，就像外部世界一样；尽管它是心理的对象，但同时还是对象。在这一点上他仍然忠于康德，因为对康德来说，所有我们能描述的关于意识的一切都已经是客体化的意识。无论如何，它不是先验的。胡塞尔不属于那些满足于对心理进行内省描述的人。他认为这会导致人们陷于主观主义，也就意味着陷于一种经验主义。我们想想贝克莱。对于将意识客观化和对心理学，胡塞尔都毫无兴趣。他所寻求的东西应当是直接的和原初的。

其次，他反对笛卡尔而为自己辩护，尽管他也非常敬佩笛卡尔——我们会想到《笛卡尔式的沉思》。他指责笛卡尔将"我思"与其他一切东西抽象地切割开，于是人们就必须绕个远路，借助于上帝的圆满性，才能重新赢得物质的世界。作为被经验到的东西的我思绝不会单独存在，而是始终作为我思着所思的东西（ego cogito cogitatum）存在，也就是说：一个主体（一个我）思维某物。这意味着一个对象、一个事物，就是在我思中直接地和原初地被经验到的东西。在此基础上，胡塞尔想要通过仅仅描述思维中原初地被思的东西来建立他的确定性。

最后，他反对康德和康德主义而为自己辩护，而这正是因为他不想容许任何模糊的因素。我们已经看到：他不认同康德的二元论，即"现象与物自体"的二元对立，因为他拒绝将先天视为构建。按照康德的观点，认识只在与现象有关的情况下才有效，而这在胡塞尔看来是一种相对主义，它不符合对确定性进行绝对奠基的要求。胡塞尔绝不想放弃这一哲学要求。

他想要的是——就像几乎所有伟大的哲学家一样——最终建立起那种真正的哲学，即那种确定性。

让我们简单总结一下他的理论。胡塞尔从对意识的研究出发。为什么呢？因为所有给予了意识的东西，只有通过意义的构造、通过意识本身，对意识来说才是可通达的。这种意义的构造根据意识所指向的存在者的领域（区域）而有所不同。哲学家不应该关注世界上的事物，而应该关注事物被给予的方式，这就是说关注作为现象的事物。因此胡塞尔选择现象学这个术语来描述他的哲学。

通过还原（Reduktion）的方法，"世界被悬置"。哲学家的目光被引回了意识，所有的意义都是在意识中形成的。胡塞尔在分析时很喜欢举知觉领域的例子，因为在他看来，我们对周围世界的首要意义的构造是在知觉中进行的。

但对于将目光引回主体而言，简单地描述意识的活动是不够的，重要的是搞清楚知觉或回忆或想象等的本质是什么，并且在每种情况下指出，相应的意象对象（即意识—相关项）是如何被创造出来的。只有通过这种反思的态度对意识活动进行澄清，我们才能把握相应的对象性（Gegenständlichkeit）是怎样的。

胡塞尔从数学对象的构造过渡到对逻辑对象的研究（《逻辑研究》），以便最终分析事物的构造，以及更高结构的构造，在其中，不同的意义层次就可以被指明。

胡塞尔的口号"回到事物本身！"绝不意味着一种天真的实在论，而是指我们必须把握意识的本质，以便能够揭示出每种存在者是如何在意向性的意识中被通达的。

在他的晚期著作《欧洲科学的危机与先验现象学》中，胡塞尔将欧洲历史作为主题并试图揭示欧洲的危机。他在欧洲历史中看到了理性的统治的发展并且将它视为整个理性主义传统的后裔，这个传统寻求一种唯一的、普遍的哲学。然而，所有的科学——在胡塞尔看来——都陷入了一种令人费解的危机。这场危机并不是针对单一的科学成果的，而是从根本上反对作为基础的整个真理的哲学意义。

在胡塞尔的文本中，防御性的句子是如此之多真是令人吃惊：人们不应该认为……，不要把我理解成……，等等。他不断地努力去定义其思想的所谓"位置"，以便将自己的思想与心理主义、笛卡尔主义和康德主义划清界限。

现象学究竟是什么？在这个概念的内部，存在着方法和理论之间的歧义。

它究竟是一种方法、一种处理问题的方式，还是一种体系化的学说？一个真正的胡塞尔主义者会拒绝这种选择，这是因为对他来说这种方法恰恰就是一种学说。方法和学说合而为一，确定性就建立在方法的行动之中。现象学的方法不只是达到一种学说的一条道路，而是被提升为学说，因为它完成了第一个意向性的确定性的运动。

但随之而来的问题是，将方法与学说画等号，是否会导致对胡塞尔的某些概念的误解。很多读者认为他们理解了胡塞尔，或者他们自己就说着胡塞尔的语言，但他们可能会陷入这种情况：有时候在传统的意义上使用词语，有时候又在胡塞尔的语境中使用。举个例子："现象"这个词——我们在康德那里就看到过——意味着，那些"显现出来的东西"恰恰不是事物本身。但在胡塞尔那里，方法恰恰在于将现象视为意识的真正相关项，因此不存在二元论。而如果没有现象与物自体的二元论，那么"现象"这个词就具有一种完全不同的意义。

现在，很多概念必须将它们流传下来的意义进行转移，并且我们很难在一种排除了二元论的反思领域清晰地思考它们。

人们可以问，胡塞尔是否真的超越了传统的二元对立，例如实在论／观念论，唯实论／唯名论，理性主义／经验主义——如他所假装的或者如他所希望的；或者他是否通过将方法和学说合而为一，来简单地模糊掉这种二元对立。

从表面看来，胡塞尔所实践的是方法论上的禁欲主义。他排除了各种东西，比如——如我们看到的——物自体和先验的东西。他试图排他性地坚持意识的直接经验。他拒绝构造——他想要做的是描述。他指责康德的地方正在于，康德通过所有那些范畴和认识装置，对经验进行构造主义的处理。而他，胡塞尔，想要描述，描述现象是如何被给予我们的。

我们可能认为，这里涉及的是描述一张桌子；但并不是这样。胡塞尔想要的是现象性（Phänomenalität），即描述现象的被给予性，也即这张桌子是以怎样的方式在经验中被给予我们的。这才是现象学的任务。它应当去分析给予我们一个现象的意识活动的经验。这是一种反思性的描述。

现在我们可以看到，为什么胡塞尔要反对内省而为自己辩护：正是因为"反思性的描述"和内省非常容易互相融合。胡塞尔寻找的东西，可以说是一种直接的分析、一种对于现象的那种被经验到的经验（der-erlebten-Erfahrung-des-Phänomens）的描述性反思——我们必须在词之间放很多连字符。

现象学的还原——正如胡塞尔对自己的方法的称呼——可以说是通过一种方法论的逆转将自己从所有经验的基本命题中解放出来。这个基本命题就是世界的现实性。每个自然的经验都直接包含这种关于一个存在着的普遍的现实性的命题——关于当下的、现实的世界的不言而喻的肯定。

现在，现象学家根本不想否认这个"命题"——那会使他被谴责为一种纯粹的唯心主义（世界只存在于意识中）。他想要的只是对一些东西"加括号"——因为他的绝对自由在任何时候都能做到——，于是他就无需否认这些东西，而是将它们放在现象"之外"，于是它们就不再在对现象的分析中起作用。那么，世界既没有被否认也没有被怀疑——现象学家只是禁止对世界的现实性进行任何判断。当"命题"被加括号的同时，一切涉及自然的科学，只要它们声称关于这个世界的现实性说出了什么真的东西，也就会被括起来。

现在还剩下的就是不受现象学还原影响的东西，那就是意识，它构成了一个基本的和真正的存在的领域，并且这个领域可以成为一门新的科学——也就是现象学。也许我们能用一幅画面来澄清这个"存在的领域"。我们拿一张纸。这张纸的一面是所经历的现象，另一面是意识中发生的事情。我们倾向于要么观察纸的这一面，要么观察纸的那一面。但在胡塞尔的现象学方法讨论的是在纸片的内部发生了什么，也就是说讨论现象本身的被给予性、讨论使得这种被给予性成为可能的意识活动。

在胡塞尔的理论中，还原的方法意味着意识返回它自身，但这不是回到一个永恒的实体，而是回到一个给予意义的和构造事物的意向性。这里令人着迷的是，意向性的意识的明见性（Evidenz）是一个谜——并且在我看来，它依然是一个谜。

现象学现在应当分析意向性的意识活动。意识的基本特征在于，它指向外部、指向对象（对象作为意识的真正相关项对于意识来说是"站在对面的"）。意识"超越自身"指向它的对象，并且应当被这种直观所充实。对于被指向的东西来说，意识是赋予它意义的，这意味着意识能够赋予它所指涉的东西以本质。作为意向性的意识在哲学史的进程中起到一种决定性的作用。借由这一概念，更多的思想家得以将现象学和存在主义哲学结合起来。其中最为著名的是马丁·海德格尔。

现在我们来尝试将还原的方法与意向性的理论结合起来。通过还原，"世界的真实性这一主题"被放进了括号，但意识依然是意向性的。这意味着什么呢？这意味着以下东西：当自然对象的现实性，以及随之而来的与对生命有用的对象的实践关系，都通过加括号而被悬置了，那么另一种目光、另一种观看就成为可能——也就是现象学的观看成为可能，它向着现象的显现开放。也许在这里，胡塞尔的还原同以下这种颠倒相去不远：在柏格森那里，如果本能是"没有偏好的"，那么纯粹直觉就成为可能。它并不是以生机勃勃的或本能的方式作出反应；对意识来说，诞生了一种新的方式去对原初的东西进行观看。

当一块石头快要落在我们头上，我们会立刻做出躲避它的动作而不会去问这石头是不是真实的。但如果我们通过我们的某种自由，去将世界的真实性的确定性加以主题化，于是它就被还原的方法放进括号中，那么我们就能经历到一种现象学的态度，它接近于审美的态度：意向性的意识以意义给予的方式在自身中经验到现象的被给予性。现象学的观看所涉及的完全不是穿越、超越事物、把握一种超越性。唯一能达到的绝对就是现象学的意识本身。因为通过还原我们经验到：我们完全可以将世界的真实性这一命题放进括号中，并且扬弃它的影响；但我们永远不可能将意向性的意识的真实性放进括号中。于是，在观看中显现的东西始终都是

　　　　　　哲学的惊奇：从发问开始的哲学史

偶然的，而意向性的意识是绝对的。这种意识并不受构造的约束，相反，它作为给予意义的东西构造了现象，即它的相关项。

胡塞尔在感知（Wahrnehmung）的基础上通过意向性的意识来描述对现象的构造。

被感知到的事物既不是物自体，也不是物自体的（经验的）侧面（Profilen）。我们从中接收到大量的"侧面"，它们是一个复杂的体系，由我们通过感知所把握到的种种现象组成。

当我们面对一个对象时，我们会从一个特定的角度看它，然后从另一个、再另一个角度看；在一束光线下、又在另一束光线下，挨着这种颜色或者那种颜色，通过这种或那种反射、这个或那个侧面——我们已经谈到过：我们从来不会只从同样的角度看一个混凝土立方体。因此，我们看到的是角度、现象、侧面——并且被感知到的事物是一个由不间断的多样性构成的复杂体系，这种多样性包括我们在直接的经验中得到的各种现象和草图。我们称之为被感知到的事物，无非就是我们正在进行感知。这是一个复杂的体系，我们从来就没有把握过它的整体，但正是这个体系，其实包含了我们事实上从整个多样性中感知到的东西。并且在胡塞尔看来，相信在现象的背后存在一个实在的和真实的事物，这是荒谬的。现象的存在就是它的现象，这两者是一回事。

然而，经验并没有穷尽事物的存在。因为总是存在其他视线、其他视角、其他角度、其他草图的无限可能性。

事物总是比我在对它的感知中所把握到的更丰富，但它确实是由这些感知组成的。由于总是存在其他可能性，对象的现实性也就始终是偶然的：始终存在着这样的可能性，角度和草图互相并不匹配、并不一致。在这里，胡塞尔遇到了科学思想和现代艺术：也就是说，在其中并不存在确定的连贯性。在过去，科学几乎以一种确定性来考虑世界的连贯性。并不是说科学在幻想自己拥有这种连贯性，而是人们认为达到连贯性是可能的。但现在，在胡塞尔这里就出现了一种想法：科学的任何进步都不能带来一种保证，保证最终存在真实的宇宙，也就是说，不能保证所有可能的角度和草图构成一个连贯的统一体。胡塞尔甚至谈到了一个非—世界的可能性。

现在，让我们想一想在我们这个时代的绘画，这些没有下巴的头、这些脸、这些身体，它们的特征和四肢被拆开，然后随意地拼接在一起：它们反映了可能存在的最终的无联系性、反映了可能存在的世界的本质最终的任意性。这里发生了一种开放，它与 16 世纪所经历的那次根本不同，那时人们是从封闭的世界走向无限的宇宙：那时人们不再拥有固定的位置，但世界的统一性依然是前提并且是隐含在内的。现在则相反，科学、哲学、艺术在一定程度上打开了一个非—世界、一个无—意义的可能性。

胡塞尔将他的哲学描述为"严格的科学"。在这样做时他声称，要将因果关系的任何运用从科学中剔除。现象学分析意识，而意识是意向性，它不允许任何因果关系。胡塞尔反对对象化的心理主义，这种心理主义试图通过外部环境、以因果关系的方式解释意识；他也反对内省的心理主义，后者则想将意识还原为意识本身内在的因果关系推导。在胡塞尔看来，因果关系是一个不能被应用于意识的范畴。

对于通过科学的因果关系去剥夺意向性的行为，采取如此激烈的反对，这在那个时代非常典型。另一方面，在胡塞尔和莱布尼茨之间、在意识的意向性和单子的内在欲望之间，存在一种明显的关系——胡塞尔本人也经常提到莱布尼茨。

这样一种关于意向性的意识的学说带有一个非—世界的可能性，在这种学说背后，总是有一种唯我论的威胁，因为无论如何都只存在一个唯一的意识，于是就会产生一个尤为急迫的问题，那就是关于另一个人、另一个意识的问题。在现象学的还原下，另一个是什么？

他者——另一个自我（alter ego）——在意识中被构造为是与自我（ego）相平行的，并且同时对于本己的意识来说也是陌生的。从这种矛盾出发，在胡塞尔那里就出现了一种关于先验的交互主体性的观点，但关于这一点，我在此并不会展开讨论。

读者会感觉到，我对胡塞尔思想的阐述并没有达到像在其他哲学家那里的清晰性。胡塞尔并不是"我的哲学家"。对我来说，他的哲学思考太过闪烁，他用太多、太复杂的词语表达直接性的主张；有时我不知道，我到底是在处理一种深刻的思想，还是在处理"噪音和烟雾"。

我宁愿把他悬置到一边——因为在这本书的构想中，是接受不完整和非连续的。但这是不可能的：他对当代哲学以及种种人文科学的影响实在是过于明显和深刻。所以我尽可能尝试讲好他。但我想提醒读者：只有当你成功地与一位哲学家一起思考，你才是理解了他——就像我已经说过的。而在这里，这样做是不可能的。

胡塞尔主张说，通过他的现象学，可以超越哲学中迄今为止的二选一：经验主义和理性主义、实在论和观念论、唯名论和唯理论或本质理论。我很怀疑他是否成功做到这一点：他难道不更是遮掩或者模糊了这种二元性？

"回到事物本身！"是他的口号。但然后，意识是对象的为我存在。另一个口号是："回到意识！"，因为只有通过意识对本质的意义赋予和意向性，一个现象才会被给予，于是人必须去处理一种先验的观念论。再者，感知分裂为无数可能的"侧面"，并且只有意向性意识的绝对性，才能抵抗事物的偶然性。最后发展出了一种康德意义上的观念理论，因为对象的统一性必定是意识的一种预期——而不是像康德那样的被给予的。

此外还有一个事实：在胡塞尔最忠实的学生们那里，都有各种不同的阐释和评论。每个人都有他自己的胡塞尔，于是胡塞尔的现象学经常似乎被分解为大量不同的哲学轮廓——就类似于胡塞尔所谈的在感知中构造"事件"的过程。

然而，在当下胡塞尔似乎无处不在。也许正是他的多义性，成倍放大了其作品的影响力。胡塞尔决定性地影响了海德格尔和萨特，另外还有许多其他的哲学家，如果没有胡塞尔的话，他们的作品根本就是无法想象的，尤其是在美学领域，例如波兰的罗曼·英伽登（Ingarden）。胡塞尔重新塑造了哲学的语言——并不总是最好的，因为在努力地切中直接的东西时，他的语言变得更加复杂，却不那么清晰、不太容易理解。然而，他全新提出的或者说是以一种更新过的方式提出的那些问题，却在后世的哲学家那里引发了最为深刻和最为成果丰硕的惊奇，并且这些问题在他们的著作中都被置于中心位置进行处理。但他提出的问题不只是对哲学和一些人文科学产生影响，而且也影响了同时代的艺术。事实上，这是否一种影响都值得怀疑。或者，是否在不久以前，就像我所认为的，在普遍的思想中发生了同一种转向，这种转向同时导致了胡塞尔现象学和"现代艺术"的出现？

一个例子：前不久在巴黎举办了一个关于毕加索的展览，包括了他所有创作时期的作品。在那个展览中，人们会有一个很明显的印象：毕加索在每一个时期，是的，几乎是在每一幅画中，都试图按照内在的"命令"去绘画。他不允许任何来自外部世界的问题。"命令"总是全新的和任意的，而画家的任务则是通过他的阐发将这种命令变成必然，这样便能产生一个艺术品。这种从一个任意的命令出发所进行的必然的加工，让我想到了胡塞尔的做法。这种做法几乎类似于造物主，拒绝接受一个"给定的"东西，在其中他孤独地建构自己，然后他必须把自己的位置留给他人。这就是他与之较量的难题。他只有通过一种完全特殊的方式，才能承认围绕着他的世界的真实性，这种方式将这个世界分解为无数连续的、碎片式的角度，于是他必须重新按照他内在的命令去重建来，但又从来不会完全地建立起来。这些主题，有很多能在胡塞尔的现象学中找到。

马丁·海德格尔（1889—1976年）

　　海德格尔是一个南德意志人，他也始终扎根于他出生的那个地区。他在布莱斯高的弗赖堡读了大学，在那里担任私人讲师，也在那里（在马堡待了很长一段时间之后）当上教授。我在那里听了他一学期的课——这是我永生难忘的一个学期。1933年春，希特勒上台，海德格尔成为大学校长。他担任校长将近一年。然后他放弃了这个职位，在政治方面保持沉默。

　　他大部分时间在黑森林中度过。他在那里有一所房子，人们会去那里拜访他。他最著名的作品之一题为《林中路》，也就并非巧合——这是一种伐木者为了砍伐树木而铺设的道路。人们猜想这路会通向什么地方——但它并不通向任何地方，也许只是通向一片澄明——，我们会看到，澄明这个词在海德格尔所特有的哲学语言里相当重要。

　　海德格尔身材矮小、方正、敦实。他很喜欢穿一件独特的宽大上衣，有点军装或侦查装风格；衣领直上脖子，两边有宽而直的翻领，这让他显得在人群中有点儿蔑视、自我和防御的姿态，好像会随时面临攻击似的。

他有一双黑眼睛，专注同时又带着拒绝，仿佛不想看见这个被太阳照亮的环境。他看上去没有多少人际关系。但他有学生。有一次，1955年，在法国北部诺曼底的一座城堡中举办了为期一周的关于海德格尔哲学的讨论班，他在那里与一群法国和德国的学生一同参加。他站在他们中间，矮小，宛如站在一座庇护他的塔楼中间。几天之后，有一名持异见的参与者反对这支过于忠诚的近卫军，海德格尔才不得不走出他的塔楼。

海德格尔显然并不是一名善于对话的人。他在一种沉思的独白中回到自身，这种独白里有很多重复，于是他喜欢采取的表述就给人一种感觉，好像他是一场全新礼拜仪式的第一个牧师，或者是一个已被遗忘仪式的最后一个牧师。

海德格尔与语言的关系如此特殊，以至于只有在他的词语中才能真正忠实地再现他的"基础思想"或"基本学说"。他创造了这么多的词，或者使用它们的方式与惯常的和传统的用法不同，以至于没法将它们简化以便易于理解。他的术语是无法翻译的，也无法以任何方式将它们与哲学运动分开，而哲学运动正是通过它们，在它们身上完成的。在这种不可能性中，我再次感觉到海德格尔的拒绝：若没有他的词语的盔甲，他的思想就是无法触及的。基本上，这种拒绝并不是哲学化的（因为一位哲学家总是试图一再地使用新的、其他的方式表达思想）而是诗化的：每首诗的根本属性都是它的本来面目，它不可能是别的样子——它不能被翻译，也不能被改写。

海德格尔经常努力给人一种印象：他的思想是从语言的深处读出来的，就好像它一直沉睡在希腊语或德语词汇的词根之中。在词根之上又有很多带有前缀和后缀的精致变体（例如：bergen 藏，verbergen 隐藏，Verborgenheit 隐藏性，Entborgenheit 暴露性，Unverborgenheit 非隐藏性，Verbergung 隐藏，等等）。但人们也会怀疑，是否可能是完全相反的：海德格尔的思想难道不是强迫语言违背它自身的倾向、让语言屈从于他专横的并且经常是任意的命令、屈从于他自己的诗性力量。海德格尔论断说，有创造性的人必定是"粗暴—活跃的"（gewalt-tätig），这句话很适合他自己。

这番话也适用分析海德格尔是如何对待那些看似对他有决定性影响的人：黑格尔、克尔凯郭尔、胡塞尔。当我们阅读海德格尔的作品，尤其是他那些评论其他思想家（比如康德）的文章，我们总会有种印象，他是否只是借用别人的文本来表达他自己的思想——不是通过反对他们，而是通过解释他们——，就好像他们早已有了隐藏的意义，这隐藏意义只能由他从文本中发现。

也许他很喜欢"评论"古希腊的哲学家苏格拉底，就是因为在流传下来的残篇中，他最能够将自己的基本思想压铸进去。

除了希腊思想之外，他所受到的最真实和最深刻的影响来自两位诗人：荷尔德林和尼采。

现在我们试着根据海德格尔哲学中的一些主题，去描述他的思想方式。

在我看来，他的哲学思想中最深切的冲动是对本源性（Ursprünglichkeit）的追求。换句话说：所有的哲学问题对他来说都有太多的前提预设。它们在他看来从来不够"赤裸"。他想提出本源的问题，这些问题是隐藏在其他问题之中的，它已被包含在内，就好像已经得到了回答似的。对他来说，所谓的明见性是不真实的。这种需求在胡塞尔那里就已经存在了。但在胡塞尔那里，问题与对"事件"的经验有关。海德格尔反复提出的则是存在问题，在他看来这是关于问题的那个问题，是一切问题中的第一个也是最后一个问题。

海德格尔追问存在者的存在。在他那里最根本的和不断重复的，就是存在者之存在的问题。

海德格尔的哲学惊奇可能是他的思想中最真实和最顽固的东西。海德格尔惊奇于：为什么有东西存在而不是无？这可能是他的基本特征：他的"为什么"并不针对虚无，而是针对存在。（人们可以说柏格森正好相反；他问，虚无究竟是否可以设想的、是如何可以设想的。）

有了这种惊奇，才能理解关于存在者之存在的问题。在

　　　　　　　　　　哲学的惊奇：从发问开始的哲学史

这种"存在"中包含了一种"行动",通过它,存在者才获得了它的当下性。在这里存在是一个动词,而不是名词。

海德格尔区分了"存在者"和"存在"。存在者的存在要归功于存在,而存在只是作为存在者的存在。然而——这是决定性的——存在者"遮蔽"了存在。我们举个例子:在这里有一支铅笔放在桌上;它是木制的、黄色的、笔端是金色的、写出来是黑色的。铅笔是一个存在者,但铅笔的存在既不是木制的,也不是黄色的,也不是金色的,并且人们并不能用它的存在去书写。但它的存在也不是当人们将木头、黄色、金色的尖端、黑色的字迹都去掉后,还能够剩下的东西。存在并不是"剩余"。它会随着铅笔本身的感性性质和有用性的消失而消失,但它依然是这些性质和有用性之外的"其他东西"。在这个意义上人们可以说,存在者的性质和有用性遮蔽了它的存在。

此外,海德格尔认为以下东西也遮蔽或者掩盖了存在者的存在——以及对此追问的意义:习惯,尤其是"自明的""毫无疑问的"习惯;按照存在者的有用性去使用它,即整个技术的世界和精确的科学。在这样的活动中,主体在非人格化的"常人"的匿名性中迷失了自己,并且关闭了通向存在者之存在这一真正问题的任何通道。

只有通过对本源问题的真正意义的发现,一种对真理的追求才成为可能。

海德格尔借助希腊词 aletheia(解蔽)来解释真理:

它是那些不再被遮蔽的东西。他将这个词翻译成解蔽（Entschleierung），指的是对存在的解蔽。对他来说真理从来就不是一种理性的连贯性，而是一种最初被"现成在手的工具"所遮蔽、然后又被本源问题所"看见"的那种被解蔽的存在。

令人吃惊的是，在海德格尔那里，对象、对象性、对象性的知识总是表现为寻求存在时的障碍。当然伟大的神秘主义者也有类似的做法：比如约翰·冯·克罗伊茨就说："把它拿走，我才能看到。"问题在于，是什么东西在对象性的彼岸作为存在而显现。存在大部分时候都保持沉默。

然而矛盾的是，海德格尔在"现成在手的"、遮蔽存在的存在者的彼岸发现了语言，以及大量的词和构词的可能性。在语言的可能性中存在"解蔽"它自己——并且我想补充——也可能在词的游戏中。

柏格森感到词的固定结构是哲学表达中的一个障碍，因为对他来说一切本质上都在流动。相反，海德格尔则是一个大地的思想家；他在词语的地质层中挖掘和沉思。然而，我谈论"词的游戏"并不是毫无道理的。对他来说，词是存在的有效代替品。但当词取代了存在，责任就消失了。

因此，原初的惊奇涉及的是存在者的存在。但人们不应该通过一种理性的推论去把握这种存在，其前提是人们并不是在科学的意义上理解经验的。一种领会（Ergreifen）或被领会（Ergriffenwerden）是必要的，它发生在作出一切判断"之前"。并不是判断导致了领会，而是相反：从领会出发，推论才得以可能。因此关键是一种生存意义上的领会；当生存觉醒时，我对存在者的存在感到惊奇。

那么什么是生存（Existenz）呢？我们在讲克尔凯郭尔时已经谈论过了。但现在我们要讲海德格尔这里的生存，然后再谈谈雅斯贝尔斯那里的，在谈论生存时，这两位哲学家都是明显要提及的，他们发展出了一种关于生存的哲学，尽管他们始终拒绝"存在主义者"的标签。

海德格尔通过 existere 这个词的词根来解释"生存"这个术语，ek-sistere，它的意思是："从……中浮现"，从……中上升。

因此生存首先是一种脱离，从哪里脱离呢？海德格尔认为，是一种从自明的东西、习惯、"有用性的联系"、与工具的关系、环绕我们的世界的现成在手性中脱离。从掩盖了存在者之存在这一基本问题的自明的关系中脱离。生存不再以工具的方式固守于现成在手的东西，而是打破它，并且对生存来说是存在可能性的。可能性对海德格尔来说是一个本质的范畴，生存就是指本身具有可能性。

那么，生存者就是可能性。在这些可能性中有一个决定性的，那就是生存者各自的可能性，并且最终就是它的死亡这一命运。生存者发现，它的存在是作为"向死的存在"。

对海德格尔来说，死亡——理解这一点非常重要——不仅仅是一个未来的事件，它并不是埋伏在那里等着我们的东西，死亡并不是等会儿再来的东西。对于生存者来说它是现在就已经是构成性的那种可能性。它从根本上是向死存在，它赋予了生存者以可能性。不然的话，生存者就完全属于存在者的工具性。对生存者来说没有可能性，就不会有生存。

这里所指的并不是生存者去反思死亡，而是涉及一种占有：生存者接受自己作为向死存在的虚无，并由此从日常平庸生活的"现成在手性"这种沉闷的、不透明的精密谎言中解放出来，这种谎言会扼杀对存在者之存在的惊奇。

在这种"自我解放"中，生存者不只是发现了自己的"向死存在"，而且还发现自己处在一种特殊的、特定的处境之中，它处于一个地点、一段时间之中。这种"现身情态"（Befindlichkeit）在海德格尔那里扮演着一个重要的角色。生存者发现，自己处于世界之中（海德格尔称之为"在—世界—中—存在"），总是处在完全特定的时间和地点环境之下，这在日常的现成在手性中找不到合理性，并且这也不是它选择的。海德格尔将这种现身情态称为被抛（Geworfenheit）；通过这个词，他表达了一个事实：所遇到的处境的事实性（Faktizität）对于生存者来说首先是根本陌生的。

在这里我必须引入海德格尔的一个核心概念——此在（Dasein）。我并不是很喜欢这样做，因为这个词在海德格尔和在雅斯贝尔斯那里都扮演着一个决定性的角色，但它的意义在两位思想家那里是完全不同的，几乎可以说是完全相反，而这总是带来严重的误解。

此在被海德格尔描述为这样一种存在者：此在的存在被托身于它，它作为存在是其所是的生存状态。在进行解释的句子中重复所要解释的概念，这种重复本身是很重要的：它涉及两个不同的环节。

在海德格尔那里，此在几乎与"人"同义，这就是说，首先，存在者发现，它在—此（da-ist）：被抛到世界中、被抛到一个地点、一种处境中。这是第一个环节，现象学的环节：它描述。第二个环节则是生存论的：它诉诸此在的一种可能性，它早已（也就是一个任务）是"生存性地"（也就是作为自由）是它（自己的）存在。

以下两者都属于此在的事实性：被抛到世界中和向—死—存在。通过这两者，此在的存在就被构造起来，于是它就有可能将自己解放出来并且拥有可能性。这就是此在的事实性本身，当它被接受时，生存的可能性就对此在敞开了。

但为了被接受，这种事实性必须在此在本身之中具有某种"在场"，它不能只是一种外部的给定性。海德格尔解释说，"此"这个概念指的是此在的一种本质性的展开状态：对本己的此的展开、对世界的展开，在这种展开中，此在就在此。此在是"作为在—世界—中—存在而被照亮的"，并不是通过其他的存在者，而是它自己就是"澄明"。（这是一个对海德格尔来说很典型的、诗意的词语游戏，具有他所特有的令事情模糊的澄明。）

现在我们必须去理解一些很重要的东西：作为在—世界—中—存在的此在，它并非一方面指一种被给定的东西，另一方面指受到被给定的东西限制的自由，而是一种作为对世界的澄明和对本己的向死存在的澄明，这是一种此在的自我—占有。从本己的事实性出发的生存者，有能力去"宣告"存在者的存在。

尽管海德格尔后来还发表了很多作品，但他的第一部伟大的著作依然是他的代表作，这本书叫做《存在与时间》。海德格尔是如何建立存在与时间之间的结合的？他认为，时间性的基本维度是未来。向死存在当然属于此在的存在，而这种死亡只有作为未来的东西才是可能的。海德格尔立刻补充道：未来在这里指的并不是还没有成为"现实"并且有待实现的现在，而是此在在其中走向自身的"到来"。因此在这里必须去理解，时间对海德格尔来说绝不能被描述为一个外在的维度，在其中此在以某种方式"发展"并且最终"死去"，时间是一种内在的构造，是此在之存在本身的一种结构。作为向死存在的此在的"先行"使得，作为存在者的此在在它的存在中就是未来的。

海德格尔也以类似的方式处理过去，他称之为"向来已是"（Gewesenheit）并且它是"从未来中产生的"：此在以生存的方式接受了被抛，即接受了作为在—世界—中—存在的东西就是已经存在的，于是这种如其曾是的未来的此在，就能够成为它最为本己的"向来已是"。

而当下仍然是此的任何一种处境：生存就是处理周围世界中实际上的现成在手的东西。

通过这些简短的例子，我们可以看出在海德格尔的思想中现象学的方法是如何与生存论的分析结合在一起的。存在与时间通过生存而互相推导出来且相互赋予生命力，从而产生一种反思性的本体论（reflexive Ontologie），它并不谈论存在，而是对此在的一种向着自身的回归进行分析。

在这里，我本该还要解释对于理解海德格尔来说不可或缺的一系列概念，例如"决心""罪责""操心""怕""畏"，等等。但我必须放弃这样做。我们只保留这个基本特征：存在中本质的东西，不再像传统的各种形式那样，表现为永恒，而是表现为瞬间，即时间的维度，在其中，当下对于一个生存者来说被当下化了。

存在与时间似乎交织在一起，彼此相关。存在者通过在时间性中展开结构（Sorgestruktur）的统一性，发现了其存在的意义——反之亦然。关于未来、当下和过去的那些习以为常的观念都被抛弃了，因为它们不适合于时间性。在本真的时间性中，它们只在生存的意义上才被允许。从本源上来说，这里只有未来，并且由于向死的存在，这种未来作为本真的未来是有终点的。海德格尔将无限的未来与之相对立，在无限的未来中，其他事情总还是能够发生，并且属于持续的、非本真的时间性。而后者（无限的未来）是从前者

（有终点的未来）中派生出来的。

海德格尔谈到了庸俗的和传统的时间概念的形成。它们属于"常人"的非本真的世界，这种"常人"从根本上讲不是任何一个人，因此也就不是"向死"的。因此就会存在一种非本真的、匿名的、无限的未来的观念。关于自然的精确科学就使用这种非本真的时间。于是它们隐藏了真理，而不是揭示它。它们使得提出关于存在的问题成为不可能。而哲学如果想要成为"科学的"（在这个词的本意上），那么它将更加是有罪的。它甚至会扼杀问题的意义，而这问题严格来说是人类的问题，这个问题只有作为一个生存者的此在才能够提出。

换句话说，关于存在者之存在的基本问题也就是关于真理的问题，并且它基本上就是海德格尔想提出的唯一问题。就此，他向自己提出了三条规则：思想的严谨、说话的谨慎、语言的吝啬。但这些规则并没有普遍有效的意义，而且海德格尔的哲学并不允许任何客观的标准。这些规则所要求的东西，是通过作品本身表现出来的。

传统上人们一直认为，要想寻求真理，通过内心的公正去接受真理是一种基本的前提条件和义务。人应当从他的激情、感觉、主观冲动中解放出来，以便对客观性保持自由和敞开。那么，这种"客观性"是什么意思？大部分情况下——但不是无条件的——指的是事物的事实状态，就像它们在研究者所面对的现实中呈现的那样。并不总是这

　　　　　　　哲学的惊奇：从发问开始的哲学史

样：它也可以涉及过去的事实状态、涉及历史的行动和时间，这些东西就是那样的，而不是别的样子，人们就必须如其所是地承认它们——无论研究者喜欢与否。然后还有一种"客观性"，它更多的是一种理解。它需要对一种陌生的主观性进行模仿和理解，例如，当真理的寻求者试着借助自己的"主观性"去解释一个历史决定的原因、一首诗中的精神发展，或者一种精神疾病的心理过程，就好像解释者自己真的经历过那样。即使是在宗教的领域以及神秘的领域，占主导地位的也是一种对于内心安宁和公正的研究，它是超越性的灵感发生作用的前提条件——例如我们会想到依纳爵（Ignatius）的《灵修篇》(exercitia spiritualia)，在其中，灵修就包括让意志像一根平衡木那样保持水平，使得灵魂能感受到真理。在所有这些例子中，真理都是"与我们面对面的"，而对"客观性"和"公正性"的要求指的是，那些研究者应当有能力去读出或感受到真理，而不去改变它或模糊它。研究者依靠独立于他的"现实性"，并且他最终想要讲出的真理，应当符合传统的定义：物与知的符合（adaequatio intellectus et rei）。

对海德格尔来说，自然科学的研究最清楚地表明，以下这种行为并不属于非本真性的领域：研究者只在存在者之间移动，而完全不去追问存在者的存在，也就是说并没有意识到他们的研究者中所暗含的前提条件，以便对这种前提条件进行追问。于是就不可能存在对真理的讨论。对真理的追问不能满足于与存在者符合；它必须是无蔽，也就是说，是对暗含的前提条件的解蔽，这种前提条件规定着所从事的研究。但只有通过对进行追问的或进行寻求的存在者进行分析，用海德格尔的话说，通过对此在进行分析，这种前提条件才会被追问——通过这种分析，此在自己就被纳入了游戏。

康德在《纯粹理性批判》中揭示了任何一种经验和任何一种科学中主观的、普遍有效的前提条件。现在，海德格尔在此在中寻找对真理的任何本真的追问（即对存在者之存在的追问）的前提条件。既然此在自身由此就进入了游戏，海德格尔就发展出了一种对于先验情感的反思性分析（reflexive Analyse der transzendentalen Affektivität），在这之后，当提出这个追问的此在通过接受他的向死存在、他的筹划和他的畏，实现向着生存的突破，对于真理的追问才首次得以在其本真性中被提出。

在这种先验情感中，死亡扮演着一个决定性的角色——并不是作为未来的时间（那是"非本真的"），而是作为任何时候都迫在眉睫的可能性，它赋予每一时刻以独特性，并且它作为虚无，不断地将此在的存在虚无化；存在和存在的筹划总是奔向死亡，一方面通过本真的生存中的操心，另一方面通过畏，存在及其筹划将世界生产为现成在手的东西。此外还有罪责（Schuldigkeit），这是原罪的一种遥远回声，它总是在那里，通过当下的死亡的工作，表现为虚

　　　　　　　哲学的惊奇：从发问开始的哲学史

无的标志。

海德格尔和他的学生用愤怒的声音宣称，在这个目标是对存在的意义的追问的基本分析中，所有这些伤感的情感词语都绝不是在心理学的意义上使用。我们正进行的是一种存在论的研究。但毕竟，如果人们像海德格尔那样如此相信语言，那么就不能忽视这样一些词汇中的氛围和弦外之音。它们就在那里，并且它们继续起作用。人们当然理解这些词并不表示"主观的"情绪状态。我们说：这里涉及的是一种先验的情感。尽管如此，这些词描述了情感——不然的话它们就根本没有意义。

这种哲学语言是矫揉造作的，并且还有这样一个事实：理性的或可理解的思想的条件和标准被贬低为属于天真的、毫无疑问地接受环境的意识的非本真性。除此之外，这种哲学还有一种奇怪的专制论调。这种思想或态度并不是在向读者建议，而是不经证实地把自己当作唯一可能的思想硬塞给读者。人们从来就没有被要求检验它或者辨别它。所说出的其实是某种预言般的东西：要么你承认预言的说法，并且人就是被选中的、一个生存着的此在，这个此在能够在其本己性中对作为存在之意义的真理进行追问；要么人就被排除在外，属于无数匿名的"常人"，他在非本真性中并非"澄明"、不会遇到"澄明"，因此也就可说是不算人。

在这种隐藏的威胁、这种魔法般的语言、这种好像在礼拜仪式上重复的诗意套话（就好像它想要召唤出什么神秘的力量似的）之间，也许存在一种联系——并且，与海德格尔误入歧途加入纳粹也有些联系。当他在1933年成为新政府的大学校长时，他的老师胡塞尔就由于犹太人身份而被排除在大学和图书馆之外，而他的著作《存在与时间》当初可是怀着尊敬和友谊献给胡塞尔的。

尽管如此，海德格尔无疑是"一位一流的哲学家"——"同代人中的唯一一位"，雅斯贝尔斯曾经说过，尽管他与海德格尔有一段很长的友谊，但他还是会在海德格尔的思想中感觉到一种空虚、一种屈服和一种责任感方面的软弱。

哲学既不是科学也不是诗。但这绝不是允许哲学家去指责严格的科学标准是"非本真的"，也不能让诗走到了一种魔法或者宣告的地步。当谈到生存的自由时，那就更不必说了。对于后期海德格尔来说，生存者已经不再处于中心位置，他对此在的基本分析也转向了关于存在的理论。在那里，他发展出了一种使用诗化语言的神学。

卡尔·雅斯贝尔斯（1883—1969 年）

　　卡尔·雅斯贝尔斯来自德国北部——出生在奥登堡，他一生都在说这种生硬的德语，在那里人们说 s-pielen，而不说 sch-pielen；辅音也各不相同。这使得他的语言有一种清晰性，人们通过他的发音就能把词写出来。

　　他最初学习法律，但几个学期之后他开始学医。雅斯贝尔斯从来没有学过传统意义上的哲学。通过医学，他进入精神病学，在海德堡的精神病诊所当了很多年的助手，在那里他与一流的精神病学家一起工作。所以他是医生，先是在实验室，然后在诊所工作了很久；他的教育背景是科学的和医学的。他的博士论文涉及精神病学领域。他在海德堡大学的哲学系教授了一段时间的心理学，最后在那里成为哲学教授。

　　为什么他不直接学习哲学呢？他的整个一生都打上了热爱哲学、崇敬哲学的烙印。在还很年轻的时候，他就在一封写给父母的信里说出最想做的事情：他最想从事哲学；但他并没有在自己身上感受到一名哲学家的宽广、尊严和伟大；于是，出于为人类服务的愿望，他想当医生。

很久以后的1921年，他获授海德堡大学哲学系的教席，他也觉得自己完全没有准备好，尽管他一直都在从事哲学。他现在开始从头接受哲学教育。

1937年，纳粹政府剥夺了他在德国大学任教的权利。这么做有两个理由，随便哪个都足够了：首先是因为他的哲学态度本身，然后是因为他与一名犹太女子结婚，这在当时被认为是"种族耻辱"的罪行。直到1945年海德堡被美国人解放，他才重新获得教席。德国成为一片废墟，大学里的听众绝大部分是士兵，他们从前线回来，处在一个身体和心灵都已崩溃的世界的中心，放眼望去都是被轰炸的城市和无法形容的暴行的无数受害者。

在他被允许重新执教的第一个学期，雅斯贝尔斯鼓起了公牛的号角：在这种情况下、在这些绝望的人面前，他的讲座谈论"罪的问题"。这些讲座以同样的题目出版。其中包含了对需要审视的各个层面的分析，涉及作为一个个体的德国人以及德意志作为民族所犯的罪。

这种分析的方式不只适用于当时的情况，而是只要当人们在一次集体犯罪之后必须进行良心的检验，它就会适用于所有过去和未来的情况。这样一种良心的检验应该在没有忍耐也没有受虐，没有讨好也没有以抒情的方式简单化的认罪修辞的情况下进行。人们在雅斯贝尔斯的书中就能找到这种分析的方式，它有助于澄清事件。这部小小的作品有精确的日期、精确地与一个历史时期相关联，正属于那些具有普遍有效性的作品之列。

在德国的纳粹主义时期，雅斯贝尔斯与他的犹太妻子看到了大多数人的懦弱；他经历到了，朋友们和同事们是如何不敢再跟他们接触，这不是因为对他们怀有敌意——而是出于懦弱，这才是更糟糕的。然后是战争的经历，身处其中，他们从一开始就必须热切期盼自己的国家战败，这样才能拯救国家，这也是一种可怕的经历。在战争的前几年，1936年世界各国的运动员来柏林参加奥运会时，雅斯贝尔斯和他的妻子就已经——就像他之后经常说的——在运动员人流面前感到"被整个世界抛弃"。

然而，他们两人都与祖国有着最密切的联系。格特鲁德·雅斯贝尔斯（Gertrud Jaspers）来自一个已在德国定居了几个世纪的犹太家庭，她非常依恋传统的德国。由于这些年的经历，她在战后从来就没能真正恢复过来，这也是雅斯贝尔斯接受巴塞尔大学邀请去那里任教的决定性原因。他于1948年到巴塞尔任教，远远超过了一般人退休的年纪。他在巴塞尔感到宾至如归。那里说德语，但除此之外，他还在巴塞尔感受到了某种老德国小城市的气氛；并且他相信，那种小型共同体的自由传统在巴塞尔能比在其他任何地方都更好地保存。在他生命的尽头，他成了瑞士人和巴塞尔人，但却也并没有停止当一名德国人。

　　他去世时 86 岁。但当他还是孩子的时候，他就患有一种疾病，医生预测他最多活到二三十岁就会因病去世。他是怎样活到 86 岁的？他学会了驯服它的疾病，他是医生并且也医治自己。他整个一生都在与他的疾病讨价还价。他买疾病的账，却不向它屈服，这样他就能让他的生命为他的作品和他的学生服务，也就是说为哲学服务。他服从严格的纪律：他每工作一个半小时，就躺下休息、咳嗽和喝点儿牛奶——非常有规律。因此他掌控他的疾病和他的生活。当有人问他："您现在做些什么？"他说："我工作，不然的话我什么都做不了。"这种工作中的生活令他能够写出涉猎广泛的作品并发表；此外还有数目可观的未发表的遗作，它们都被保存在巴塞尔的雅斯贝尔斯基金会，并且有一部分已经出版。

　　雅斯贝尔斯很喜欢引用一句中国的谚语："人得生病，才会变老。"我相信，他是由于忠诚，才活得如此之老：首先是忠诚于他的妻子，他去世后她也没活多久；然后是忠诚于他的作品、哲学、忠诚于所有他感到自己负有责任的一切，他终生都与它们相伴。忠诚是他的思想和他的哲学态度中的一个本质特征。作品和人，在他身上是同一的。他的作品来自他的深度、他的科学式的严格、他对清晰性的要求；它们展现出他对夜晚的厚度和对隐秘的超越性的感受。它们也来自他在生活中对自己提出的无情要求。

雅斯贝尔斯在谈到妻子时说，她让他始终保持清醒，去直面绝对的要求。这话不容误解：这种严格恰恰属于雅斯贝尔斯所认为的"交往"（Kommunikation）中"怀着爱的斗争"。他们生活中的那种不妥协的严肃性，就是对他的哲学工作的永不停止的刺激，同时也是勇气和愉悦的取之不尽的源泉。倚靠着真理，这就是我面对雅斯贝尔斯时的亲身体会。很久以后，我也在索尔仁尼琴的作品中发现了类似的东西：一种愉悦、一种胜利，几乎是对这样一个事实感到高兴：当一个人倚靠着真理时，他就远离了焦虑，于是没有任何邪恶的东西还能触碰到这个人，哪怕是发生了最坏的情况。

我们已经知道，雅斯贝尔斯接受的是自然科学的教育；对哲学的本质的反思则恰恰是与自然科学的思想形成对比的。许多自然科学家将哲学纳入他们的自然科学世界图景之中，并且将他们在自然科学中所应用的标准、方法和感知方式应用于哲学；于是他们就误解了哲学的根本特征。相反，许多哲学家又没有受过科学的教育，并且他们进行哲学思考的方式就好像这个时代根本就不曾受自然科学精神的影响似的。但雅斯贝尔斯从自己的训练中了解科学的过程和方法，他习惯于使用科学工作的标准，并且知道它们的要求的严格性。

他在纳粹德国统治下的最苦涩的岁月中，找到了宁静——如他自己所说——，那就是深入研究也许是世界上最为抽象的问题：他试图去澄清真理的问题，并且发展出了一种"哲学逻辑学"（philosophische Logik）。他从哲学的立场和角度出发，探索普遍的思维方式的前提。在他看来这就是要更清晰也更具批判性地去认清什么是自然科学中的合理性，并且基于这种澄清，去阐明这种合理性与哲学的反思和哲学的信念之间的关系。于是他指出哲学中基本的悖论：在科学中人们总是有一个研究对象，而在哲学中没有。为什么没有呢？因为从根本上说哲学所寻找的，是存在本身。——在这里我们找到了一种康德式的根基，而雅斯贝尔斯在很深的意义上是康德式的：我们会想起主体与客体的分裂。在科学中，这种分裂贯穿始终，研究者正在研究处在他对面的某种现实性，这对他来说是客观的。哲学却问：什么是存在？存在既不是主观的也不是客观的，或者说它是两者兼有。当我试着去思考主体和客体的合题——那么我无法做到这一点，主体总是我所是的东西，它思考着一个客体，并且它总是某种我自己的意识中的东西。哲学并不拥有客体；它就是一种并不拥有客体的特殊的思想。存在"包含"了主体和客体，就像雅斯贝尔斯所说的，它是一个包含一切的东西。

但是，一种没有对象的"思想"，它的合理性何在呢？在科学中假设会被验证，在逻辑中人们会检查证明过程，但在哲学中人们能做些什么？

雅斯贝尔斯绝不是要否认哲学思考中这种棘手的特征，

　　　　　　　　哲学的惊奇：从发问开始的哲学史

而是相反，他要让这一点暴露出来。他承认：事实上哲学思考既不是"强制的"也不是"普遍有效的"。它是别的东西，并且因此就是个棘手的东西。人们总是能拒斥它，因为它"不是真正的科学"，因为哲学家从来就不能一劳永逸地"证明"他所主张的东西。

那么，数千年来哲学又是如何始终保持活力的呢？为了活下去，它需要学生的赞同。这并不意味着学生必须与老师的思维相同；但他必须首先进入那种思维之中，这种思维是哲学式的。然后他就在哲学实践中，找到了这种思想的生存层面的（existentielle）合理性。

逻辑的思维对于哲学来说始终是必不可少的。雅斯贝尔斯利用它并将它推到极致，在那里，它被包罗万象的哲学目标的非客观性所打败——或者被它的无条件的起源所打败，在其中，知性范畴本身在逻辑的（在这里是不可避免的）"错误"中瓦解或扬弃自身，这些错误比如同义反复、矛盾、循环论证。

我们稍后会看到，雅斯贝尔斯对宗教的态度，以及他所说的"哲学的信念"是指什么。在这里我只想预先说明一件事：他自己的宗教"家园"并不是这个或那个教会、教派。这是伟大的哲学家的传统。这是因为他一再地在虔诚和崇敬中、在历史的浩瀚中经验到对于隐秘的神的哲学信仰。

在我们继续讨论他的学说中最为重要的东西之前，我还想讲一点，大学对他来说意味着什么。他写了一篇文章

《大学的理念》，在这里"理念"可以理解成康德式的，甚至可说是柏拉图式的。他所谈论的并不是现实中的大学，而是某种模范，它应当不断地在教授和学生的精神中焕发生机，它被视为在大学的日常运转中必须实现的东西。

雅斯贝尔斯的大学"理念"可能是人们所能构想出的最高境界。他始终认为自由行使他的职业是一种特权和责任。有几个原因：第一个原因是这个职业留给他充分的精神自由——按他的说法——一种必须始终保持的自由。对他来说，在大学中教学时受到任何一种教条的约束，这完全是不可想象的。在一所大学中工作对他来说意味着去获得科学的真理的意义，并且也去了解科学的合理范围，以及科学范围的限度。在大学中，人们会培养出对于可能达到的真理的哲学感受，以及培养出真理的超越性意义，这是哲学信念的目标。大学作为一个整体，必须依靠这种没有妥协的研究才能生存，这种研究只根据理性和真理的标准对自己负责。因此对他来说，大学是思想自由的庇护所。而认为大学可以被用作宣传机构的观念，在他看来则是最糟糕的背叛。

此外还有一些我们尚未谈到的东西，在他的哲学和生活中都扮演着一个非常重要的角色：交往。对他来说，两个人之间的真正交往是决定性的，而大学作为一个自由之地，为教师和学生之间、学生之间以及教师之间的真正交往提供了可能性。

"交往"这个词在他的哲学中意味着什么，我们将在之后解释。交往首先并不是一种相互的理解，而是一种共同的行为，他们在追求真理的道路上互相交谈，互相寻求。在此意义上，大学作为研究和教学的场所，是一个交往的场所。

雅斯贝尔斯经常使用一个动词"呼吁"（appellieren），用手一挥，使呼吁更清晰；这就是说：唤醒对话伙伴身上的生存，如果他们在打盹或者反应迟钝，他们就会被唤醒，去寻找真理。在这方面，他也培育起了哲学的信念：他从来不会允许说有人是不能被呼吁的、他并不拥有内在的可能性。如果人们赞同雅斯贝尔斯的观点：在每个人身上都有生存的可能性，人们总是可以去呼吁他们，那么对于一名哲学教师来说，这就是他的行动中本质的东西。例如，如果一个人去发展过去的一位伟大哲学家的思想——就像我在这里试图做的，那么通过这样做，他也就是向听众呼吁发展出哲学的信念的能力。反对和拒绝当然也必须被容许。最重要的事情，并不是做对，而是探寻真实的东西。

在雅斯贝尔斯身上始终有一种谦逊，这不是一种心理上的态度；而是一种更为深刻的谦逊，它是对于人类探索本身的谦逊：我们撞到了认识的边界，因为认识发生在主体—客体的世界之中，而我们最终要寻找的，既不是主体也不是客体。

关于作为精神病学家的雅斯贝尔斯以及他对精神分析的

态度，我们只想略微指出一些特征。

他最早的作品——从他的传记中可以看出——是精神病学方面的。内容涉猎极广的《普通精神病理学》(*Allgemeine Psychopathologie*)是一本至今仍在使用的经典著作；雅斯贝尔斯定期会更新。

首先，他对说明性的（erklärender）和理解性的（verstehender）心理学作出了一种重要的区分。精神病学家至今还在使用这种区分。理解这个区分究竟指的是什么非常重要。当我们在精神的东西中或者以生理的方式在大脑中找到了某些东西，这就是对一种精神状态或者精神障碍进行说明。例如，如果在大脑中缺少某种物质或者在哪里有一处损伤，那么一种精神状态或障碍可能是出于化学的或生理的原因。在这种情况下，我们处理的是实证科学的一个分支，它在现象之间建立起一种因果关系的关系。

另一种类型的心理学则被雅斯贝尔斯称为"理解性的"：如果我们通过追溯动机来建立心理现象之间的联系，我们就"理解"了一种意识状态或者一个心理主体的行为。理解者是在他的主观经验的基础上把握感情状态是如何从印象中，从希望、妄想或焦虑中产生的。

在说明性的心理学中，人们通过追溯原因来获得进步。在理解性的心理学中，"理解"者则与他自己的主体性的经验相关。他知道，以有目的的方式生活或追求事物，这意味着什么；因此他就能理解在另一个人身上发生了什么。

这两个方向都是合理的。它们追求的是完全不同的目标。而错误则产生于主张其中一个要去取代另一个，产生于人们要将其中一个的结论转移到另一个上。雅斯贝尔斯指责精神分析没有在这两个方向之间进行区分，事实上它还倾向混淆它们。

雅斯贝尔斯是这么说的：在那个时代的自然科学潮流的支持下，弗洛伊德断言他在因果关系说明的基础上，将精神分析发展成一种科学理论，即用早年的原因说明精神障碍。这种原因就是较为早年的障碍，我们应当去重新找到其根源，以便认识到为什么一个病人此时会这样或那样行事，或者在这种或那种关系中表现出心理状态。因此，他希望通过精神分析达到的，就是一种因果关系说明。这就是为什么他试图建立起一种定型的阐释模式，这也是今天很多人指责他的地方。弗洛伊德的阐释中的这种定型特征恰恰可以追溯到他的目标，即给出科学类型的说明。这意味着类似于人们在自然研究中所使用的那些必须能够重复的说明，弗洛伊德的阐释也必须能通过重复来验证。这里涉及的是——简单讲来——一种因果关系。但是现在，雅斯贝尔斯则明确指出，精神分析的这种说明只是貌似因果关系的。弗洛伊德所做的其实是间接地照亮病人的人格中那些过去隐藏的因素。并且由于这些因素对于意识来说是隐蔽的，它与当下状态的关系也是不可见的，活生生的经历就被打断了，痕迹也已失踪，我们不知道究竟是哪些因素构成了某种原因、提供了一种因果关系的说明。但事实上，如果人们通过一种已经被遗忘的和沉入无意识的童年经历去说明一种意识状态，那么这种已经成为无意识的事件就只是为我们提供了一种说明，但我们所要做的却是去理解，也就是说，主观地"摹拟"病人的当下状况。我们必须理解，病人的基本需要是什么、为什么这个事件对他来说是非常震惊的；这个事件如何唤起了他的最深层的需要、他的期待、他的渴望、他的幸福、他的追求、他的本能。也就是说，尽管病人有他的完全的主体性，人们还是假装自己建立起了一种纯粹因果关系的说明。

总之，在本想成为一门科学的精神分析中，雅斯贝尔斯发现了一种混合，在其中有说明性的心理学的因果关系，以及理解性的心理学的领会，这两者不可分割地混合在一起，以至于其中一个经常取代另一个。

人们可以问，精神分析的有效性难道不正是来自它的方法的不纯粹，这就是说来自它的混合特征。也许人们就可以理解，为什么有些精神分析的诊断似乎并不依赖病人所经历的过去，但它们实际上却是有效的。

于是我们看到了，这里提出的是关于医生和精神分析师的伦理方面的问题，因为他声称他是通过一种科学的因果关系方法去治愈他的病人；但事实上他引入了一种领会性的和理解性的因素，它是主观的，并且属于一种完全不同的真实性。

雅斯贝尔斯认为，精神分析的这种混合的特征经常使得病人变得依赖，他反对这一点。他有一个信条，那就是每个人——无论诊断如何、无论患上何种精神疾病——都必须被视为一个潜在的自由的人。面对一种精神障碍，重要的事情恰恰在于帮助病人重新获得他的自由。

现在我们来看一下雅斯贝尔斯的"哲学"。它是一种对于"人的境况"的临界点的理性思考。

雅斯贝尔斯的思考触及边界，首先关系到的是思想家在世界中的处境，关系到他如何面对其他人，以及关系到他面对超越性时的可能的自由。

意识觉醒的人首先发现他被一种特定的现实所包围，这个现实就叫作世界。对他来说，这种取之不尽的给定性首先是所有存在的东西之整体。他试图去认识它是什么。世界对他来说恰恰就是存在，因为它是不依赖于他的、是对于他和对于其他人来说都具有强制性的存在。因此这种客观性远非一种仅仅科学上的要求：它是本体论的自然。

正因如此，人们才将世界客观地把握为整体。但他无法摆脱所有思想中的基本情况：他将思考的主体与一个客体的现实性对立起来，他试图将这种现实性提升为整体。在这里他感到惊奇：这恰恰是不可能的。他永远不会被包含进这种假定的整体中，因为他将这种整体理解为主体。世界永远不会为他而自我封闭为一个整体。

此外，人还发现，根据他对这个世界的存在进行追问的方式，根据他寻找这个问题的答案的思维方式，在世界中不可避免地会产生断裂：在非生物和生物之间、在生物和精神性生物之间。

因此思考的主体总是处在康德式的主体客体的分裂之中，并且永远处在一个对他来说从来不会成为统一体和整体的世界之中。我们无法达到对于整体的认识。尽管我们总是可以不断地向着一条地平线前进，但这地平线不断向前推进，超越我们已经知道的东西；我们永远不能宣称一种认识所指向的是整体；因为通过我们作为"认识者"的处境，整体性就被否定了。

所有伟大哲学家的基本问题，就我们跟随他们的惊奇而言，都是这样一个问题：什么是存在？对于这个问题，我们可以说雅斯贝尔斯的哲学是对于一种本体论的失败的展开讨论。

本体论是关于存在的学科。雅斯贝尔斯的哲学提出了关于存在的问题：本体论让我们面临着一种根本性的失败，然而通过失败，它却成功地就存在说出了些什么。我们并不拥有知识，但它让我们得以在失败之中经验到一些关于存在的东西。因此，雅斯贝尔斯的哲学是一种本体论的失败，而这种失败就本体论说出了一些东西。

生存的启示：主体曾试图在世界中定位自己的方向，以便在整体中找到自己的位置。但整体却迷失在了无穷无尽的研究视角的多样性之中。撕裂的世界让主体重新回到它自身，因为只有在与主体的关系中，视角才会获得一种连贯性，有赖于这种连贯性，"世界"这个词才保留了一种意义。

于是主体发现被抛回到作为主体的自己本身。这里的决定性因素是作为主体的我本身，而不是作为一种内观或内省的客体。

于是，我们就在世界中客观地寻找尽可能向外的界限，被抛回到了这种科学的努力的起源处、被抛回到了这种求知的意志的起源。而这种起源就被雅斯贝尔斯称为生存。

由于生存并不属于事实的领域，而是属于自由的领域，因此雅斯贝尔斯谈得更多的是"可能的生存"（möglicher Existenz）。并且出于同样的原因，这里并不是指获得关于生存的知识——它并不是客观的对象——，而是澄清可能性，从而去促进、去扩展作为自由的生存、去呼吁对它的真正实现。

现在，想要澄清生存的这种思想，本身就只是一种"生存的"思想，并且必须从根本上与那些指向世界的、在规律和理论中将经验合理化的思想区分开。它的方法和它的语言也有所不同。

这种思想并不是直接的，而是间接的。它只对那些从自己的生存出发而在这种方法、这些词语中认识到某些东西，并且准备好了让这些东西呼吁自己的自由的人，才有意义。

在这里我们触及哲学的一种非常本质的特征，并且这也是为什么有些哲学家对于另一个人来说完全不可理解的原因：这些所指向的是可能的生存，也就是指向自由，因此它需要一种简洁的语言，这种语言可能是另一个人能理解的，也可能是他所不理解的。人们没办法将这种语言以客观的方式与其他语言并列或比较。有些哲学家反驳说，这是一种逃避任何标准的方式，这是纯粹的主观主义。我的观点是，坚持这种想法只是拒绝按照人类本来的样子看待人类，这并不是雅斯贝尔斯发明的，也不是哲学发明的：如果人试图去澄清作为可能的自由的生存，那么他就不会使用一种直接的、普遍有效的、必须客观的语言。因此他就求助于一种简洁的语言，它的适用范围是根据它的有效性来衡量的；它既不是技术性的也不是客观的，它之唤起的自由是通过它被人所理解。

科学的语言只有当它在某些特定的时刻与科学的观点、方法和阶段相关时，才是必然普遍有效的。也就是说，它的内容对于每个正常的精神来说都是强制性的，但又是相对的；而旨在澄清生存的语言则既不是普遍有效的也不是强制性的，因为它涉及的是他人的自由，而后者又指向绝对。

那么，如果人们想要理解一个哲学家，直接拒绝他是没有意义的。为了理解他，人们首先必须与他一起思考，将自己的自由"借"给他。如果不给予他自由，人就不会理解他。我们在雅斯贝尔斯那里遇到了对立的两极，一是强迫性的但相对的有效性；二是对绝对的东西的澄清。现实性站在强迫的有效性的那一边；绝对性则站在澄清的那一边，它从来不会强迫。

这就是这种哲学的两极。现在就出现了这样一个问题：为什么哲学家在整个哲学史上尽管始终争论不休，却又会得出符合逻辑的结论？他们总是试图不自相矛盾、提出连贯的、有条理的论证，康德尤其如此。但如果仔细观察这种思路是如何形成的，那么它除了试图做到严谨和有效之外，还具有另一种效果，即改变阅读它的那些读者的精神世界。我们还记得我们在谈到柏拉图时说过类似的话：如果我们去阅读一篇柏拉图的对话录，那么我们在结尾处，就已经不是开始时的那个我们了。

哲学是一个奇特的领域：尽管它是在客观性和现实性中寻找自己的论证的基础来进行论证的，但它又期望通过它的论证，自己被理解成一种可能的自由、一种生存，这种生存能够"模仿"哲学的方法以便在自身中掌握或成为比这种方法更本质的东西。并且我们相信，它不可能放弃这种双重关系，这正是因为，这种双重关系符合人的处境。当人去寻求真理，他就是在寻求绝对的真，但寻求这种绝对的真，对人来说意味着从客观性和理性中获得支持，同时认识到，这样做的条件就陷入主体客体的分裂，而这又反过来意味着，存在是不能被还原为这种类型的认识的。

对于绝对或者无条件的援引，在一定程度上弥补了哲学中约束性证明的不足。为什么我们在这里谈到了绝对呢？在雅斯贝尔斯看来，生存作为独特的、具体的东西，扎根于一种具体的情境、也扎根于绝对或无条件之中。只有将生存置于和绝对的关系中，人们才能澄清它，雅斯贝尔斯将这种绝对的东西称为超越。生存是一种自由地作出无条件的决定的能力，这样一种决定穿越时间达到永恒。

永恒对于雅斯贝尔斯来说既不是时间的持续，也不是无时间性。它是通过"时间的断裂"实现的，这种断裂赋予了生存性的瞬间以绝对的重量。它不是一种彼岸的东西，并且也不外在于历史。它是在时间之内的那种超越时间的东西。雅斯贝尔斯将它称为超越，有时也称为神。

生存只有在与超越的关系中才有可能。超越也只对生存才有意义。绝对的东西处于时间之中，它处在经验的现实性和特殊的环境之下，通过自由的、受缚于历史的行动发挥作用。然而这种行为的源泉和意义是处在时间之外的。生存知道，它并不是由自己创造的。它自身是一种来自超越性的礼物。它直接在它的有限性中把握自己，并非将自己把握为无处不在的、并非无所不有的东西，而是恰恰相反，将自己把握为处在一个空间、一段时间中的东西。它处在一个给定的境况之中。

这种生存的境况包括了具体的空间性的和历史性的给定性，主体就处在其中。生存拒绝任何普遍化，因为它一方面反对超越的无条件性，另一方面又总是扎根于一种独特的情境，它处在此时此地（hic et nunc）。因此它不是绝对的开端、不是一种空虚之中的彻底自由，在这种空虚中一切就好像在虚无中那样都是可能的。恰恰相反，它不可避免地是一系列前提条件的囚徒，这些前提都不是它选择的，但它必须接受它们。这是一种人无法选择的给定性，但人偏又以生存的方式赋予这种给定性以一种意义，雅斯贝尔斯将这一点称为临界状况（Grenzsituationen）。例如：他出生的时间和地点；他没法选择的父母；他所爱的和所享受的一切短暂易逝所带来的痛苦；他自己的死亡。

在雅斯贝尔斯那里，这种临界状况所具有的完全不是一种消极的功能。生存就是努力通过自己的经验去建立起它的意义，以便避免任何虚妄的抽象，并在其处境的具体性中真正地存在。因为当它要求完全的自由时，生存就会迷失在无限性中。

到目前为止，我们还只是在谈论孤立的人、他在世界中的境况、他的规定性、他的边界、他那由超越性所赋予的生存。然而根据雅斯贝尔斯的看法，并不存在不与其他人的生存交往的生存。交往对他来说是一个像生存一样核心的概念。

他区分了"交流"（Mitteilung）和"交往"。交流使得人们协调在世界中的行动，他们在世界中具有共同的经验，他们在其中养活自己并且为生存而斗争。雅斯贝尔斯将人类的这一层次称为此在（Dasein）。作为此在的人是一个有生命的主体，这个主体在特定的给定性中、在与其他人的联合或斗争中，在日常现实性的实践层面上捍卫自己的生活利益。这里所交换的词语的清晰性来源于客观的给定性、经验的现实性中的单义性，每个人都有与之相关的经验。交流越是单义性的，历史的、生存的主题就越是严格地被排除在外，说话者也就越是匿名的。

"交流"的一种相关的类型也发生在科学中。在那里事情也发生在非个人的层面，但其中的共同关系有所不同：这就是雅斯贝尔斯称为"一般意识"（Bewußtsein überhaupt）的东西。雅斯贝尔斯将"一般意识"称为人类的境况，人们在其中凭借现实性和客观性，追求具有强制性的普遍有效性的形式的真理。不容置疑性和强制的证据在科学中具有普遍有效性，但它并不具有一种绝对的价值。

无论是此在层面的日常"实践的"交流，还是一般意识层面的科学交流，都并不涉及以生存的方式互相说话的主体。他们所互相交流的，并不是他们自己本身，而是对于独立于他们的东西的客观陈述。

而交往则是另一回事。它是一个生存者与另一个生存者之间的交往。在这里涉及的不再是经验的客体或普遍有效的东西，而是涉及生存、它的可能性、它的真理、它的处境、它的起源、它的无条件性。即使所说的话看上去是能追溯至客观的给定性的，但这也只是一种表达方式，就像一个生存者对另一个生存者所作的一次检验，通过这种检验它对自己进行质疑。

生存性的交往远离经验的或理性的手段，就好像它同样远离一个主体让其他主体屈服于自己的权力意志。一般意识只处理客观现实，而生存只知道信念。它只为这些信念而生，有时也会为它们而死。如果这种信念是可以通过强制的合理性来执行的，那么它就会失去它那生存性的真理，对于生存者来说，信念只有在它的自由中才具有意义和真理，而任何生理的或逻辑的强迫都是对它的歪曲。

在生与死中，生存与绝对联系起来的信念，只有通过一种沟通才是可交往的，对于这种沟通来说，他人的自由以及反抗、他人的那种不可还原的他者性，既是持续的障碍，也是不可或缺的条件。这种沟通的过程被雅斯贝尔斯称为"怀着爱的斗争"。

它真的是一场斗争，因为交往是从一个生存者对另一个生存者发生的，也就是说是作为两个绝对的存在者之间的生机勃勃的关系。这种斗争是"怀着爱的"，因为生存者要在其中寻找的并不是胜利而是真理，既是为了别人，也是为了自己。然而对于每个存在者来说只有他所依附、他自己所是的那一种绝对，于是他和他者之间的对抗，就如他向着他者的敞开一样绝对。

在雅斯贝尔斯那里，这种"怀着爱的斗争"与人们一般称为"宽容"的东西没有什么关系。生存的"敞开"并不是"精神性的敞开"。生存并不是向"理念"敞开，以便将它毫无矛盾地置入自己的理念中。它是向着另一个生存者、向着它赖以生活的绝对敞开，并且它还不只是打开自己——它尝试、它占有、它斗争，因为当它遇到其他人的绝对时，事情就关系到他自己的绝对。因此，就如雅斯贝尔斯所说，这种生存性的交往是一种毫无保留的、没有限制的、毫无顾忌的斗争，其中涉及的是他者的生存，通过他者的生存，我实现了自己的生存。

这种交往的一个例子就是雅斯贝尔斯的婚姻。另一个例子是雅斯贝尔斯与一位虔敬且忠诚的天主教神学家之间的探讨。尽管有着最大的开放性，但他们之间的鸿沟依然是不可逾越的。出于对哲学信仰的自由真理的绝对责任，雅斯贝尔斯拒绝一切启示，因为在启示面前，人们是不经理性的检验就要臣服于它的；而神学家所主张启示的绝对性是对立于哲学信念的，并且想要将后者吸收进他对启示的信仰之中。这种冲突是无法解决的，但鸿沟会越来越窄、越来越透明，尽管它们到了最后依然是无法逾越的。

在雅斯贝尔斯那里，在交往中对真理的无条件的追求绝不会贬低科学研究的价值，这种研究在意识的领域产生成果。恰恰相反：事实上，正是这种生存性的和超越性的真理，承载并且滋养了科学的强制性的真理——但在科学的真理面前，它又显得如此的毫不设防和脆弱易碎。正是它在科学研究中保持住了一种生存性的要求，即非个人的肯定性和反主体的禁欲。对客观知识中那些部分的和相对的知识的耐心征服，得到了对绝对真理的渴望的支持和加强。伟大的学者从经验中知道这一点。

在形而上学中，思想努力去"探索"生存的起源：超越性。形而上学的思想是一种特别的、唤起惊奇的思想。

它的目标是超越，它作为一种包含了主体和客体的东西，不能成为思想的客体。

在这里，雅斯贝尔斯处于一种类似于康德的处境，康德试图去抓住本体，但除了本体是不可思考的这一点之外，他对这本体一无所知。因此在"物自体"这一表达本身中就有一个矛盾，因为"自体"绝不可能是"一个物"。但语言通过以这种方式施加暴力，使得这种不可能性变成可理解的。

雅斯贝尔斯所做的正是以同样的方式，而且他也别无他法。然而，人们在他身上看到了两种迥异的特征。一方面他将这种无法克服的困难作为他的形而上学反思的主题，而康德几乎没有这样做。另一方面雅斯贝尔斯的阐述方式是动态的，它在途中、它在进步。雅斯贝尔斯将读者带到了与他一起经历失败的极限。人们必须真的踏上这条道路（通过否定性），才能真正理解他的精神工作——如果生存在这些工作中确实将自己置于危险之中，那么极限的经验就能向他暗示某种超越性。

雅斯贝尔斯经常将超越性称为神。它是一个隐藏的神，它并不显现自己——至少不在一种普遍有效的、排他性的启示中显现。超越性对于存在者来说是作为被经验到的和被感觉到的当下，其实它只有在生存与它自身绝对地相联系的范围内才是现实的。如果涉及的是任何一种确定性的绝对根据，那么客观的确定性根本就不可能存在。如果上帝就是存在的超越性、是所有对于生存的追问具有意义的条件，那么上帝是否存在这个问题就是没有意义的。情况只会是这两者之一：要么问题是从存在的超越性的深处提出的，并且答案只能是一种肯定性的同义反复；要么它是在经验的现实性的层面提出的，并且答案只能是一种否定性，它并不知道它所否定的是什么。

超越性既不能被展示也不能被证明，关于它也没法用直接的语言交流什么。尽管如此，它并没有脱离经验的现实性，因为正是在这种现实和"状况"中，存在遭遇了它的极限状况，它在它的独特性中实现自身、为自身负责、勇敢行事并作出决定。在经验的现实性中，生存找到了超越性向它说话的暗号，雅斯贝尔斯称之为超越性的密码或密码字符。

人们没法说出，哪些自然景观、哪些艺术作品、哪些心理体验、哪些人类行为或哪些哲学思想是密码，或者可能是密码。没有哪个就必定是，每一个又都可能是。密码只是向生存，即向着自由言说超越性。只有自由通过"解码"，使它变成密码。

存在无数可能的密码。它的模糊性是无法克服的，并且同时它对于生存论的"解读"的无条件性来说又是必须的。

这种解读，如雅斯贝尔斯所说，是"一种内在的行为"、一个过程，在其中人们决定自己想要成为什么，这是一种自我转变，它与通过倾听达到超越的过程是同一的。它在各条战线想与各种形式的偶像崇拜和迷信作斗争。"人们并不去碰触神性，这样他才能成为他应当成为的样子，他必须在超越性的隐秘、遥远和陌生中，纯粹地保持住超越性。"

生存始终在世界之中与超越性有关。在世界之中的失败乃是超越性的决定性密码，这不只是由于我们所碰到的一切都是短暂易逝的。例如，当逻辑的思想达到它的界限时，它就会遇到不可克服的二律背反，它是与矛盾律的基本原则相悖的——在这之后，就浮现出不再是理性的真理的范围。知识的进步并不会使得世界成为一个封闭的整体。在生存真正成为它自己的地方，它也就不再是它自身。并且超越性就隐藏在从来无法以单义的方式解读的密码背后，它始终保持"在悬浮之中"。

这种失败不只是不可避免的：它对于生存来说是超越性的必要密码。同样的，在时间中的没有尽头的持存只是死的状态。为了让生存性突破那种不可能认识的、但确实是存在的根本真理，逻辑的状态必须在二律背反中遭遇失败。作为自由的存在从来不会将自己实现为恒常性和持续性。通过赢得自身，并且通过在它想要在它已经实现的东西中持续地消灭掉自身，作为自由的存在才是它自身。

然而，经验性的人从来不会满足于生存性的瞬间。在雅斯贝尔斯看来，在经验性的人之中也藏着一个巨大的密码：人性同时是自然和自由。自由只有通过自然才得以可能。偏差，作为自然的结果（生存谴责它们是罪，并且作为义务承担下来），与生存出于同样的原因。对于人类来说，罪和自由是同时诞生的，并且它们始终不可分割地绑定在一起。

超越性不仅体现在自由中，而且通过这种自由，它也体现在自然中。这就是自由的二律背反：它与自然是同一的，因此作为自由它也消灭自身；如果它违反了自然，那么它就无法成为现实的此在。

此在，这个生命主体，想要自然中的持存。生存想要无条件性。人则同时是这两者。于是在世界中就有两种伦理类型。其一主张普遍的有效性，它培养了对于限度和相对性、谨慎和聪慧的意识，对于这些来说，失败是没有意义的。另一种伦理类型则被自由的绝对性所把捉，它认为一切都是可能的，并且接受失败的密码。这两者互相挑战又互相限制。限度的伦理具有相对的有效性，因为它通常具有持续性和恒常性，并且在此在中使得自由的当下性和执行得以可能。无条件性的伦理在一种现实性中是相对的，这种现实性在它之中开辟了一个作为"例外"的位置，并且它的"他者"只有当它被消灭时才会亮起。在它的无条件性中，生存性将会是不可能的。作为有限的此在，他必须承认他者和自然之外的东西。它的最高的限度是不再有限度。关于这一点，它必定会失败。它的经验的当下性和它的作品的碎片化的特征对于其他生存者来说，就成为了超越性的密码。

雅斯贝尔斯坚信，在一个像我们这样的时代，在尼采之后，在虚无主义成为思想的基础之后，除了经由虚无主义之外，人们再没有别的办法克服虚无主义。

对那些真正看到了事情本身、拒绝幻觉的人来说，虚无那坚固的黑暗不断地提出这个问题：哲学究竟要通过它的解释去重新赢得和拯救什么。因此这种失败只是虚无的存在，而不再是密码。最大的威胁就来自这种虚无，它否定任何意义、破坏人们可能尝试去建立的或尝试去创造的一切。人们还要如何生活？

人们没法知道为什么世界是这样的。人们只能在对失败的真正的、"清除时间"的经验中，去经验世界的存在，但没法说出它。语言随思想而停止。面对世界的沉默，就只存在沉默（Schweigen）。如果有人敢于打破这种沉默，他的语言自己就会瓦解，而没法实际说出什么："它存在"或"存在就是这样"。这种陈述始终是空的，但它正对应于此在的简单意识。

面对这种被摧毁在萌芽状态的可能性，沉默想要听到在时间之前的存在，在其中存在着尚未实现的东西。或者说：对于沉默来说，在遗忘中永远失去的东西并不属于生存者的存在，而只属于经验性的现实。因为对于沉默来说，那些从未在超越性中出现过的东西才会消失于超越之中。

对于知识来说，任何在世界之中和在时间之中的尽头，都绝不是世界的和时间的尽头。然而对于位于任何一种解释的彼岸的沉默来说，面对着普遍失败的无法破译的密码之前，面对着超越性的存在，世界本身是已经过去了的。在雅斯贝尔斯看来，这些表述其实什么都没有说。每一条都讲着一样的东西。所有东西都说：存在。它们打破一种不可能被打破的沉默。

在认识的层面，似乎只剩下了焦虑，这种焦虑认为自己就是最后的东西了，从中不再有出路，这是拒绝的唯一真诚形式。从中跳出来、进入一种没有焦虑的存在，这看起来只是一种空洞的可能性、一种单纯的愿望，几乎像是一种无底洞的吸引力。然而，这种不可能的飞跃是可以成功的。

在没有掩盖起现实性的情况下，才会给出一种真正安宁的确定性，这种确定性是与生存的当下性有关的。它永远不会成为客观的保证，它始终都在消失。但如果它存在在那里，那么就没有东西能动摇它。雅斯贝尔斯经常阐释耶利米的话：上帝存在，这就够了。

剩下的就是：在失败中经历存在。

在结束对雅斯贝尔斯作品的非常有限的描述之前，我还想强调几个我认为不可或缺的特点。就像已经强调过的，雅斯贝尔斯的哲学思考从来就没有与他对当代背景和问题的立场分开过。

出于他对人类的感觉以及出于他对人类变化的开放态度，他在所有的领域中都超越国家的界限、获得全球的眼野。当他寻找历史的起源和目的时，他是在处理世界历史本身，并且从他的统一性意志出发，他发展出了对于一种关于所有文化的假说，它对于全人类的人性的形成都是决定性的，那就是"轴心时代"（Achsenzeit）。

关于哲学史，他确信自己正在见证从欧洲哲学向着世界哲学的转变，他必须勾勒出世界哲学的基本特征。

在战后，雅斯贝尔斯多次介入公开的政治讨论。每次他都努力去对种种论点进行澄清和正确的评估，以便让尽可能多的人将自由的民主可能性视为对他们最重要的东西。因此他始终带着很大的坚决将德国的重新统一（作为民族主义的目标）置于东德公民的可能自由（作为超越性的目标）之下。

对他来说，自从原子弹被造出来以后，和平就是一个关于人类的生死存亡的问题。然而他不相信那些带来和平的廉价而权宜的方法。在他眼中，和平只能通过各国的法治来保障，建立起对军备竞赛的控制可以作为一个起点。如果人类不想灭亡，那么——在雅斯贝尔斯看来——国家就必须决定限制自己的主权，并且创建一个国际的、以条约的方式保障的法权秩序。

到目前为止，我们还没有做到这一点。这就是为什么我们必须超越政治的层面，达到《旧约》中的先知们所给出的

卡尔·雅斯贝尔斯（1883—1969年）　　　　　　　　451

答案的层面：在伦理态度、思维方式、意志方面，我们必须作出一种伦理—政治的转变，若非如此，我们就会丧命。

在雅斯贝尔斯看来，核武器让我们对自己的良知提出了一个奇怪的问题：一种能够导致人类完全灭绝的人类行为，会因此就是绝对错误的吗？是否存在一个临界点，权利或义务会在此终止，因为生命处于危险之中？

面对生命或者自由可能受到的彻底威胁，对原子弹的一致拒绝减弱了。人们没法预先回答这个问题，但这个问题必须被澄清，以免人们毫无准备地被迫盲目作出决定。只有明确了所涉及的利害关系到底是什么，才能预防性地影响现实中的政策。

我们的理性的倒数第二个希望是对其他人的理性的信任。但这种信任可能面临失败。在最为极端的可能性中，绝对的东西（绝对命令、无条件的东西）也绝不会被取消。勇气并不在于预测一个致命的结果，而是在于在知道和不知道中，都去做可能做的事情，并且保持希望，直到最后一口呼吸。

今天的哲学

在这里，是否应该就我们今天的哲学现状再说些什么？今天有这么多的哲学家在生活、写作和教学，以至于几乎不可能确定他们中的谁以后——不管时尚潮流的快速交替——会被公认为伟大的思想家——这些思想家的惊奇足够深刻，以至于一个世纪后都依然保持影响和创造性。

当代思想中的种种潮流也是如此的多样化，使得矛盾变得更为尖锐和倍增，以至于思想家们不仅仅像任何时代中都会做的那样互相争论，他们还更进一步相信，其他人所做的根本就不是哲学。当今哲学的图景几乎不可避免地既是任意的又是肤浅的。

此外，这样一种概览并不适合这本书。迄今为止我们都并不是隔着一段距离观察哲学的历史，而是试图选取和理解一些哲学的惊奇、问题和回答的方式。去掉了哲学思考的哲学是没有意义的；因此每一次去接近哲学史的尝试，都必然是一次理解和阐释的尝试，也就是对理性和对自己的自由的一种锻炼。

因此，我想以对当今哲学状况的一些观察、以对这种状况所给出的任务的观察，来结束这本书。

在我看来，当代哲学似乎遗漏了一些东西：对于科学和技术，它的反思既不够深刻也不够精确。无论是出于傲慢还是出于自卑感，它都不足以使同时代人在精神和文化的层次上意识到，他们该去理解和吸收这些已改变世界和社会的进步。

取代这些的是各种"人文科学"和"社会科学"的发展，它们将人、社会和历史当成对象。并不是仅仅作为自然的一部分、因而成为生物学对象的人类，而是历史性的人类，正塑造着他的社会，他对自己有一种意识，他知道他会死亡，他对自己的命运感到惊奇并对它反思。

各种社会科学羡慕自然科学的精确方法、有说服力的成果、稳步向前的进步。它努力去寻找具有类似精确性的方法。由此，一切将人、他的社会、他的历史还原为物理的或生物的自然的东西，就被证明是最容易进行精确化和可量化的。而所有构成人的本质的东西则是无法把握的：自我意识、良知、价值、责任、自由、意义。

因此，科学家要么就在他们的研究中将这些人类所独有的现实性搁置一边，要么就重新解释它们的意义并将它们转译为可以被还原为事实层面给定的东西。

于是就产生了一些理论，按照这些理论，个体的或集体

　　　　　　　　哲学的惊奇：从发问开始的哲学史

的价值观念可以追溯到基本需要的强迫；或者在它们看来，创造性的、文化的成就无非是性驱力的升华或社会经济条件的结果。尽管如此，这些研究带来了丰富的方法和假设，因为它们建立于其上的基础，在人类身上也是存在的。但它们是以一种还原的、绝对化的方式进行的，它似乎排除了人类身上的其他一切东西，也排除了对人的本质的观察。

除了经济学、社会学、心理学之外，还有民族学和语言学。民族学家让自己面对社会形式、结构和价值的多样性和差异性，最终将它们都相对化。尽管如此，人们学会了接受最不同的价值观。但这样人们也就失去了把握以下东西的能力：一种价值本身是如何能够作为价值而起作用的。价值观往往作为迷信的残留物出现。

语言学家与解释学家一样，将语言及其意义和结构——以及意义这一层次——作为他们的研究领域。于是他们就没有保留人的具体经验这一意义层次。相反，他们经常用语言的词和结构取代它们所要表示的东西的地位，并且将它们当作好像这就是真正的现实性那样去处理。而在解释学中，对一个其意义被视为可理解的原始文本的关切消失了，因此任何解释都能成为目的本身，或是另外一种任意的解释的出发点。

在这里消失的是存在，以及与存在的可能的关系，也就是真理。

同时还有一些理论认为永恒哲学（philosophia perennis）

的基本问题根本就不是真正的问题：它们更多的只是因语言而产生的，导致了各种各样的表述，只要换一种说法就能驱散它们。

这种发展不只是和哲学的问题有关：人们迄今为止视为"现成的"世界，已经不复存在了。就只存在与这个世界相关的解释或约定，它们是各种不同的自然语言，或是由科学创造的人工语言。在语言表达之外并不存在任何真实性，于是也就没有任何"问题"。

这些人文科学和社会科学就像木头里的白蚁：它们从内部挖空了哲学，并且将哲学针对意义的提问碾成灰烬。它们并没有解决问题，而是通过消解现实性、消解存在本身从而消解问题。提出这些问题的可能性消失了，真理的意义也随之消失。

造成这种情况的原因是多种多样的。有一件事在我看来很明显：一种文明越是进步，语言和专业语言在其中的分量就越重。在我们的社会中，"受过教育的"人大部分时候都是生活在语言中。他对别人说话、对自己说话，他总是处在语言之中。结果就是，我们把表达方式当作生命本身。

最后还有各种理论，在其中任何人都不再说话——只有"某个东西"通过我们说话。它说话。语言说话。它需要我们的声带，以便被听到，不然的话它也并不需要我们。于是就产生了一个去人性化的、毫无意义的交流的世界，它充斥着"信息"和"程序"，它并不来自任何人，也不指向任何人——但它就这么发生。

我们举个例子，在其中能观察到语言学和生物学之间的相互作用。生物学家会谈基因的编码，然后将它解码，它是由一个字母表组成的，等等。

字母表、编码、解码，它们都是语言的要素。在这里这些概念只能是隐喻。在没有人进行表达的地方，怎么可能存在一个密码、一个字母表和一种拼写行为？这是什么上帝的语言吗？在现代生物学中看来并不是这样的，事实上没有人在说话。在这种情况下，人们根本就不再能提出那种传统的问题，这到底是机械论的观点还是目的论的观点，这个问题也没有得到解决：人们用"信息"这个词扼杀了它。

什么是信息呢？机械论的？目的论的？如果只有语言说话（"它说话"），那这就是机械论的。如果这种"说话"不只是在发生，而且还有意义，那这就是一种目的论。于是我们在这两个层次上都有一种困惑。

科学的历史已经表明，某种哲学上的困惑可以带来启发和丰硕成果，并且会有助于进一步的研究。但这一点有一个条件：研究者自己必须保持头脑清醒，必须知道他们正在做什么，并且不要让自己被不清晰的富有成效的方法带入歧途：问题不断出现。否则的话，对意义的问题就会消失，与此同时，人类境况的意义也会消失。

因此，今天哲学的一个基本任务就是把涉及自然或人、社会、历史研究的科学的方法和概念作为反思对象。哲学必须充分理解它们，以便澄清科学理解自己的方式以及非科学对它们的想法。永恒哲学的问题应当重新提出。真理应当重新能够和存在联系起来，并且重新对人类的自由起决定性作用。科学中令人信服的结果和清晰的语言并不应该导致，进行哲学思考的人所提出的问题被表面的解决所掩盖。

对人来说，集体的和个人的历史所经历的时间也应当重新获得它的意义，因为人发现，经历过的时间——作为过去和未来之间的当下——对于真理和自由之间的生存性的交织来说虽然是在流逝，但同时也仍然存在。人的时间与某些穿透时间、超越时间的东西相联系——不然的话它也就不再是时间。人们就历史谈了很多。但谈论"历史"也就是谈论"历史的意义"——这种意义，是我们试图从历史中解读出来的，或者是我们努力去赋予它的。不然的话它也就不是历史，而只是时代和时间的依次排列。然而，今天有很多人倾向于主张在时间中认识历史的目的，从而将历史绝对化。在与超越性的绝对关系中断的地方，这样一种对相对的东西的绝对化总是会产生。

人类的境况今天受到各种各样的威胁。许多同时代人在并不知道那些能够帮助他们减轻这些威胁的哲学传统的情况下，也预感到了这种威胁。这本书想要成为一个通向过去的伟大思想家的指南，这些伟大的思想家都以各自的方式努力——通过他们的理性和他们的自由——更清楚地去发现、去理解、去承受和去爱着我们人类的无穷无尽的难题。因为如果没有这些难题，没有这些我们经常想要忘记或想要否认的难题，我们也就不是人了：我们既没有可能也没有义务，去成为负责任的、自由的存在。我们拥有这种可能和这种义务，这就是我们通过各式各样的哲学惊奇所发现的最好的东西。

图书在版编目(CIP)数据

哲学的惊奇:从发问开始的哲学史/(瑞士)让娜
·海尔施(Jeanne Hersch)著;刘心舟译. —上海:
上海人民出版社,2022
ISBN 978 - 7 - 208 - 17775 - 8

Ⅰ. ①哲… Ⅱ. ①让… ②刘… Ⅲ. ①哲学史-世界
-通俗读物 Ⅳ. ①B1 - 49

中国版本图书馆 CIP 数据核字(2022)第 125291 号

责任编辑　赵　伟
装帧设计　周伟伟

哲学的惊奇:从发问开始的哲学史
[瑞士]让娜·海尔施　著
刘心舟　译

出　　版　上海人民出版社
　　　　　(201101　上海市闵行区号景路 159 弄 C 座)
发　　行　上海人民出版社发行中心
印　　刷　上海商务联西印刷有限公司
开　　本　850×1168　1/32
印　　张　14.75
插　　页　2
字　　数　277,000
版　　次　2022 年 9 月第 1 版
印　　次　2022 年 9 月第 1 次印刷
ISBN 978 - 7 - 208 - 17775 - 8/B · 1635
定　　价　66.00 元